KB261345

아 모 스 강 해 설 교

헐고 다시 세워라

아모스 강해설교

헐고 다시 세워라

김서택 지음

홍성사

영적 부실공사가 문제다

최근 우리나라 신문 지면을 온통 채우고 있는 내용은 '부패'라는 한 단어로 요약될 수 있습니다. 그만큼 우리 사회는 정직하지 못할 뿐 아니라 사고방식이 썩어 있습니다.

성경 가운데 사회 윤리 문제를 가장 강하게 다루고 있는 책이 바로 아모스서입니다. 특히 7장에 나오는 다림줄 환상과 8장에 나오는 여름 실과 환상은 이스라엘 사회가 얼마나 하나님의 말씀에서 떠나 있었으며 부패해 있었는가를 보여 줍니다. 멋진 건물이 서 있었지만 부실공사의 산물이었습니다. 빛깔 좋은 과일이 한 광주리 있었지만 너무 익어서 먹을 수가 없었습니다. 이것은 바로 오늘 우리 교회의 모습이자 우리 사회의 현실이기도 합니다. 아모스 선지자는 그 원인이 말씀의 기근에 있다고 선포하고 있습니다.

다행히도 우리에게는 아직 시간이 있고 가능성이 있습니다. 바른 하나님의 말씀을 선포하기만 하면 교회를 싱싱하게 다시 살려 낼

수 있으며 사회의 부패 또한 막을 수 있습니다. 아무쪼록 아모스
와 같은 말씀의 종들이 더 많이 나와서 이 시대를 밝혀 주기를 소
원합니다.

2002년 봄,
대구 수성교 옆에서

김 희 택

차 례

머리말 영적 부실공사가 문제다

1 왕이신 하나님 (1:1-10)　　　　　9
아모스서의 배경 / 부르짖는 사자의 소리 / 다메섹과 블레셋의 심판

2 주위 나라들의 멸망 (1:11-2:5)　　　　　35
이스라엘의 이웃들 / 유다의 죄 / 친척의 역할

3 이스라엘의 죄 (2:6-16)　　　　　61
이스라엘의 현주소 / 이스라엘이 가진 신앙의 뿌리 / 이스라엘에 대한 하나님의 심판

4 선지자가 외치는 이유 (3:1-8)　　　　　81
하나님과 특별한 관계에 있는 사람들 / 아모스의 수수께끼 / 심판의 말씀

5 사마리아의 내막 (3:9-15)　　　　　101
사마리아의 속사정 / 왜 자기 백성의 허물을 폭로하시는가? / 사마리아의 결국 / 벧엘의 단을 꺾으시다

6 바산의 암소들 (4:1-13)　　　　　125
이스라엘의 물질적인 안정 / 거짓된 신앙 / 헛되이 받은 연단

7 이스라엘이 사는 길 (5:1-15)　　　　　149
이스라엘의 미래 / 이스라엘이 사는 길 / 이스라엘의 구체적인 잘못 / 하나님은 어떤 분이신가?

8 거짓된 여호와의 날 (5:16-27)　　　　　171
미래의 희망 / 거짓된 여호와의 날 / 도움이 되지 않는 예배 / 하나님이 원하시는 것

9 이스라엘의 교만 (6:1-14)   191
이스라엘의 자기만족 / 자기만족의 증상 / 하나님의 반응 / 이 비극의 원인

10 세 가지 환상 (7:1-9)   211
메뚜기 재앙의 환상 / 불 재앙의 환상 / 다림줄 환상

11 아마샤의 대적 (7:10-17)   233
아마샤의 반응/ 아마샤의 직업주의 / 하나님의 부르심 / 아마샤에 대한 예언

12 여름 실과 한 광주리 (8:1-10)   257
이스라엘의 끝 / 이스라엘이 망하는 이유 / 하나님이 버리시면

13 말씀의 기근 (8:11-14)   281
말씀의 능력 / 말씀의 기근 / 이 기근의 원인

14 피할 수 없는 하나님 (9:1-6)   301
예배 중에 임하는 심판 / 피할 수 없는 하나님 / 주권자이신 하나님

15 하나님은 택한 백성을 버리시는가? (9:7-10)   319
이스라엘을 부르심 / 이용당하지 않으시는 하나님 / 체질하시는 하나님 / 끝까지 깨닫지 못하는 사람들

16 다윗 천막의 회복 (9:11-15)   339
다윗의 천막 / 그 틈을 막으며 / 엄청난 결실

■일러두기

1. 이 책은 2000년 7월부터 10월까지 대구 동부교회에서 설교한 내용을 정리한 것입니다.

2. 본문에 인용된 성경구절의 문장부호는 *New International Version*을 참고로, 편집자가 첨부한 것입니다.

1

왕이신 하나님

아모스서의 배경
부르짖는 사자의 소리
다메섹과 블레셋의 심판

^{1:1} 유다 왕 웃시야의 시대 곧 이스라엘 왕 요아스의 아들 여로보암의 시대의
지진 전 2년에 드고아 목자 중 아모스가 이스라엘에 대하여 묵시 받은
말씀이라.

2 저가 가로되 "여호와께서 시온에서부터 부르짖으시며 예루살렘에서부터
음성을 발하시리니 목자의 초장이 애통하며 갈멜 산 꼭대기가 마르리로다."

3 여호와께서 가라사대 "다메섹의 서너 가지 죄로 인하여 내가 그 벌을
돌이키지 아니하리니 이는 저희가 철 타작기로 타작하듯 길르앗을
압박하였음이라.

4 내가 하사엘의 집에 불을 보내리니 벤하닷의 궁궐들을 사르리라.

5 내가 다메섹 빗장을 꺾으며 아웬 골짜기에서 그 거민을 끊으며 벧 에덴에서
홀 잡은 자를 끊으리니 아람 백성이 사로잡혀 길에 이르리라."
이는 여호와의 말씀이니라.

6 여호와께서 가라사대 "가사의 서너 가지 죄로 인하여 내가 그 벌을
돌이키지 아니하리니 이는 저희가 모든 사로잡은 자를 끌어 에돔에
붙였음이라.

7 내가 가사 성에 불을 보내리니 그 궁궐들을 사르리라.

8 내가 또 아스돗에서 그 거민과 아스글론에서 홀 잡은 자를 끊고 또 손을
돌이켜 에그론을 치리니 블레셋의 남아 있는 자가 멸망하리라."
이는 주 여호와의 말씀이니라.

9 여호와께서 가라사대 "두로의 서너 가지 죄로 인하여 내가 그 벌을
돌이키지 아니하리니 이는 저희가 그 형제의 계약을 기억지 아니하고
모든 사로잡은 자를 에돔에 붙였음이라.

10 내가 두로 성에 불을 보내리니 그 궁궐들을 사르리라."

1:1-10

친구들과 야영하고 있는데 곰이나 사자 같은 맹수의 울부짖는 소리가 아주 가까이에서 들려온다면 어떻게 해야 할까요? 아마도 가능한 한 빨리 텐트를 걷어치우고 그 자리를 피하는 편이 현명할 것입니다. 왜냐하면 사나운 짐승이 가까이 있는 것이 분명한데, 텐트는 그들을 지켜 줄 수 없기 때문입니다.

옛날 팔레스타인에는 맹수들이 많이 있었습니다. 수풀이나 작은 언덕에 사자나 곰이 살고 있어서, 가끔 인가가 있는 곳까지 내려와 사람들을 해치곤 했습니다. 여행하는 사람들에게도 가장 두려운 일은 빈들에서 곰이나 사자 같은 맹수를 만나는 것이었습니다. 만약 길을 가다가 사자나 맹수의 울음소리를 듣게 되었다면 어떻게 해야 합니까? 가능한 한 빨리 그 자리를 피해야 합니다. 그렇게 하지 않으면 얼마 있지 않아 무서운 맹수가 덮쳐 올 것입니다.

우리 가까이에도 맹수가 있습니다. 그 맹수는 바로 북한입니다. 우리는 북한이 소리를 지를 때마다 깜짝깜짝 놀랍니다. "서울을 불바다로 만들갔시요!” 하면 깜짝 놀라고, “천배 만배 복수하갔시요!” 하면 또 깜짝 놀랍니다. 왜냐하면 북한은 능히 무서운 짓을 저지르고도 남을 나라라고 생각하기 때문입니다. 요즘은 북한이 소리를 지르지 않고 미소를 짓고 있기 때문에 다들 좋아하고 있습니다. 그럼에도 불구하고 한편으로는 그들이 철조망을 넘어와 무슨 짓을 저지르지 못하도록 경계를 늦추지 않고 철저하게 지키지 않을 수 없습니다. 혹시라도 그들이 넘어올 경우, 모든 것을 잃게 될 수도 있기 때문입니다.

그런데 성경은 북한보다 더 무서운 맹수가 우리 주위에 있다고 말씀하고 있습니다. 이 맹수가 얼마나 사나운지 감당할 사람이 아무도 없습니다. 아무리 강한 자라도 이 맹수 앞에서는 갈가리 찢기지 않을 수 없습니다. 다른 맹수는 소리만 지르고 덤벼들지 않는 경우도 있지만, 이 맹수는 한번 소리지르면 반드시 덤벼든다는 특징을 가지고 있습니다. 그래서 이 맹수가 소리를 지르면 벌벌 떨지 않을 사람이 없습니다. 이 맹수가 누구입니까? 놀랍게도 이스라엘의 하나님이십니다.

이스라엘의 하나님은 죄를 지은 자들에게 가장 무서운 맹수가 되십니다. 아모스는 하나님의 말씀을 울부짖는 사자의 소리에 비유하고 있습니다. 이 소리는 단순한 위협용이 아닙니다. 이 소리는 머지않아 현실로 나타날 것입니다. 그러므로 이 소리를 듣는 사람들은 맹수가 바로 옆까지 다가왔다는 사실을 깨닫고 재빨리 행동을 취해야 합니다.

아모스는 이스라엘 주위 나라들에 대한 하나님의 심판에 대해 먼저 이야기합니다. 아마 이스라엘 백성들은 이 이야기를 들으면서 굉장히 좋아했을 것입니다. 그런데 문제는 그 포위망이 점점 좁혀진다는 데 있었습니다. 그 심판의 말씀이 겨냥하고 있는 목표점은 바로 이스라엘의 머리 위였습니다.

아모스서의 배경

아모스는 1장 1절에서 자신이 누구이며 자신이 예언한 시대가 언제인지 밝히고 있습니다. "유다 왕 웃시야의 시대 곧 이스라엘 왕 요아스의 아들 여로보암의 시대의 지진 전 2년에 드고아 목자 중 아모스가 이스라엘에 대하여 묵시 받은 말씀이라."

요엘은 자신의 시대를 밝히지 않았습니다. 자신의 예언은 어느 특정 시대에 국한되지 않는 보편적인 것이라고 생각했기 때문입니다. 그러나 아모스는 자신이 속한 시대와 예언의 대상을 분명히 밝히고 있습니다. 이것은 아모스의 예언이 다른 어떤 시대보다 그 시대에 훨씬 더 구체적으로 적용될 필요가 있는 말씀이었다는 사실을 보여 줍니다.

아모스는 시대적으로 이사야보다 약간 앞서 활동했던 선지자입니다. 이사야가 본격적으로 예언 활동을 한 것은 웃시야 왕이 죽던 해부터입니다. 그런데 아모스는 웃시야 왕 시대에 이미 예언의 말씀을 선포하고 있었습니다. 남쪽에서는 이사야가 말씀을 전했다면, 북쪽에서는 호세아와 아모스가 말씀을 전하고 있었습니다. 그리고 호세아는 이스라엘 출신 선지자였던 데 비해, 아모스는 남쪽 유다에서 파견된 설교자였습니다.

아모스가 말씀을 선포한 대상은 북쪽 이스라엘이었습니다. 이것을 보면 이스라엘 백성들이 이미 신앙심을 잃었고 그들에게서 참된 여호와 종교의 특성을 거의 찾을 수 없게 되었음에도 불구하고, 하나님께서 여전히 그들을 자기 백성으로 사랑하고 계셨을 뿐 아니라 그들이 바른 말씀으로 돌아오기만 하면 얼마든지 치유하고 받아들일 마음을 품고 계셨음을 알 수 있습니다. 우리는 말씀을 잃은 교회를 볼 때 "저 교회는 죽었어. 전혀 가망이 없어"라고 쉽게 단정해 버리곤 합니다. 그러나 하나님께서는 이스라엘을 포기하지 않고 계셨습니다. 이제라도 말씀에 반응을 보이면 기쁨으로 회복시킬 준비를 하고 계셨습니다.

아모스는 자신을 "드고아 목자"로 소개하고 있습니다. 즉 그는 예언 활동을 직업으로 삼고 있는 전문적인 선지자가 아니었습니다. 아모스는 7장 14절에서도 자신을 대적하는 거짓 선지자 아마샤를 향해 "나는 선지자가 아니며 선지자의 아들도 아니요 나는 목자요 뽕나무를 배양하는 자"라고 말합니다. 이것은 그가 선지자의 자격을 갖추지 못했을 뿐 아니라 전문적인 선지자 훈련을 받은 적 또한 없는 사람이었다는 뜻입니다. 이를테면 아모스는 평신도 출신의 예언자였습니다.

하나님께서 이처럼 남쪽 유다 드고아의 목자인 아모스를 선지자로 삼아 북쪽 이스라엘로 보내신 것은 이스라엘에 선지자가 없었기 때문이 아닙니다. 북쪽 이스라엘에는 많은 선지자들이 있었습니다. 그럼에도 불구하고 남쪽에 있는 이 평신도를 보내신 이유는 북쪽에 있는 선지자들이 전부 직업적인 선지자들이었기 때문입니다. 여기에서 직업적인 선지자란 하나님의 말씀을 받았기 때문에 예언을 하는 것이 아니라, 돈을 받을 목적으로 직업상 예언하는 선지자들을 가리킵니다. 그들은 예언하는 일을 단순한 직업으로 생각했습니다.

원래 선지자는 다른 직업 없이 그 일만을 위해 구별된 사람이어야 합니다. 다른 직업을 가진 채 감당하기에는 하나님의 말씀이 너무나도 무겁고 엄청나기 때문입니다. 하나님께 예언의 말씀을 받았던 선지자들은 그 권위와 힘에 압도되어 거의 죽다 살아나곤 했습니다. 그렇다 보니 다른 직업을 가진 채 선지자의 사명을 감당한다는 것은 굉장히 어려운 일이었습니다.

오늘날에도 설교자는 원칙적으로 다른 직업을 가지지 않는 것이 좋습니다. 그리고 구체적으로 섬기는 교회와 교인들이 있는 것이 좋습니다. 구체적으로 섬기는 교회가 없는 설교자는 책임지지 못할 말을 많이 하기 쉽습니다. 그러나 실제로 목회를 해 보면 절대 자기 이론이나 생각처럼 되지 않는다는 것을 알게 됩니다. 하나님의 말씀은 이론이 아닙니다. 실천입니다. 실제 삶에 영향을 주는 것입니다. 그렇기 때문에 설교자는 구체적인 교회를 맡아 말씀을 전해야 하며, 그 말씀을 듣는 교인들이 주는 사례로 살아야 합니다. 그래야 자기의 설교에 책임의식을 갖게 됩니다.

그런데 이 모든 것에도 불구하고 하나님께서 평신도 설교자를 사용하실 때가 가끔 있습니다. 그때가 언제입니까? 임명된 설교자들이 직업주의에 빠져서 살아 있는 말씀을 전하지 않을 때, 죽은 말씀을 전하면서 월급만 받아먹으려고 할 때입니다. 그럴 때 대개 평신도 설교자들은 교회 강단에서 설교하지 못하도록 금지당하기 때문에, 시장터나 놀이터 같은 곳에 찾아가 사람들을 모아 놓고 설교하게 됩니다. 예를 들어 조지 휫필드 같은 사람은 교회에서 설교가 금지되자 시장과 공원과 탄광촌을 찾아가 설교했습니다. 막 채탄 작업을 끝내고 나온 사람들은 그의 설교를 듣고 두 줄기 시커먼 눈물을 흘렸습니다. 탄광촌에는 학교도 없었고 병원도 없었고 교회도 없었습니다. 그들은 철저히 버림받은 그곳까지 하나님의 말씀이 찾아올 줄 몰랐습니다.

전할 말씀이 없는데 직업상 설교자가 되는 것보다 더 위험한 일은 없습니다. 그런 사람은 하나님의 말씀이 아닌 자기 생각을 마치 하나님의 말씀인 양 설교합니다. 그것은 평신도가 설교하는 것보다 훨씬 더 바람직하지 못한 일입니다. 아니, 바람직하지 못한 정도가 아니라 하나님의 백성들을 죄로 이끄는 짓입니다. 이스라엘 종교의 문제가 바로 여기에 있었습니다. 이스라엘에 선지자가 없었던 것이 아닙니다. 이스라엘에는 선지자가 많이 있었어요. 그러나 그들은 하나같이 직업적인 선지자들이었고, 입에 풀칠하기 위해 예언하는 자들이었습니다.

그럼에도 불구하고 하나님의 말씀은 매이지 않습니다. 거짓 선지자들이 강단을 독점하면 하나님의 말씀이 전달되지 못할 것 같지만, 결코 그렇지 않습니다. 사람들은 사도 바울을 감옥에 가두면 말씀이 매일 줄 알았습니다. 그러나 말씀은 바울이 감옥에서 쓴 편지들을 통해 더 힘있게 전파되었습니다. 사람은 잡아맬 수 있었지만 하나님의 말씀은 잡아맬 수 없었습니다. 북쪽 이스라엘에서는 많은 선지자들이 하나님의 말씀을 잡아매고 있었습니다. 그러자 하나님께서는 남쪽 유다의 목자 한 사람을 파송하여 바른 말씀을 전하게 하셨습니다.

오늘 우리나라의 교회 문제도 이와 비슷하다고 할 수 있습니다. 설교자나 교인들이 하나님의 말씀에 철저하게 헌신되어야 부흥의 역사가 나타나고 치료의 역사가 나타날 텐데, 말씀에 헌신되어 있지 않은 사람이 신학교에 가서 목사가 되고 또 교인들은 교인들대로 그런 설교자를 찾습니다. 왜 그런 설교자를 찾습니까? 그래야 하나님의 말씀에 구애받지 않고 자유롭게 신앙생활 할 수 있기 때문입니다. 그러나 이것은 가스가 누출되고 있는데 가스경보기를 끄는 것이나 다름없는 짓입니다. 자꾸 삑삑거리는 것이 귀찮다고 경보기의 전원을 빼 버리면 어떻게 되겠습니까?

이스라엘의 거짓 선지자들은 위험한 상황에서도 경고의 나팔을 불지 않았습니다. 그 결과가 무엇입니까? 그때 당장은 편하게 지냈지만 얼마 지나지 않아 엄청난 비극을 겪게 된 것입니다. 그래서 아무리 사람들이 귀찮아해도 위험하면 위험하다고 말해 주어야 하고, 잘못된 길을 가고 있으면 붙잡고 싸워서라도 돌이키게 만들어야 합니다. 사람들에게 부담 주기 싫어서, 싸우기 싫어서, 관계가 불편해지는 것이 싫어서 입을 다물어 버리는 것은 가스가 마구 새고 있는데도 경보기를 꺼 놓는 것처럼 위험한 짓이며 무서운 악입니다.

선지자들이 하나님의 말씀에 매여 있고 헌신되어 있을 때에는 하나님께서 그들을 통해 말씀하십니다. 그러나 그들이 하나님의 말씀을 가로막으며 거짓말로 하나님의 말씀을 가리고 있을 때에는 평신도를 들어서 말씀하십니다. 하나님의 능력은 제도로 막을 수 없습니다. 묵은 부대에는 새 포도주를 담을 수 없습니다. 끊임없이 새로운 하나님의 말씀을 담으려면 언제라도 변할 준비를 하고 있어야 합니다. '하나님이 무어라고 말씀하시든지 순종하겠다. 사람이든 돈이든 명예든 무엇이든지 포기하겠다'는 심정으로 항상 말씀에 임해야 합니다.

아모스는 지진이 일어나기 2년 전에 이 묵시를 받았다고 밝히고 있습니다. 그 지진은 대단히 큰 지진이었던 것 같습니다. 스가랴 14장 5절에도 그 지진에 대한 기록이 나옵니다. "그 산골짜기는 아셀까지 미칠지라. 너희가 그의 산골짜기로 도망하되 유다 왕

웃시야 때에 지진을 피하여 도망하던 것같이 하리라.”

그 지진은 단순한 지진이 아니라, 하나님께서 이스라엘 백성들의 영적인 무지를 깨우치기 위해 울리신 경고의 나팔이었습니다. 아모스가 예언한 지 2년 만에 이런 엄청난 지진이 일어난 것을 보면, 사람들이 얼마나 아모스의 말을 무시했는지 짐작할 수 있습니다. 하나님께서는 아모스의 설교 뒤에 큰 지진을 일으키심으로써 ‘바른 하나님의 말씀이 주어진 후에는 반드시 하나님의 행동이 뒤따른다’ 는 것을 보여 주셨습니다.

아모스서는 아주 정교한 구조로 짜여 있습니다. 첫번째로 여러 나라의 “서너 가지 죄”에 대한 심판 설교 시리즈가 나옵니다. 두 번째로 “들으라”로 시작되는 일련의 설교 시리즈가 나오고, 세번째로 “화 있을진저”로 시작되는 설교 시리즈가 나옵니다. 그리고 네번째로 “주 여호와께서 내게 보이신 것이 이러하니라”라는 말과 함께 다섯 번의 환상 이야기가 나옵니다. 이처럼 아모스서는 대단히 짜임새 있는 설교 시리즈로 구성된 설교집입니다.

오늘날에는 꿈이나 환상을 통해 하나님의 말씀을 받지 않습니다. 너무 무지해서 도무지 성경을 못 알아들을 때에는 예외적으로 꿈이나 환상을 보여 주시는 경우도 없지 않지만, 그렇다고 해서 꿈이나 환상을 통해 하나님의 뜻을 분별하려 해서는 안 됩니다. 왜냐하면 하나님께서는 우리에게 필요한 모든 것을 성경에 기록해 놓으셨기 때문입니다. 성경만 바로 해석되고 적용되면 마음이 뜨거워지고 새 힘이 솟아나면서 세상의 온갖 어려운 시험들을 이길 수 있습니다. 무슨 뜻인지 알 수 없었던 성경이 한 자 한 자 해석될 때 얼마나 기쁜지 모릅니다. 나를 잡아매고 있던 염려와 근심, 다른 사람에 대한 미움, 다른 사람을 철저히 상대하려 했던 마음들이 전부 사라져 버립니다.

말씀 앞에 나아오지 않는 성도는 자기의 교만을 깨닫지 못합니다. "내 생각이 틀림없이 옳은데 이게 무슨 교만이야? 나는 끝까지 저 사람을 상대해 줄 거야. 끝까지 이 문제를 물고 늘어질 거야" 하는 것은 교만입니다. 잘못되었다고 생각하는 사람을 끝까지 상대해서 이기려고 하는 것, 내가 책임질 수 없는 문제를 하나님께 맡기지 못한 채 끝까지 붙들고 해결하려 드는 것은 교만입니다.

그런데 성경이 바로 해석되면 어떻게 됩니까? 하나님께 맡겨야 할 일인데 맡기지 않았다는 깨달음이 오면서 기도하고 싶은 마음이 생깁니다. "하나님, 하나님께 맡겨야 할 문제를 맡기지 못하고 제가 붙들고 있었습니다. 그러나 제가 할 수 있는 일이 뭐가 있겠습니까? 제가 누구를 바꿀 수 있겠으며 무슨 힘으로 이 상황에서 벗어날 수 있겠습니까? 하나님이 다 알아서 해 주십시오. 저는 오직 기뻐하겠습니다. 오직 감사하겠습니다."

우리 힘으로는 절대로 세상을 이길 수 없습니다. 아직도 자기 힘으로 어떻게 해 보려고 하는 사람은 너무나 순진한 사람입니다. 조금만 겪어 보면 세상이 얼마나 교묘하고 조직적으로 연결되어 있는지 알게 됩니다. 무식하면 용감하다는 말이 딱 맞습니다. 세상이 어떤 곳인지 모르기 때문에 용감하게 자기 힘으로 덤벼드는 것입니다. 마치 한 달 된 강아지가 사자 앞에서 으르렁거리는 것과 같습니다. 사자가 하도 기가 차서 "한입거리가 까부네" 하며 돌아서니까, 제가 무서워 도망가는 줄 알고 기쁨이 충만해서 으스대는 강아지나 똑같아요.

기도하지 않았는데도 일이 잘 풀리고 있습니까? 하나님께서 많이 봐주고 계신 줄 아십시오. 조금만 정신차리고 보면 내 힘으로 할 수 있는 일이 하나도 없다는 것을 알 수 있습니다. 자식도 내 마음대로 못하는데, 어떻게 남을 상대해서 이기려 하고 내 뜻대로 바꾸려 합니까? 그냥 하나님께 맡기십시오. "망하든 말든 모르겠다. 오직 나는 나의 기쁨을 되찾아야겠다" 하는 것이 하나님 백성의 정상적인 모습입니다. 그렇게 하면 그도록 심각해 보이던 문제가 언제부터인가 해결되기 시작합니다.

하나님께서는 그의 말씀이 전달될 정상적인 길들이 막혀 있을 때, 비정상적인 방법을 써서 그 음성을 들려 주십니다. 이것이 드고아의 목자 아모스를 북쪽 이스라엘에 보내신 이유였습니다.

부르짖는 사자의 소리

아모스는 하나님의 말씀을 부르짖는 사자의 소리에 비유하고 있습니다. "저가 가로되 '여호와께서 시온에서부터 부르짖으시며 예루살렘에서부터 음성을 발하시리니 목자의 초장이 애통하며 갈멜 산 꼭대기가 마르리로다'"(1:2). 한번 생각해 보십시오. 목자가 양들을 이끌고 들판을 지나가는데, 무서운 맹수의 울부짖는 소리가 가까이 다가오면서 바람이 휙 스쳐 지나갑니다. 그러면 양들과 목자는 혼비백산하지 않을 수 없습니다. 마치 풀들이 다 슬피 우는 것 같고, 산꼭대기가 다 말라붙는 것 같은 느낌이 들 것입니다.

목자였던 아모스는 이런 경험을 적잖이 했을 것입니다. 그러나 우리는 양을 몰고 가다가 사자 소리를 들어 본 적이 없기 때문에 이 비유가 그렇게 실감나지 않습니다. 그렇다면 다른 비유를 하나 들어 봅시다. 지금 고속도로를 시속 150킬로미터로 달리고 있습니다. 그런데 막 커브를 도는 순간 속도계를 들고 있는 경찰의 모습이 눈에 확 들어옵니다. 그때 어떤 느낌이 들겠습니까? 갑자기 피가 마르는 것 같고 아스팔트가 꺼지는 것 같지 않겠습니까? 그때 가서 브레이크 밟아 봐야 아무 소용이 없습니다.

아모스는 하나님의 말씀을 실제적으로 제시하고 있습니다. 하나님의 말씀은 단순한 위협용이 아닙니다. 하나님은 공포탄을 쏘시는 분이 아닙니다. 하나님께서 말씀하셨다면, 반드시 행동이 그 뒤를 따라오게 되어 있습니다. 그래서 아모스는 그의 말씀을 부르짖는 사자의 소리에 비유하고 있는 것입니다.

우리는 오늘 하나님의 두 가지 소리를 들어야 합니다. 한 가지는 죄인들을 향해 부르짖으시는 맹수의 소리요, 또 한 가지는 자신의 부족함을 깨닫고 돌아오는 자에게 들려 주시는 한없이 자비롭고 부드러운 치료의 소리입니다. 죄를 지은 자에게 하나님은 실제적인 위협이 되십니다. 하나님은 반드시 그의 죄를 찾아내실 것이며 심판하실 것입니다. 그러나 회개하고 돌아오는 자는 누구든지 그의 존전에서 쫓아내지 않으실 뿐 아니라 한없는 자비로 치료해 주실 것입니다.

사람의 소리를 두려워하는 사람은 아직 정신을 못 차리고 있는 사람입니다. 남의 말에 상처받아서 헤어나오지 못하는 사람은 진짜 임자를 못 만나 봐서 그런 거예요. 살아 계신 하나님의 음성을 한번 듣고 나면 사람의 소리는 아무것도 아니라는 것을 알게 됩니다.

사자의 소리는 어디에서부터 들리고 있습니까? "시온에서부터 부르짖으시며 예루살렘에서부터 음성을 발하시리니." 시온과 예루살렘은 모두 하나님의 성전이 있는 곳입니다. 지금 북쪽 이스라엘 백성들은 예루살렘을 인정하지 않고 있습니다. 그러나 하나님께서는 여전히 예루살렘에서 음성을 발하고 계십니다.

북쪽 이스라엘은 다윗 왕가에 반기를 들고 열 지파를 떼어 나갔습니다. 그러나 그것은 문제가 되지 않습니다. 다윗 왕가가 하나님의 말씀을 어길 때에는 거부할 수도 있습니다. 그러나 그들은 다윗 왕가만 버린 것이 아니라 하나님의 성전까지 버렸습니다. 르호보암 왕이 잘못하면 그를 거부할 수 있습니다. 그러나 하나님까지 거부해서는 안 됩니다. 그런데 이스라엘 백성들은 다윗 왕가만 거부한 것이 아니라 하나님의 말씀까지 내버렸습니다. 마치 목욕물을 버리려다가 아기까지 버린 것과 같았습니다.

예를 들어 어떤 목회자가 하나님의 뜻대로 가르치지 않는다면 그의 잘못된 말만 거부하면 됩니다. 그런데 교회 자체를 거부하면서 아예 하나님의 말씀을 들으려 하지 않는 것은 잘못입니다. 하나님께서는 성경을 통해 말씀하시며, 그 말씀은 교회에서 선포됩니다. 그러므로 아무리 교회에서 상처를 받았고 목회자에게 실망했다 해도, 교회 자체를 부정하거나 하나님의 말씀 자체를 거부해서는 안 됩니다. 그것은 앞에 맹수가 있는데도 맹목적으로 그 맹수를 향해 달려가는 것처럼 위험한 짓입니다.

성경은 세상 모든 일에 대해 미주알고주알 다 말해 주지 않습니다. 그러나 성경에는 하나님의 대원칙이 선포되고 있기 때문에, 그 말씀을 들으면 세상 나라나 사람들의 결국이 어떻게 될지 알 수 있으며 하나님 없이 잘살고 형통한 것이 절대 행복한 일이 아님을 알 수 있습니다. 그들의 운명은 바람에 나는 겨와 같습니다. 물론 지금은 멀쩡히 잘살고 있습니다. 그러나 말씀을 듣는 자들의 눈에는 그들의 비참한 결국이 불 보듯 환하게 보입니다.

남북 문제가 북한의 태도에 달려 있다고 여기는 것은 어리석은 생각입니다. 두 정상을 만나게 하신 분은 하나님이십니다. 김정일의 태도와 아무 상관이 없습니다. 성경이 말하는 바가 무엇입니까? 전쟁은 하나님께 달렸다는 것입니다. 그러니까 눈치를 보려면 김정일의 눈치를 볼 것이 아니라 하나님의 눈치를 봐야 합니다. '지금 하나님께서 우리를 기뻐하시는가, 우리의 삶 가운데 기뻐하시지 않는 부분이 있다면 어떤 부분인가'를 살피고 바로잡을 생각을 해야지, 왜 엉뚱한 쪽에 신경을 씁니까?

예수님께서는 예루살렘이 망하기 전에 '불의한 청지기 비유'를 말씀하셨습니다. 주인의 재산을 낭비하는 청지기가 있었습니다. 그 사실을 안 주인은 그를 해고하기로 했습니다. 실직할 날이 얼마 남지 않았다는 것을 알게 된 청지기는, 주인의 재산을 오로지 자기 자신만을 위해 써 왔다는 사실을 깨달았습니다. 그래서 그때부터는 주인의 재산을 쓰되 남을 위해 쓰기 시작했습니다. 빚이 있는 사람은 탕감해 주었고, 형편이 어려운 사람은 도와주었습니다. 그 결과 그는 주인에게는 기소당했지만, 사람들에게는 동정과 도움을 받을 수 있게 되었습니다.

이 비유의 핵심이 무엇입니까? 예루살렘의 멸망이 얼마 남지 않은 이때, 유대인들이 살 수 있는 유일한 길은 그들이 움켜쥐고 있는 돈과 재산을 풀어 나누어 주는 일이라는 것입니다. 그들은 돈도 움켜쥐고 있었고 말씀도 움켜쥐고 있었습니다. 하나님께서는 그것을 싫어하셨습니다. 그래서 "이제 시간이 얼마 남지 않았다. 살고 싶으면 너희 삶의 방식을 바꾸라"고 말씀하신 것입니다. 하나님께서 불쌍히 여겨 주시지 않으면 안 되게끔 스스로 가난해지는 것, 자기에게 있는 것들을 다 남에게 주어서 스스로 부족한 상태로 만드는 것만이 살 길이라는 것입니다. 만약 그들이 이 말씀대로만 했더라면 예루살렘 멸망 때 110만명이나 죽지 않았을 것입니다.

여기에서 미련한 사람과 현명한 사람이 갈라집니다. 미련한 사람은 자꾸 현실에 안주하면서 자신을 바꾸려 들지 않습니다. 그들은 책망하는 설교를 듣기 싫어합니다. "너 잘했다", "너 잘났다" 하는 소리는 "아멘!" 하면서 기쁘게 받아들이지만, 뭐라도 조금 바꾸라는 소리가 들리면 굉장히 화를 냅니다. 그러나 현명한 사람은 말씀이 들릴 때 자신의 삶을 쫙 점검해 봅니다. 그래서 하나님께서 기뻐하시지 않는 부분이 보이면 자기가 먼저 자진해서 수술해 버립니다. 하나님께서 기뻐하시지 않는 직업은 아무리 수입이 많아도 포기합니다. 하나님께서 기뻐하시지 않는 관계는 아무리 정이 많이 들었어도 정리합니다. 그러면 어떤 일이 일어납니까? 하나님께서 계속 은혜를 퍼부어 주십니다.

진짜 현명한 그리스도인은 하나님의 말씀이 들릴 때 '이것은 사자 소리다! 하나님께서 분명히 가까운 곳에 오신 것이다!' 하는 것을 깨닫고, 하나님께서 불쌍히 여기시지 않을 수 없도록 자진해서 자신을 낮춥니다. 지금 하나님께서 경고의 말씀을 주고 계십니까? 스스로 조금 손해 보는 길을 택하십시오. 하나님께서 기뻐하시지 않는다고 생각되는 취미를 바꾸십시오. 하나님께서 기뻐하시지 않는다고 생각되는 관계를 정리하십시오. 부정한 수입을 포기하십시오. 그러면 하나님의 사랑이 구체적인 증거를 통해 나타나기 시작할 것입니다.

사자 소리가 들리는 것은 나쁜 일이 아닙니다. 사자 소리가 들릴 때 조금만 조심하면 은혜로우신 하나님을 만날 수 있습니다. 사자 같은 음성을 발하시는 것은 하나님께서 우리를 사랑하시는 방식입니다. 하나님은 때때로 경고의 말씀을 발하시며 기뻐하시지 않는 부분에 주의를 주심으로써 우리 스스로 수술할 수 있는 기회를 허락하십니다. 그래서 스스로 수술하고 나면 우리를 사랑하신다는 증거를 피부로 느낄 수 있도록 구체적으로 보여 주십니다. 그러니 사자 같은 음성을 듣는 것이 얼마나 복된 일입니까?

우리가 살 수 있는 유일한 길은 하나님 앞에서 스스로 낮추는 것입니다. 하나님께서 도우시지 않으면 도저히 소망이 없는 상태로 자신을 낮추면 그가 우리를 불쌍히 여기시고 지켜 주십니다. 하나님 앞에서 자신을 낮추시기 바랍니다. 사람들 앞에서 자신을 낮추시기 바랍니다. 내가 가진 것들을 자랑하지 마십시오. 자랑은 오직 하나님께로부터 와야 합니다. 하나님께서 인정해 주시는 칭찬이 진짜 칭찬이지, 자기 스스로 칭찬하는 것은 진짜 칭찬이 아닙니다.

모든 일을 결정하시는 분은 하나님이십니다. 이 세상 모든 일은 하나님의 말씀에 나타난 원리대로 이루어질 것입니다. 하나님께서는 구체적인 부분에서 그 뜻을 보여 주실 때도 있지만, 그보다는 거대한 원리를 보여 주심으로써 우리의 지각을 사용하여 스스로 분별하게 하시고 결단하게 하실 때가 더 많습니다. 물론 하나님의 뜻이라고 생각해서 결단했는데, 나중에 보니 잘못된 판단으로 드러나는 경우도 있습니다. 그러나 두려워하지 마십시오. 한두 번은 실패할 수 있어도 100번, 200번까지 실수하지는 않습니다. 이 세상 모든 일은 말씀의 원리에 따라 이루어집니다. 우리는 말씀으로 모든 것의 결과를 미리 보고 일을 시작합니다. 얼마나 놀랍습니까?

다메섹과 블레셋의 심판

아모스는 이스라엘과 유다의 죄를 지적하기 전에 주위 여러 나라의 죄부터 지적하고 있습니다. 오늘 본문에는 이스라엘이 가장 싫어했던 적 다메섹과 블레셋의 멸망이 예고되고 있습니다. "여호와께서 가라사대 '다메섹의 서너 가지 죄로 인하여 내가 그 벌을 돌이키지 아니하리니 이는 저희가 철 타작기로 타작하듯 길르앗을 압박하였음이라'"(1:3).

다메섹은 수리아 즉 시리아의 수도입니다. 수리아는 이스라엘의 철천지원수로서, 요단 강 동편 길르앗 땅을 차지하기 위해 이스라엘 백성을 도리깨로 타작하듯이 공격했습니다. 요단 동편은 아라비아에서 애굽으로 가는 통로로서, 이곳만 차지하고 있으면 수입이 저절로 굴러 들어온다고 말할 수 있을 정도로 중요한 요지였습니다. 수리아는 이곳을 빼앗기 위해 수차례 공격을 감행했고, 수많은 이스라엘 사람들을 죽였습니다.

"서너 가지 죄"라고 해서 꼭 세 가지나 네 가지 죄만 지었다는 뜻은 아닙니다. 이것은 히브리인들이 흔히 사용하는 표현으로서, '몇 가지 안 되지만 아주 중요한 죄'라는 뜻입니다. 다메섹의 중요한 죄는 이스라엘 백성들의 땅을 탐내서 철 타작기로 타작하듯 두들겨 버린 것이었습니다. "철 타작기"는 철 도리깨입니다. 철 도리깨로 타작하면 알곡이 다 부서져 버립니다. 그러니까 철 도리깨를 휘두르는 것은 타작하기 위한 행동이 아니라 다 부수어 버리기 위한 행동입니다. 수리아 군대는 요단 동편을 일시적으로 점거하여 세금을 받거나 이득을 얻으려 하는 데 그치지 않았습니다. 그들은 그곳을 영원히 차지하기 위해 이스라엘 백성 전체의 씨를 말리려 했습니다. 이것이 그들이 저지른 가장 큰 죄였습니다.

너무 지나치게 욕심을 부리거나 너무 철저하게 자기 권리를 주장하면 안 됩니다. 빠져 나갈 구멍조차 주지 않고 사람을 몰아세우면 안 됩니다. 지나칠 정도로 철저하게 남을 상대하고 심판하는 것은 하나님의 자리에 올라앉는 교만입니다. 하나님께서는 다메섹의 이런 죄를 끝까지 잊지 않겠다고 말씀하셨습니다.

하나님께서는 우리가 서로 도와주는 것을 기뻐하십니다. 특히 하나님의 백성이 어려운 형편에 처했을 때 도와주는 것을 절대 잊지 않고 갚아 주시며 선대하십니다. 그런데 다메섹은 이스라엘을 얼마나 증오했던지 철 도리깨로 마구 짓이겨 놓았습니다. 하나님께서는 그 죄를 절대로 용서하지 않겠다고 말씀하셨습니다. "'내가 하사엘의 집에 불을 보내리니 벤하닷의 궁궐들을 사르리라. 내가 다메섹 빗장을 꺾으며 아웬 골짜기에서 그 거민을 꺾으며 벧에덴에서 홀 잡은 자를 끊으리니 아람 백성이 사로잡혀 길에 이르리라.' 이는 여호와의 말씀이니라"(1:4-5).

하사엘과 벤하닷은 그 당시에 가장 강력한 왕들이었습니다. 여기에 나오는 벤하닷은 하사엘의 아들인 벤하닷 3세입니다. 수리아는 벤하닷 3세의 아들 르신 때 앗수르에 의해 멸망합니다. 그 이유가 무엇입니까? 그들이 다른 사람들을 철저히 상대했기 때문에 하나님께서도 그들을 철저하게 상대하신 것입니다.

다른 사람들을 철저하게 상대하려 들지 마십시오. 남의 결점을 있는 대로 끄집어내서 하나하나 심판하는 것은 철 도리깨를 들고 타작하는 것과 같습니다. "그런 짓 하지 마. 그건 나쁜 짓이야. 계속 그러면 화낼 거야" 하고 말아야지, 끝까지 상대하려 들면서 몇 달씩 말도 걸지 않는 것은 굉장히 교만한 짓입니다. 그리스도인의 문제는 다른 사람들에게 완벽하기를 요구한다는 데 있습니다. 완벽하지 않으면 끝까지 용서하지 않으려고 해요. 이런 태도가 우리의 기도를 막고 풍성한 삶을 막습니다. 끝까지 상대하려 들지 마십시오. 그냥 내버려 두십시오. 우리는 하나님이 아닙니다. 내 주장을 끝까지 관철하려 들지 마십시오. 그냥 의사표시 하는 것으로 끝내십시오. 아무리 내 주장이 옳아도 그것을 절대적인 것처럼 내세우며 끝까지 관철하려 들 때 하나님께서 축복하시지 않습니다.

5절에서는 다메섹을 "벧 에덴"이라고 부르고 있는데, 이것은 '기쁨의 집'이라는 뜻입니다. 아마 다메섹에서는 기쁘고 재미있는 일들이 많이 일어났던 것 같습니다. 그러나 그 기쁨은 오래가지 않을 것입니다. "아웬"은 '헛되다'는 뜻입니다. 다메섹은 우상 숭배의 골짜기로서 그 정체를 드러내게 될 것입니다. 실제로 수리아는 멸망해서 앗수르의 "길"이라는 곳으로 잡혀갑니다. "길에 있으리라"에서 "길"은 지명입니다.

그런데 이 다메섹의 멸망은 다메섹의 멸망에 그치지 않고 이스라엘의 멸망으로 연결됩니다. 앗수르 왕이 쳐들어와서 다메섹만 멸망시킨 것이 아니라 이스라엘의 사마리아도 함께 멸망시켜 버린 것입니다. 그런데 아모스는 그 이야기를 싹 빼 버리고 있습니다. 그 이유가 무엇입니까?

지금 이스라엘 백성들은 하나님의 말씀을 들으려고 하지 않습니다. 특히 이 평신도의 설교를 아주 무시하고 있습니다. 그래서 아모스는 그들의 철천지원수 다메섹을 멸망시키실 것이라는 이야기를 먼저 꺼낸 것입니다. 다메섹뿐만이 아닙니다. 블레셋도 멸망시키실 것입니다. 그 밖에 다른 나라들도 멸망시키실 것입니다. 이처럼 아모스는 원수들의 멸망을 먼저 이야기함으로써 이스라엘 백성들의 관심을 끌어 모은 후에, 비로소 귀를 기울이기 시작한 그들을 향해 "결국 너희도 멸망할 것"이라고 선언합니다. 이것은 선지자의 설교 기법입니다.

그래서 하나님께서 교회를 치시지 않고 세상을 치실 때 마냥 즐거워하면 안 됩니다. 우리가 너무나 깨닫지 못하니까 세상을 치심으로써 간접적으로 깨우치시는 것일 수 있기 때문입니다. IMF가 터졌을 때 많은 기업들이 무너졌습니다. 그런데 기업들뿐 아니라 교회들도 어려움을 겪었습니다. 특히 세상적인 방법으로 빚을 얻어 예배당을 건축했던 교회들이 큰 고통을 받았습니다. 무슨 뜻입니까? "너희가 다메섹과 다른 것이 무엇이냐? 왜 세상적인 방법으로 살려고 하느냐? 다메섹을 거울삼아 정신차리지 않으면 너희도 그들과 똑같이 망할 것이다"라는 것입니다. 그렇기 때문에 남이 큰 불행에 빠졌을 때 기뻐하면 안 됩니다. 대기업이 무너졌을 때 기뻐하면 안 돼요. 그것은 우리도 모르게 세상적인 방법을 기웃거리며 인간적인 술수를 쓰고 있는 것을 기뻐하시지 않는다는 경고입니다.

다음으로 하나님께서는 블레셋의 죄에 대해 심판하십니다. "여호와께서 가라사대 '가사의 서너 가지 죄로 인하여 내가 그 벌을 돌이키지 아니하리니 이는 저희가 모든 사로잡은 자를 끌어 에돔에 붙였음이라'"(1:6).

가사는 블레셋의 다섯 도시 중 대표 격인 도시입니다. 그 도시는 노예 장사를 주로 했습니다. 즉 가사 사람들은 노예사냥꾼들이었습니다. 포로가 된 사람이든 빚을 갚지 못한 사람이든 길을 잃은 사람이든, 눈에 뜨이는 대로 잡아다가 에돔의 노예상인들에게 팔아넘겼습니다. 그런데 문제는 에돔이 노예를 전 세계로 수출하는 나라라는 데 있었습니다. 팔레스타인 안에서 노예생활을 하면 언젠가 해방되어 집으로 돌아갈 가능성이 있었지만, 에돔으로 넘겨지면 전 세계로 팔려 가기 때문에 영원히 노예로 살아야 했습니다.

이처럼 블레셋은 자기 이익을 위해 약한 사람들을 인정사정없이 대했습니다. IMF가 왔을 때 우리나라 은행들도 비슷한 짓을 했습니다. 자신들이 손해를 보지 않기 위해 중소기업이나 개인이 담보로 잡힌 것들을 경매에 부쳐서 헐값에 팔아 버린 것입니다. 이렇게 약자들의 돈은 전부 챙겼지만 대기업에게 빌려 준 돈은 회수하지 못했습니다. 이제는 그 금융기관들 자체가 부실기업이 되어 버린 것에 대해 우리는 깊이 생각할 필요가 있습니다.

블레셋이 한 짓이 무엇입니까? 조금 봐줘도 되는데 전혀 봐주지 않은 것입니다. 공짜로 잡아다가 제값 받고 전부 에돔에 팔아 버린 것입니다. 하나님께서는 이들을 절대 용서하시지 않겠다고 말씀하십니다. "'내가 가사 성에 불을 보내리니 그 궁궐들을 사르리라. 내가 또 아스돗에서 그 거민과 아스글론에서 홀 잡은 자를 끊고 또 손을 돌이켜 에그론을 치리니 블레셋의 남아 있는 자가 멸망하리라.' 이는 주 여호와의 말씀이니라"(1:7-8).

블레셋은 다섯 도시국가로 이루어져 있는 아주 견고한 나라였습니다. 그 중에 한 도시가 무너진다 해도 다른 도시들이 건재하는 한 나라 전체가 무너질 염려는 없었습니다. 그러나 하나님께서는 그 도시들이 다 무너질 것이라고 말씀하고 계십니다. 여기에 가드가 빠진 것은 이미 멸망했기 때문이 아닌가 생각됩니다.

이스라엘 백성들이 늘 원했던 일은 수리아나 가사가 망하는 것이었습니다. 그런데 드디어 한 선지자가 나타나더니 그 나라들이 망할 것이라고 예언하는 것입니다. 이 얼마나 듣고 싶었던 말씀입니까? 아마도 그들은 눈물을 흘리면서 "아멘! 아멘!" 하며 설교를 들었을 것입니다. 그런데 그들의 기대와 달리 정작 이 설교의 핵심은 이스라엘의 죄를 지적하고 이스라엘의 문제를 노출시키는 데 있었습니다. 하나님께서 결정적으로 말씀하고 싶으셨던 것이 무엇입니까? "블레셋과 다메섹이 이런 죄들로 망했다면, 더 큰 죄를 저지른 너희는 어떻게 되겠느냐? 너희는 같은 이스라엘 백성들을 그들처럼 철저하게 상대하고 철저하게 팔아먹지 않았느냐? 너희는 절대 용서받을 수 없다"는 것입니다.

하나님께서 성도들에게 요구하시는 수준은 세상 사람들에게 요구하시는 수준보다 훨씬 높습니다. 믿는 사람이 안 믿는 사람 수준에서 살고 있다면 분명히 심판감입니다. 우리는 믿지 않는 사람들보다 훨씬 더 관대해야 하고, 훨씬 더 남을 사랑해야 합니다. 그런데 이상하게도 예수 믿는 사람들이 더 남을 철저하게 상대하려들고 끝까지 용서하지 않으려 듭니다. 하나님께서는 이것을 기뻐하시지 않습니다.

이스라엘 백성들은 '하나님은 왜 세상 나라들은 가만히 두시고, 우리한테만 요구가 많으신가' 라는 불만을 가지고 있었습니다. 오늘 우리도 '세상 사람들이 죄짓는 것은 가만히 두시면서, 왜 우리한테는 이래라저래라 주야로 야단치시고 벌을 주시는가' 라고 생각하기 쉽습니다. 이에 대해 성경은 무엇이라고 말씀합니까?

하나님은 이스라엘의 하나님만이 아니라 온 세상의 하나님으로서, 그들의 성패를 결정하는 분이십니다. 하나님께서는 왕을 세우기도 하시고 내치기도 하십니다. 하나님께서는 그들의 죄를 다 헤아리고 계십니다. 그리고 그 중에서도 특히 중요한 서너 가지 죄를 용서하지 않으시고 그들 전체를 파멸에 던지십니다. 그러나 그

나라들은 하나님께서 그냥 세우신 나라들이지 특별히 다스리시는 나라들은 아닙니다. 반면에 이스라엘은 하나님의 특별한 다스림을 받는 나라요 하나님의 이름이 있는 나라입니다. 그래서 더 온전케 하시기 위해 주야로 그 허물을 들추어내시는 것입니다.

하나님의 축복에는 책임이 따릅니다. 책임 없는 축복은 존재하지 않습니다. 하나님의 백성으로 부르심을 받았으면 그 부르심에 맞게 살아야 할 책임이 있습니다. 하나님 백성의 축복은 받으려 하면서, 안 믿는 자들 수준의 책임을 지려 드는 사람은 악한 사람입니다.

하나님께서는 모든 나라를 심판하실 것입니다. 특히 하나님의 백성들을 학대한 죄를 심판하실 것입니다. 그러나 우리에게 더 중요한 것은 그들이 어떻게 살았느냐 하는 것이 아니라 우리 자신이 어떻게 살았느냐 하는 것입니다. 원수 갚는 것은 하나님께 속한 일입니다. 하나님께서는 직접 원수 갚을 권한을 우리에게 주지 않으셨습니다. 우리에게는 오직 다른 사람을 사랑할 책임만이 주어져 있습니다. 물론 그것은 참된 사랑이어야 합니다. 거짓된 것까지 사랑하는 것은 참된 사랑이 아닙니다. 거짓을 미워하고 진실한 것을 사랑하는 것이 참된 사랑입니다. 그렇게 사랑하지 않고 내가 직접 원수 갚으려 하는 것을 하나님께서는 기뻐하지 않으십니다. 그리스도인은 어떻게 해서든지 다른 사람들이 잘되기를 바라야 하고 축복의 말을 해야 합니다. 그렇다고 아첨하라는 말이 아닙니다. 죄짓고 있는 사람을 축복하는 것은 축복이 아니라 아첨입니다.

오늘 아모스가 말씀하는 것이 무엇입니까? 하나님의 말씀은 부르짖는 사자의 소리와 같다는 것입니다. 야영하고 있는 곳에 사자의 소리가 들려오고 있다면 재빨리 행동을 취해야 합니다. 지금 하나님의 말씀이 들리고 있습니까? 가만히 있지 말고 재빨리 움직이십시오. 나의 삶 가운데 하나님께서 기뻐하시지 않는 취미가 있다면 버리십시오. 기뻐하시지 않는 거래가 있다면 포기하십시오. 용서해야 할 사람이 있다면 용서하십시오. 하나님의 말씀 앞에 자꾸 변하려고 하십시오. 하나님의 말씀에 기쁨으로 순종하십시오. 그러면 그 사자 소리가 달콤한 사랑의 소리, 축복의 소리, 은혜의 소리로 변할 것입니다. 그러나 사자의 소리가 들리는데도 고집을 부리고 있으면, 얼마 있지 않아 징계가 임할 것이 분명합니다.

악을 악으로 갚지 마시기 바랍니다. 악을 악으로 이기려 하지 마시기 바랍니다. 남의 허물을 끝까지 기억하고 따지지 마시기 바랍니다. 원수 갚는 것은 하나님께 속한 일입니다. 우리의 책임은 사랑하는 것입니다.

오늘 하나님의 말씀이 사자 소리로 우리에게 임하기를 바랍니다. 그리고 그 하나님의 말씀 앞에 움직이고 변화됨으로써 하나님의 은혜와 축복이 우리 가운데 넘치게 되기를 바랍니다.

2

주위 나라들의 멸망

이스라엘의 이웃들

유다의 죄

친척의 역할

^{1:11} 여호와께서 가라사대 "에돔의 서너 가지 죄로 인하여 내가 그 벌을
돌이키지 아니하리니 이는 저가 칼로 그 형제를 쫓아가며 긍휼을
버리며 노가 항상 맹렬하며 분을 끝없이 품었음이라.

¹² 내가 데만에 불을 보내리니 보스라의 궁궐들을 사르리라."

¹³ 여호와께서 가라사대 "암몬 자손의 서너 가지 죄로 인하여 내가
그 벌을 돌이키지 아니하리니 이는 저희가 자기 지경을 넓히고자
하여 길르앗의 아이 밴 여인의 배를 갈랐음이니라.

¹⁴ 내가 랍바 성에 불을 놓아 그 궁궐들을 사르되 전쟁의 날에 외침과
회리바람 날에 폭풍으로 할 것이며

¹⁵ 저희의 왕은 그 방백들과 함께 사로잡혀 가리라." 이는 여호와의
말씀이니라.

^{2:1} 여호와께서 가라사대 "모압의 서너 가지 죄로 인하여 내가 그 벌을
돌이키지 아니하리니 이는 저가 에돔 왕의 뼈를 불살라 회를 만들었음이라.

² 내가 모압에 불을 보내리니 그리욧 궁궐들을 사르리라. 모압이 요란함과
외침과 나팔 소리 중에서 죽을 것이라.

³ 내가 그 중에서 재판장을 멸하며 방백들을 저와 함께 죽이리라."
이는 여호와의 말씀이니라.

⁴ 여호와께서 가라사대 "유다의 서너 가지 죄로 인하여 내가 그 벌을
돌이키지 아니하리니 이는 저희가 여호와의 율법을 멸시하며 그 율례를
지키지 아니하고 그 열조의 따라가던 거짓 것에 미혹하였음이라.

⁵ 내가 유다에 불을 보내리니 예루살렘의 궁궐들을 사르리라."

1:11-2:5

우리 믿는 사람들은 두 사회에 소속되어 살고 있습니다. 한 사회는 믿는 사람들로 구성된 신앙의 공동체요, 또 한 사회는 하나님을 모르는 사람들로 구성된 불신앙의 공동체입니다. 교회는 신앙의 공동체이고, 믿지 않는 이웃이 있는 동네나 친척 사회나 직장은 불신앙의 공동체입니다. 이 두 사회는 그 생각과 가치관이 판이하게 다릅니다.

그런데 문제는 우리가 이 두 사회 사이를 왔다 갔다 하게 되기 쉽다는 데 있습니다. 그래서 신앙 좋은 사람들은 아예 믿지 않는 사람들을 상대하지 않는 편을 택해서, 믿는 사람들끼리만 모여 기도회를 하거나 믿는 사람들만 초대해서 식사하려고 합니다. 그러다 보니 믿지 않는 사람들과는 물과 기름처럼 어울릴 수 없는 관계가 되기 십상입니다. 반면에 어떤 사람들은 적극적으로 세상 사람들과 어울립니다. 그러면서 세상적인 말도 배우고 취미생활도 함께 하다가 경건을 잃어버립니다.

제가 알고 지내던 신앙 좋은 그리스도인이 한 사람 있었습니다. 그는 말씀대로 살려고 애를 썼고 교회 봉사도 열심히 했습니다. 비전이 비슷한 사람들을 한 달에 한 번 정도 집으로 초대해서 식사하며 기도하는 시간도 가졌습니다. 그런데 그에게는 믿음이 전혀 없는 형제와 친척들이 있었습니다. 그들은 만날 때마다 돈 이야기를 꺼냈고, 가끔씩 술을 마시고 와서 행패를 부렸습니다. 그는 정말이지 그들을 만나고 싶지 않았습니다. 그러면서도 누구 집에 부도가 났다든지 어느 친척 집 아이가 교통사고를 당했다는 소식이라도 듣게 되면 '혹시 내가 미워해서 이런 일이 생긴 것은 아닐까, 내가 기도해 주지 않아서 이런 일이 생긴 것은 아닐까' 하는 자책으로 마음이 상했습니다. 어쩌면 이것은 우리 모두의 이야기일지도 모릅니다.

오늘 본문에서 하나님은 이스라엘 주위 여러 나라들에 대한 심판의 말씀을 하고 계십니다. 그 나라들은 이스라엘과 가장 가까운 이웃 나라들이었고 형제 나라들이었습니다. 그럼에도 불구하고 그들은 서로 미워하는 관계였고 증오하는 사이였습니다. 하나님께서는 이처럼 이스라엘과 불편한 관계에 있는 나라들을 하나씩 거론하시면서, 결코 용서받을 수 없는 서너 가지 죄로 인해 그 수도들이 불탈 것이며 그 나라들이 망할 것이라고 말씀하셨습니다. 처음에는 싫어하는 나라들이 다 망한다니까 기분이 좋았을 것입니다. 그러나 가만히 생각해 볼 때 자신들이 싫어하는 나라들마다 망한다는 것이 영 이상하다는 느낌도 들었을 것입니다. 과연 이것은 좋은 일입니까?

추리소설 중에 어느 별장에 초대된 손님들이 한 사람 한 사람 죽어 가는 사건을 다룬 것이 있습니다. 처음에는 '살다 보면 이런 일도 있을 수 있겠지' 생각하던 등장인물들도, 죽는 사람이 하나씩 늘어날 때마다 점점 불안을 느끼기 시작합니다. '이 별장에 나를 초청한 의도가 대체 무엇일까? 이 사람들은 왜 죽었을까?' 하는 의문이 들면서 더럭 겁이 나기 시작하는 것입니다.

이스라엘 백성들은 아주 여유로운 마음으로 아모스의 설교를 듣고 있었습니다. 그런데 가만히 보니 자신들이 미워하는 나라들마다 멸망한다는 것입니다. 그들은 더럭 겁이 났습니다. '과연 우리는 괜찮을까? 아모스는 왜 우리가 알고 있는 모든 나라의 궁궐마다 불을 보내서 태워 버린다고 하는 걸까?' 만약 아모스가 지칭하고 있는 나라들이 모두 망해야 한다면, 그와 비슷한 죄를 저지른 이스라엘 또한 결코 안전하지 못할 것입니다.

이스라엘의 이웃들

이스라엘에는 아주 가까운 관계이면서도 사이가 좋지 않은 형제 나라들이 있었습니다. 하나님께서는 그 나라들의 이름을 하나씩 부르면서 그들을 모두 심판하겠다고 말씀하십니다. 오늘 본문에 가장 먼저 나오는 나라는 에돔입니다. "여호와께서 가라사대 '에돔의 서너 가지 죄로 인하여 내가 그 벌을 돌이키지 아니하리니 이는 저가 칼로 그 형제를 쫓아가며 긍휼을 버리며 노가 항상 맹렬하며 분을 끝없이 품었음이라'"(1:11).

에돔이 "칼로 그 형제를 쫓아가며"라고 할 때 "형제"는 바로 이스라엘 백성들입니다. 에돔 사람들은 이스라엘과 친형제 관계에 있었으면서도 항상 이스라엘에 분을 품었습니다. "긍휼을 버리며 노가 항상 맹렬하며 분을 끝없이 품었음이라"는 것은 그들이 한

번도 이스라엘에 좋은 감정을 품은 적이 없었음을 보여 줍니다. 그들은 왜 그토록 이스라엘을 미워했을까요? 그것은 이스라엘에 대한 시기심과 열등감 때문이었습니다.

에서는 야곱의 형이었습니다. 그러니까 원래 순서대로 하자면 에돔 족속이 가나안 땅을 차지했어야 마땅합니다. 그러나 하나님 께서는 에서를 미워하고 야곱을 사랑하셔서 야곱의 후손들에게 가나안 땅을 주셨습니다. 그래서 에돔 백성들은 다른 어떤 민족보 다 이스라엘 민족을 미워했습니다. 이런 에돔이 이스라엘에게는 늘 부담스러운 존재가 아닐 수 없었습니다.

사실 에돔에도 하나님께서 주신 것이 있었습니다. 가장 대표적 인 것이 지혜였습니다. 에돔의 학문과 철학은 그 당시에 상당히 명성이 높았습니다. 욥을 찾아왔던 친구 엘리바스도 데만 사람, 즉 에돔 사람이었습니다. 그러나 에돔 사람들은 거기에 만족하지 못하고 이스라엘을 계속 미워했습니다.

이스라엘 백성들은 무엇을 하든지 세계적인 주목의 대상이 되 었습니다. 그들이 하는 일은 잘한 것이든 못한 것이든 늘 뉴스거 리가 되었습니다. 이를테면 서울과 지방의 차이와 같습니다. 서울 에 살면 전국의 모든 정보를 접할 수 있습니다. 그러나 지방에 살 면 다른 지역에서 어떤 일이 일어나는지 잘 모를 때가 많고, 웬만 한 일을 해서는 전국적인 신문이나 방송에 나갈 수도 없습니다.

이 세상이 무대라면, 예루살렘과 사마리아는 무대 중앙이라고 할 수 있었습니다. 무대 중앙은 모든 사람의 시선이 집중되는 곳 으로서, 중요한 일은 전부 거기에서 일어나게 되어 있습니다. 다 른 나라들은 아무리 좋은 일을 해도 신문 끝에 아주 조그맣게 실 리거나 아예 실리지도 않는데, 이스라엘 백성들이 하는 행동은 언제나 세상의 주목거리가 되었습니다. 그 이유가 무엇입니까?

이스라엘은 하나님의 장자였기 때문입니다. 에돔은 장자의 자리를 빼앗김으로써 무대 중앙에서 밀려났습니다. 그들은 아무리 애를 써도 주목의 대상이 될 수 없었습니다. 그래서 힘으로라도 그들을 짓눌러서 자신들이 더 강하고 똑똑하다는 것을 보여 주려 했습니다. 그들은 이삭을 괴롭힌 이스마엘과 같았습니다. 이스마엘은 이제 겨우 젖을 뗀 동생에게 모든 이들의 관심과 사랑이 집중되는 것을 참지 못했습니다.

하나님의 장자라는 자리가 그만큼 중요합니다. 하나님의 장자는 좋은 일을 하든 나쁜 일을 하든 세계의 관심거리가 될 수밖에 없습니다. 왜 그렇습니까? 구원이 그들로부터 나오기 때문입니다. 예수님께서 사마리아 여인에게 "이는 구원이 유대인에게서 남이니라"(요 4:22하)고 하신 것도 바로 이 점을 가리켜 하신 말씀입니다.

인간적으로 볼 때에는 에서가 야곱보다 훨씬 뛰어났습니다. 두 사람이 함께 서 있으면 쌍둥이라고 보기 힘들 정도로 에서는 탁월한 사람이었습니다. 그는 리더십도 있었고 남성다웠습니다. 그런데 하나님께서는 털도 없이 맨질맨질한 야곱을 택해서 장자로 삼으셨습니다. 에서는 무대 중앙에서 구석으로 밀려나는 신세가 되고 말았습니다.

물론 에서도 하나님의 은혜를 받을 수 있는 방법이 있었습니다. 그것은 야곱을 인정하고 야곱의 종이 되는 것이었습니다. 그가 자신의 능력이나 세상적인 자랑을 다 포기하고 야곱의 종이 되기만 했다면, 하나님의 은혜가 야곱을 통해 그에게도 임했을 것입니다. 그러나 그렇게 하기에는 에서의 자존심이 너무나 강했습니다. 그래서 그는 야곱을 미워하면서 은혜의 가장자리로만 빙빙 돌았습니다. 이것이 에돔의 비극이었습니다.

이들의 관계는 고양이와 쥐의 관계로 비유될 수 있습니다. 고양이가 어떻게 쥐를 무서워할 수 있습니까? 고양이가 어떻게 쥐한테 "형님"이라고 부를 수 있습니까? 그러나 하나님께서 하시는 일이 바로 이것입니다. 하나님께서는 가난하고 무식한 사람들에게 말씀을 맡기심으로써 사람들의 교만을 테스트하십니다. 원래 교회는 세상적으로 보잘것없고 연약한 사람들로 이루어져 있었습니다. 그들은 추하고 더럽고 냄새 나는 사람들이었습니다. 그러나 하나님께서는 바로 이런 자들을 존경하며 이런 자들을 통해 말씀을 듣기 전까지는 절대로 역사의 중심이 되지 못하게 하셨습니다. 고양이 아니라 호랑이라도 쥐새끼 앞에 무릎을 꿇고 복종해야 합니다. 그것이 싫으면 은혜를 받을 수 없습니다.

신앙에는 항상 걸림돌이 있고 함정이 있다는 것을 기억하십시오. 내가 아무리 학식이 많고 재능이 많다 하더라도 가난하고 무식해 보이는 공동체 사이에 들어가 한 형제와 자매로서 그들의 기도를 구하며 그들의 제자가 되지 않으면 하나님의 축복을 받을 수 없습니다. 하나님 앞에 가장 복받은 사람들은 고양이의 겸손을 배운 자들입니다. 그렇게 되려면 말씀 앞에 깨져야 합니다. 깨져도 그냥 깨지는 것이 아니라 완전히 박살이 나야 합니다. 그렇게 깨진 사람들은 자신이 잃은 모든 것보다 더 값진 것을 얻습니다. 그것은 은혜의 중심에 머무는 특권입니다.

에돔이 이스라엘을 미워하고 시기한 것은 지극히 당연한 일이었습니다. 그들은 이스라엘 백성들보다 뛰어난 사람들이었습니다. 그럼에도 불구하고 역사의 초점은 언제나 이스라엘에 맞추어져 있었습니다. 자기들보다 훨씬 못한 이스라엘 백성들에게 하나님의 사랑과 은혜의 역사가 나타났습니다. 하나님께서는 에돔이 딱 한 가지, 자존심을 버리기 바라셨습니다. 자존심만 버리고 이스라엘 백성들에게 고개를 숙이고 들어오면 그들에게도 같은 은혜를 주시려 했습니다. 그러나 에돔은 '이스라엘 족속을 통해 복을 받느니 차라리 죽겠다' 는 태도를 고수했습니다. 그들은 결국 멸망하고 말았습니다.

내가 정말 하나님의 언약을 붙들고 있는 백성이라면, 몇 가지 사실을 기억해야 합니다. 첫째는 내가 이 세상 사람들보다 못할 수 있다는 것입니다. 이삭이 이스마엘보다 뛰어나지 못했고, 야곱이 에서보다 우수하지 못했던 것과 같습니다. 우리가 하나님의 자녀가 된 것은 세상 사람들보다 뛰어나서가 아닙니다. 오히려 하나님께서는 연약하고 무식한 사람들을 택하셔서 강하고 유식한 사람들을 부끄럽게 하셨습니다. 그러므로 우리는 우리가 잘나서 택함받은 것이 아니라는 이 사실을 잊지 말고 끝까지 겸손을 지켜야 합니다. 만약 교회가 교만하기까지 하다면 정말이지 아무도 교회에 올 사람이 없을 것입니다. 쥐뿔도 잘난 것 없는 사람들이 하나님의 자녀라고 거들먹거리면 에돔 사람들의 가슴이 분노로 폭발해 버립니다. 그나마 교회가 "우리는 당신들보다 못한 사람들입니다. 그래서 하나님께 택함받은 것입니다" 하면서 겸손을 보일 때, 말씀 들을 마음을 조금이라도 가질 것입니다.

또 한 가지 기억해야 할 사실은 우리 그리스도인들의 행동은 어떤 것이든 뉴스의 초점이 된다는 것입니다. 왜냐하면 우리는 하나님의 장자이기 때문입니다. 예수님께서는 등불은 감출 수 없으며, 골방에서 말한 것도 집 위에서 전파될 것이라고 하셨습니다. 그리스도인들이 하는 일은 전부 드러나게 되어 있습니다. 지금 사람들이 알아주느냐 알아주지 않느냐는 중요하지 않습니다. 은밀하게 선을 행한 것도 드러나고, 은밀하게 죄지은 것도 드러나게 되어 있습니다. 그리스도인들에게 완전범죄란 없습니다. 내가 알고 있고 하나님이 알고 계시는 이상 완전범죄가 있을 수 없습니다. 몰래 죄짓고 싶을 때 "오늘 9시 뉴스에 나온다"고 복창하고 죄지으십시오. 틀림없습니다. 모든 사람에게 다 알려지게 되어 있습니다. 왜 그렇습니까? 우리는 하나님의 자녀이기 때문에 그렇습니다.

셋째로 우리가 기억해야 할 사실은, 우리가 말씀을 붙들 때 이유 없이 우리를 미워할 사람들이 분명히 있다는 것입니다. 그러므로 다른 사람들이 공연히 우리를 시기하고 미워할 때 당연하게 생각해야 합니다. 내가 실패하고 망한 것을 보면서 손뼉 치면서 기뻐할 때 당연하게 생각해야 합니다. 그들은 역사의 엑스트라들입니다. 엑스트라들이 가장 원하는 바는 주인공이 쓰러지는 것입니다. 그렇기 때문에 하나님의 백성들은 쓰러지지 않기 위해, 하나님의 뜻에서 벗어나지 않고 교만한 마음을 품지 않기 위해 결사적으로 애를 써야 합니다.

에돔 족속이 원하는 바가 무엇입니까? 이스라엘이 죄짓는 것이고 망하는 것입니다. 그래서 "믿는다고 하더니 너희도 별수 없네. 그렇게 잘난 척하더니 우리보다 나을 게 뭐가 있냐?"라고 비웃을 수 있게 되는 것입니다. 믿는 자들이 죄지을 때, 하나님께서는 이처럼 평소에 시기하던 사람들의 공격을 받게 하십니다. 그래서 어떻게 됩니까? 에돔은 공격했기 때문에 망하고 이스라엘은 공격당했기 때문에 망합니다. 결국 같이 망하고 마는 것입니다.

그러므로 하나님의 백성들이 세상 사람들을 축복할 수 있는 방법은 그들에게 훼방할 거리를 주지 않는 것입니다. 다윗이 신하의 아내와 몰래 성관계를 가짐으로써 죄를 지었을 때, 하나님께서는 나단 선지자를 통해 다윗을 책망하시면서 "이 일로 인하여 여호와의 원수로 크게 훼방할 거리를 얻게 하였으니"(삼하 12:14)라고 말씀하셨습니다. 이방인들에게 하나님의 백성을 욕하고 조롱할 기회를 주는 것은 서로에게 불행입니다. 하나님의 백성이 세상 사람들을 축복하는 길은 그런 훼방거리나 비난거리를 제공하지 않기 위해 항상 조심하고 항상 겸손하며 항상 기도하는 것입니다.

두번째로 하나님께서는 암몬 자손에 대해 심판을 선포하고 계십니다. "여호와께서 가라사대 '암몬 자손의 서너 가지 죄로 인하여 내가 그 벌을 돌이키지 아니하리니 이는 저희가 자기 지경을 넓히고자 하여 길르앗의 아이 밴 여인의 배를 갈랐음이니라'"(1:13).

가난할 때에는 대개 형제들끼리 잘 지냅니다. 그러나 유산 상속 문제가 걸리면 사이가 급격히 악화되어 버립니다. 서로의 이해(利害)가 개입되기 때문입니다. 아무 수고 없이 몇 억이나 몇십 억의 재산을 얻을 수 있다고 해 보십시오. 가만히 앉아 있을 사람이 누가 있겠습니까?

길르앗은 이런 유산과도 같은 땅이었습니다. 길르앗이 없다면 가나안 땅에 전쟁이 일어날 필요가 없다고 해도 될 정도로, 길르앗은 늘 분쟁거리가 되었습니다. 길르앗은 땅이 기름져서 방목하기에 좋았을 뿐 아니라, 남북을 잇는 통로로서 상인들에게 통행세만 받아도 엄청난 돈을 벌 수 있는 교통의 요지였습니다. 그래서 길르앗 사람들은 항상 엄청난 위험부담을 안고 살아야 했습니다. 이곳을 빼앗으려는 사람들이 언제 또 전쟁을 일으킬지 알 수 없었기 때문입니다.

하나님께서는 암몬 사람들이 이스라엘을 너무나 미워한 나머지 길르앗을 공격할 때 아이 밴 여자의 배까지 갈라 죽인 일을 언급하시면서, 암몬을 결코 용서하지 않겠다고 말씀하십니다. 유산 상속은 엄청난 돈이 걸려 있는 일인데다가 내가 그 돈을 차지하지 않으면 다른 사람이 차지하게 되기 때문에, 조금이라도 관련이 있는 사람들은 거의 필사적으로 덤벼들게 되어 있습니다. 형제간의 우애나 인척간의 사랑 같은 것이 끼어들 자리가 없습니다. 온갖 거짓 증거들을 긁어모아 재판에서 이기려 합니다. 수단과 방법을 가리지 않는 승리만이 유일한 목적이에요. 그처럼 암몬 자손들도 수십 억의 유산과 같은 길르앗 땅을 차지하기 위해, 임신한 여자들의 배까지 가르는 만행을 저질렀습니다.

사람들이 복수할 때 기가 질릴 정도로 가혹하게 복수하는 이유가 무엇입니까? 대충 복수하면 다시 반항할 수 있으니까 아예 그런 생각조차 못하게 하려는 것입니다. 사실은 그렇게까지 할 필요가 없습니다. 그런데도 지나치게 본때를 보여 줌으로써 상대방을 완전히 제압하려 하는 것입니다. 하나님께서는 그런 잔인한 욕심에 대해 심판을 선언하십니다.

길르앗 땅은 원래 암몬 자손의 것이 아니었습니다. 하나님께서는 이스라엘의 백성들이 출애굽할 때 암몬과 모압, 에돔 땅은 공격하지 못하게 하셨습니다. 그들은 모두 이스라엘의 형제 나라들이었기 때문입니다. 하나님께서는 오직 가나안 사람들의 땅만, 그것도 칼로 쳐서 빼앗게 하셨습니다. 고대에는 돈을 주고 땅을 사는 것보다 칼로 쳐서 빼앗는 것을 더 높이 평가했습니다. 길르앗은 이스라엘 백성들이 칼로 쳐서 얻은 땅이었습니다.

길르앗은 하나님께서 본토로 주신 땅이 아니라 보너스로 주신 땅이었습니다. 이처럼 하나님께서 보너스로 주신 것을 이 세상 사람들이 목숨 걸고 빼앗아 가려고 할 때 어떻게 해야 합니까? 같이 목숨 걸고 싸워야 합니까, 아니면 가만히 앉아서 빼앗겨야 합니까? 예수님께서는 속옷을 빼앗으려 하는 자에게 겉옷까지 주라고 말씀하셨습니다. 돈이나 자존심처럼 사소한 문제 때문에 목숨 걸고 싸울 필요가 없다는 것입니다. 사도 바울도 재산 문제 때문에 세상 법정까지 가는 것은 옳지 않다고 했습니다.

예수님께서는 "온유한 자는 복이 있나니 저희가 땅을 기업으로 받을 것임이요"(마 5:5)라고 말씀하셨습니다. 여기에서 "온유한 자"란 성격이 온순한 사람을 가리키는 말이 아니라, 무엇이 더 중요한지 알기 때문에 사소한 것은 양보할 수 있는 사람을 가리키는 말입니다. 이스라엘 백성들이 목숨 걸고 지켜야 했던 것은 길르앗 땅이 아니었습니다. 길르앗 땅의 재산 가치는 대단했지만 영적인 가치는 보잘것없었습니다. 그런 것은 굳이 목숨 걸고 지킬 필요가 없습니다. 그들이 정말 목숨 걸고 지켜야 했던 것은 율법의 말씀이었고, 하나님과의 신실한 관계였습니다.

우리는 러시아와 체첸 간에 오랜 싸움이 계속되었던 것을 알고 있습니다. 러시아가 체첸의 본거지를 폭파시킴으로써 승패가 갈리는가 했는데, 사실은 그렇지 않았습니다. 체첸 사람들이 목숨 건 투쟁을 시작했기 때문입니다. 체첸의 남자들은 자살특공대로 변모했습니다. 그들은 자동차에 폭탄을 가득 실은 채 러시아 군인들이 있는 곳으로 돌진했습니다. 그리고 체첸의 부인들은 가능한 한 많은 아이를 낳아서 러시아를 공격할 전사들을 만들어 낼 것을 다짐했습니다. 이 말을 들은 러시아의 부인들은 "체첸의 여자들이 아이를 낳겠다는 거냐, 무기를 낳겠다는 거냐" 하면서 치를 떨었다고 합니다.

요단 동편은 하나님께서 르우벤 지파 등에게 주신 땅이었지만, 하나님 보시기에 그렇게 가치 있는 땅은 아니었습니다. 금전적인 가치는 굉장했지만 영적인 가치는 그리 크지 않았습니다. 이스라엘은 임신한 여자들을 희생시키면서까지 길르앗을 지키려 했습니다. 그러나 그 사이에 본토가 무너지고 있다는 사실은 알아채지 못했습니다. 만약 그들이 길르앗 대신 하나님의 말씀을 지키며 하나님 앞에서 신실하게 사는 일에 목숨을 걸었다면, 하나님께서 친히 길르앗 땅을 지켜 주셨을 것입니다.

어떤 사람이 예수님을 찾아와 형이 부당하게 가로챈 유산 문제를 해결해 달라고 하자, 예수님께서는 "누가 나를 너희 재산 나누는 자로 삼았느냐?"고 하면서 거절하셨습니다. 예수 믿는 사람이 돈 문제에서 싸워 이기기는 어렵습니다. 돈을 차지하려면 독이 올라야 하는데, 돈독이 오르면 하나님의 은혜가 떠나 버리기 때문입니다. 물론 돈도 손해 보지 않으면 좋지요. 그러나 상대방이 목숨 걸고 덤벼들 때에는, 그래서 나도 독을 품지 않으면 이길 수 없을 것 같을 때에는 차라리 돈 좀 손해 보고 은혜를 지키는 편이 낫습니다. 그러면 하나님께서 친히 나의 필요를 챙겨 주십니다.

우리가 목숨 걸고 지켜야 할 것은 재산이 아닙니다. 회사가 부도났을 때, 머리 밀고 '필승' 띠 두르고 남에게 칼을 겨누면서까지 지키려고 하지 마십시오. 중요한 아르바이트 자리가 있을 때 친구와 사투를 벌이면서까지 얻으려 하지 마십시오. 승진 기회도 빼앗길 수 있습니다. 때로는 애인도 잃을 수 있습니다. 그러나 말씀은 절대 빼앗기면 안 됩니다. 기도의 능력은 빼앗기면 안 됩니다. 하나님의 은혜는 빼앗기면 안 됩니다. 믿음의 비전은 빼앗기면 안 됩니다. 이렇게 사소한 것을 양보하고 더 중요한 것을 지킬 때 땅을 기업으로 얻을 수 있습니다.

세번째로, 하나님께서는 모압을 향해 심판을 선포하십니다. "여호와께서 가라사대 '모압의 서너 가지 죄로 인하여 내가 그 벌을 돌이키지 아니하리니 이는 저가 에돔 왕의 뼈를 불살라 회를 만들었음이라'"(2:1). 모압이 이스라엘 백성들에게 직접 해를 끼친 일은 없었습니다. 그러나 에돔 왕을 얼마나 미워했던지 죽은 에돔 왕의 뼈를 파내어 회를 만들었습니다.

사람이 미워지면 죽이고 싶은 생각이 드는 법입니다. 그런데 그 미움이 너무 지나치면 상대방이 죽고 난 다음에도 미움을 버리지 못해서 시체를 꺼내 복수하는 짓을 합니다. 우리나라에도 '부관참시'라고 해서, 죽은 자의 시체를 파내어 목을 자르는 형벌이 있었습니다. 이런 것들은 다 너무 지나친 행동입니다. 죽은 사람을 심판하는 것은 사람이 할 수 있는 일이 아닙니다. 하나님만 하실 수 있는 일입니다. 죽은 자의 시체까지 꺼내서 훼손시키는 것은 악한 짓입니다.

로마 교황청이 수많은 죄를 저질렀지만, 그 중에서도 가장 불명예스러운 짓은 이미 죽은 존 위클리프의 시체를 파내서 다시 화형시킨 일입니다. 사실 그렇게 했다고 해서 위클리프의 명성이 손상된 것도 아닙니다. 로마 교황청의 교만만 온 세상에 드러났을 뿐입니다.

하나님께서는 모압 족속의 분노가 너무 지나쳤다고 판단하셨습니다. 죽었으면 죽은 것으로 끝을 내야지 왜 시체까지 파내서 복수를 합니까? 하나님께서는 지나친 미움과 증오심을 심판하십니다. 감정은 적당한 것이 좋습니다. 아무리 내 생각이 옳고 내 입장이 정당해도 땀까지 뻘뻘 흘려 가면서, 이까지 벅벅 갈아 가면서 관철하려 드는 것은 좋은 태도가 아닙니다. "나는 이것이 옳다고 생각한다"라고 말하면서 의사만 피력하는 것으로 끝내야지, 끝까지 이길 작정으로 덤벼들어서 뒹굴고 올라타서 목 조르는 것은 악한 짓입니다. 하나님께서는 지나친 미움과 증오심을 가졌던 모압 족속을 용서하지 않겠다고 말씀하셨습니다.

유다의 죄

하나님께서 에돔과 암몬과 모압의 죄에 대해 말씀하셨을 때, 이스라엘 백성들은 고개를 끄덕여 가며 좋아했을 것입니다. 그런데 그 다음으로 하나님께서 심판을 선포하신 나라는 바로 유다였습니다. "여호와께서 가라사대 '유다의 서너 가지 죄로 인하여 내가 그 벌을 돌이키지 아니하리니 이는 저희가 여호와의 율법을 멸시하며 그 율례를 지키지 아니하고 그 열조의 따라가던 거짓 것에 미혹하였음이라'"(2:4).

지금까지 아모스가 정죄한 나라들은 모두 이스라엘보다 못한 나라들이었고, 이스라엘을 못살게 굴었던 나라들이었으며, 마음속으로 망하기를 바랐던 나라들이었습니다. 이스라엘 백성들의 소원대로 이제 그들은 망할 것입니다. 그것은 조금도 이상할 것이 없는 일이었습니다. 그런데 그 다음 순간, 폭탄선언이 떨어졌습니다. 이 세상에서 가장 하나님의 뜻에 가까이 있다고 말할 수 있는 정통 교회 유다와 예루살렘의 죄를 결단코 용서하지 않으시겠다는 것입니다. 유다도 망해야 한다면 도대체 살아남을 수 있는 나라가 어디 있겠습니까? 이스라엘과 비교할 때 유다는 말할 수 없이 거룩하고 깨끗한 나라였습니다. 그런데 그런 유다의 허물을 용서하지 않으신다면, 그들보다 수백 배 더 타락한 이스라엘은 어떻게 되겠습니까?

하나님께서 유다를 심판하시는 이유는 두 가지입니다. 첫째로 그들은 하나님의 율법을 멸시했습니다. 둘째로 그들은 거짓 것, 즉 우상을 좇아갔습니다. 유다 백성들은 다른 사람들처럼 칼을 들고 친척의 뒤를 쫓지 않았습니다. 욕심 때문에 아이 밴 여자의 배를 가르지도 않았습니다. 미워하는 사람의 시체를 꺼내서 보복하지도 않았습니다. 그러나 그들은 하나님의 말씀을 업신여겼고 우상을 좇아갔습니다. 하나님께서는 그 죄를 용서하지 않으시고 예루살렘에 불을 보내겠다고 말씀하십니다.

이것이 무서운 것입니다. 하나님께서는 자기 백성들에게 암몬이나 모압이나 에돔보다 훨씬 높은 도덕수준을 요구하십니다. 유다가 심판받는 것은 비도덕적인 행위를 했기 때문이 아니라 하나님의 말씀을 사랑하지 않았기 때문입니다. 그것만으로도 충분한 심판의 대상이 된다는 것이 하나님의 판단입니다.

오늘날 많은 이들이 '믿는 사람들은 막 살아도 구원받는다'는 잘못된 생각을 가지고 있습니다. 그러나 하나님께서는 절대 그런 식으로 구원하시지 않습니다. 하나님께서는 그 백성들을 천국에 데려가시기 전에 철저하게 연단하십니다. 마음속에 남아 있는 더러운 욕심과 정욕과 불신앙이 전부 빠져 나갈 때까지 불 같은 시험으로 연단하십니다. 때로는 가난으로 치십니다. 때로는 질병으로 치십니다. 때로는 자녀 문제로 치십니다. 그래서 마지막 한 방울 남은 교만까지 다 짜내십니다. 왜 그렇게 하십니까? 택한 백성들에게는 세상 사람들보다 훨씬 더 높은 수준을 요구하시기 때문입니다.

하나님을 믿으면서도 세상 사람들 수준에서 살려고 하는 사람은 주야로 두들겨 맞을 각오를 해야 합니다. "네가 나를 믿는다고 하면서도 세상 사람들 수준에서 살겠다고? 그렇다면 세 가지 중에 하나 선택해라. 맞을래, 터질래, 깨질래?" 목회자에게는 평신도보다 훨씬 더 높은 수준을 요구하십니다. 그래서 가능하면 신학교 근처에 얼씬거리지 않는 것이 좋습니다. 목사 되면 대접받을 줄 아는데, 목회자는 평신도보다 훨씬 더 높은 수준에서 살아야 합니다. 그리고 그렇게 살아도 평신도만큼 상 받지 못합니다. 그것이 기본적으로 그에게 요구되는 수준이기 때문입니다. 교회가 세상적인 방법으로 싸울 때 하나님의 심판을 각오해야 합니다. 교인들끼리 멱살 잡고 재 뿌리면서 세상 사람들과 똑같은 모습으로 싸우는 것을 하나님께서는 절대 용서하지 않으십니다. 그것은 성령을 훼방하는 짓입니다.

유다 백성들이 여호와의 율법을 무시할 때, 하나님께서는 모압이 시체를 파내서 불태운 것과 같은 수준으로, 암몬이 아이 밴 여자의 배를 가른 것과 같은 수준으로 심판하십니다. 우리는 이것을 두려워해야 합니다. 여호와의 시선이 우리에게 고정되어 있습니다. 우리의 일거수일투족을 전부 지켜보고 계십니다. 이런 상황에서 우리가 살아남을 수 있는 방법은 오직 하나, 하나님의 말씀을 사랑하는 것뿐입니다. 교회 밖에서는 세상 사람들처럼 살고 교회에 와서는 거룩한 척할 때, 하나님께서는 에돔과 모압과 암몬이 저지른 끔찍한 짓들과 똑같이 취급해서 심판하십니다. 물론 지옥에는 보내시지 않습니다. 그러나 천국에 거저 들여보내시지도 않습니다. 피눈물을 흘리며 마지막 한 방울의 교만까지 다 회개하게 만드신 후에야 들여보내십니다.

유다 백성들의 두번째 잘못은 거짓 것, 즉 우상을 따라간 것입니다. 그들은 왜 우상을 따라갔을까요? 우상을 섬기는 자들이 잘 되는 것을 보았기 때문입니다. 믿는 자를 고통스럽게 만드는 것은 '말씀과 현실이 너무나도 다르다'는 것입니다.

그러나 그럴 때 눈에 보이는 것을 따라가면 망하게 되어 있습니다. 유다 백성들은 우상 숭배하는 사람들을 흉내냈습니다. 그러나 우상을 따라가서 잘된 것처럼 보이는 사람들은 하나님이 내버려 두셔서 그런 것입니다. 믿는 사람이 그런 사람들을 흉내내거나 따라가면 큰일납니다.

우상은 실체가 아니라 생각의 산물입니다. 돈을 좋아하는 사람들은 돈의 신을 만들어 냅니다. 권력을 좋아하는 사람들은 권력의 신을 만들어 냅니다. 그러나 하나님의 백성들은 상상으로 만들어 낸 것들을 좋아해서는 안 됩니다. 하나님의 백성들은 실제적이 되어야 합니다. 가상의 세계에 빠지면 참된 것과 거짓된 것을 구별하지 못하게 됩니다.

'가상현실'이라는 말이 있습니다. 이것은 컴퓨터를 통해 현실에서는 일어날 수 없는 상황을 실제로 일어날 수 있는 것처럼 만들어 낸 가상세계입니다. 텔레비전이나 영화, 게임에는 이런 가상현실이 자주 등장합니다. 그러나 그것은 전부 상상의 산물로서 실제가 아닙니다. 가상적인 것이 머릿속에 들어가 있으면 하나님의 말씀이 들어가지 못합니다. 말씀이 잘 안 들어가는 사람들의 특징은 생각이 복잡하다는 것입니다. 말씀이 들어가려면 가능한 한 머릿속이 단순해야 합니다. 머릿속이 복잡한 상상력으로 가득 차 있는데 어떻게 하나님의 말씀을 받아들일 수 있으며, 더구나 말씀대로 살 수 있겠습니까? 그런 사람은 하나님의 말씀보다는 자기의 느낌이나 감정을 더 신뢰하고 따르게 되어 있습니다.

하나님께서는 유다 백성들이 여호와의 율법을 사랑하지 않은 죄만으로도, 이 세상 사람들의 삶을 부러워한 죄만으로도, 예루살렘을 불태워 버리겠다고 말씀하셨습니다. 세상에서 잘나가는 사람들을 절대 부러워하지 마십시오. 그냥 나에게 주어진 것에 만족하고 사십시오. 그러면 하나님께서 한 걸음 나아가게 하십니다. 그리고 그 한 걸음에 감사하면 또 한 걸음 나아가게 하십니다. 그래서 나중에 뒤돌아볼 때 상상할 수 없는 역사가 나타난 것을 우리 눈으로 보게 해 주십니다.

친척의 역할

오늘 본문에 나오는 나라들은 모두 이스라엘과 친척 관계에 있었던 나라들입니다. 처음에 나오는 에돔은 야곱의 형 에서의 후손들이고, 암몬과 모압은 아브라함의 조카 롯의 후손들입니다. 롯은 아브라함과 함께 우상의 도시 갈대아 우르에서 부름받았습니다. 아브라함은 혈육인 그를 사랑했고, 그에게 모든 것을 양보했으며, 그가 전쟁포로가 되었을 때 달려가서 구해 주었습니다. 또 하나님께서는 소돔을 멸하실 때 그를 구원해 주셨습니다. 유다는 어떻습니까? 그들은 이스라엘과 함께 하나님의 나라를 소유하도록 부름받은 자들입니다. 그들은 결코 먼 나라 사람들이 아니었습니다.

그런데 놀라운 것은 이스라엘을 둘러싸고 있는 이 형제 나라들이 전부 멸망한다는 사실입니다. 그들이 이렇게 멸망을 향해 달려가는 동안 이스라엘은 무엇을 했습니까? 그 나라들은 이스라엘과 대체 어떤 상관이 있습니까? 이것은 오늘 우리가 생각해 보아야 할 문제이기도 합니다. 신앙이 없는 친척들이나 형제들은 나와 어떤 상관이 있습니까? 우리와 전혀 다른 형편과 처지에 있는 북한 동포들은 어떤 눈으로 바라보아야 합니까? 그들을 증오의 눈으로 보아야 합니까, 동정과 사랑의 눈으로 보아야 합니까? 그들이 멸망하는 것을 기뻐해야 합니까, 아픔을 함께 나누며 그들이 멸망하지 않도록 도와주어야 합니까?

가장 먼저 알아야 할 것은 믿지 않는 가족이나 친척이나 직장 동료들과 우리는 가치관이 판이하게 다르다는 것입니다. 하나님을 믿는다는 것은 단순히 종교를 갖는 데 그치는 일이 아닙니다. 하나님을 믿는다는 것은 인생관과 세계관 자체가 바뀌는 일입니다. 하나님을 향한 믿음이 있는 사람과 없는 사람 사이에는 말할 수 있는 아이와 말 못하는 아이 사이의 차이만큼이나 큰 차이가 있습니다. 말할 수 있는 아이와 말 못하는 아이 사이에는 늘 갈등과 긴장이 있습니다. 아직 말 못하는 동생들은 죽어라고 언니들을 따라다닙니다. 그런데 언니들은 결사적으로 동생들을 따돌립니다. 왜냐하면 말이 안 통하기 때문입니다. 말이 안 통하면 같이 놀 수가 없습니다. 방해꾼 노릇만 하지요.

하나님을 믿는 사람은 모든 일을 하나님과의 관계에서 봅니다. 그러나 하나님을 믿지 않는 사람은 모든 일을 돈이나 육체적인 관계에서 봅니다. 그래서 아무리 대화를 하려고 해도 말이 잘 통하지 않습니다. 내가 중요하게 생각하는 것에 대해서는 그들이 관심을 보이지 않습니다. 또 그들이 중요하게 여기는 것이 나에게는 아무 의미가 없습니다. 이처럼 하나님을 아느냐 모르느냐 하는 것은 인간의 가치관 전체를 갈라 놓는 중대한 문제입니다.

하나님을 모르는 사람의 마음에는 용서라는 것이 없습니다. 몇 년이 지나든 몇십 년이 지나든 한번 서운했던 일을 마음에 꼭꼭 품고 있어서, 언제 그 감정이 폭발할지 알 수 없습니다. 나중에 아무리 잘해 주어도 소용이 없어요. 나는 기억도 잘 나지 않는 일 때문에 서운했던 그 감정을 항상 마음에 품고 있습니다. 그렇기 때문에 신앙 없는 형제나 친척은 차라리 모르는 사람들보다 더 못한 존재, 성가시고 귀찮은 존재가 될 때가 많습니다.

그렇다면 하나님께서는 왜 이런 친척이나 형제들을 우리 주위에 두시는 것입니까? 그들은 우리의 거울입니다. 그들의 모습은 예수 믿기 전 우리의 모습이 어떠했던가를 여실히 보여 줍니다. 형제나 친척은 다른 어떤 사람들보다 기질이나 성품이나 환경이 나와 비슷한 사람들입니다. 우리는 그들이 못되게 구는 모습을 보면서 '하나님이 왜 빨리 심판하시지 않을까?' 할 것이 아니라 '하나님을 믿지 않았다면 내가 바로 저랬을 텐데' 라고 생각해야 합니다. 요즘 우리 집에 와서 욕하고 속썩이는 친척이나 동생의 모습이 바로 내 모습이에요.

성형수술을 한 사람은 수술하기 전의 보기 싫은 모습과 수술을 성공적으로 마친 후의 아름다운 모습을 비교할 수 있을 것입니다. 우리도 형제나 친척들을 통해 그 두 모습을 비교할 수 있습니다. 내가 옛날에 꼭 내 동생 같았고 내 언니 같았습니다. 그런데 지금 내 모습을 보십시오. 하나님을 알고 나서 얼마나 많이 변했습니까? 우리는 형제나 친척들을 통해 자신의 옛 모습을 볼 필요가 있으며, 하나님의 사랑을 새로이 발견할 필요가 있습니다. '내가 바로 저랬는데 하나님께서 이렇게 바꾸어 주셨구나! 그렇다면 저들도 얼마든지 바뀔 수 있다' 생각하면서 그들을 긍휼히 여기며, 하나님께서 그들에게도 자비를 베풀어 주시기를 바라야 합니다.

아무리 아들이 아버지를 미워해도, 미워하면서 닮게 되어 있습니다. 그런데 예수님께서 우리를 성형수술하셔서 완전히 다른 모습이 되게 해 주셨습니다. 그렇다면 우리도 가족이나 친척들에게 은혜의 국물이 조금이라도 흘러갈 수 있도록 마음 문을 열어 두며, 우리 때문에 그들이 하나님을 훼방하는 일이 없도록 더 말씀에 순종하면서 겸손하게 살아야 마땅합니다. 9시에 포도원에 들어가는 일꾼도 있고 11시에 들어가는 일꾼도 있고 해 저물기 직전에 들어가는 일꾼들도 있습니다. 아직도 많은 사람들이 포도원에 들어가 변화될 수 있습니다. 그러므로 하나님께서 나의 가족과 친척들에게도 자비를 베푸시고 성령으로 역사하셔서 아름다운 모습을 갖게 해 주시도록 기도해야 합니다.

우리가 아무리 인내심이 많다고 해도 하나님에 인내심에는 비할 바가 못 됩니다. 하나님께서는 그들의 죄를 다 알고 계십니다. 그들이 얼마나 함부로 말하고 있으며, 믿는 형제나 친척들을 괴롭히고 있는지 다 알고 계십니다. 그러나 하나님께서는 무한히 참고 계십니다. 그들은 믿는 자의 형제들이요 친척들이기 때문입니다. 그러므로 우리도 그들을 향해 오래 참으며 겸손을 지킬 필요가 있습니다.

가까운 사람들을 변화시킨다는 것은 너무나 어려운 일입니다. 아버지나 어머니나 형제나 친한 친구를 우리 힘으로 변화시키기란 지극히 어렵습니다. 하물며 자식도 마음대로 안 돼요. 아무리 교회 가자고 해도 싫다고 버티는 애를 끈으로 묶어서 끌고 가겠습니까, 때려서 끌고 가겠습니까? 그럴 때 '아, 나는 가장 가까운 사람 하나도 바꾸지 못하는 존재로구나. 내가 할 수 있는 일은 오로지 하나님 앞에 기도하는 것뿐이다' 하면서 하나님께 매달려야 합니다.

믿는 사람들끼리 모이면 스스로 다 된 사람인 것처럼 착각하기 쉽고, 자기보다 못해 보이는 사람들을 판단하고 비판하게 되기 쉽습니다. 그러나 내가 전혀 영향을 주지 못하고 있는 가족이나 친척들은 우리의 한계를 그대로 보여 줍니다. 세상에는 우리 힘으로 할 수 없는 일들이 많이 있습니다. 우리 힘으로 했다고 생각되는 일들도 사실은 우리가 한 것이 아니라 하나님께서 하신 것입니다. 가까운 사람 하나 변화시키지 못하는 우리가 어떻게 큰소리를 칠 수 있겠습니까? 우리는 빚진 자의 심정으로 살 수밖에 없으며, 우리가 죄인이요 연약한 자라는 것과 하나님의 은혜 없이는 단 한 순간도 살 수 없는 존재라는 것을 인정하지 않을 수 없습니다. 하나님께서는 바로 그런 마음을 기뻐하십니다.

하나님께서는 이 형제 나라들이 다 망할 때까지 이스라엘은 무엇을 했느냐고 책망하십니다. 그들이 다 망하게 된 것은 결국 이스라엘의 책임입니다. 이스라엘에서 은혜의 국물이 흘러갔어야 하는 것 아닙니까? 그러나 그들 자신부터 말씀대로 살지 않고 은혜를 잃으니까 형제 나라들까지 다 망해 버린 것입니다. 교회에서, 우리 믿는 사람들에게서 은혜의 국물이 흘러 나가야 합니다. 그렇지 않으면 결국 서로 망하게 되어 있습니다. 믿지 않는 사람들이 아무리 우리를 미워하고 괴롭히더라도 끝까지 인내하면서 말씀대로 잘 살면, 우리도 살고 그들도 복을 받게 되어 있습니다.

교회가 부흥할 때 나타나는 특징은 세상도 잘 돌아간다는 것입니다. 교회에서 말씀이 풍성해지고 젊은이들이 말씀과 기도에 헌신하면 문화가 발전하고 정치가 순탄하게 이루어집니다. 그러나 교회가 침체되면 세상이 잘 돌아가지 않습니다. 마치 죽은 말에 채찍질을 하는 것처럼, 아무리 좋은 정책을 세워도 효과가 나질 않습니다. 교회에서 은혜의 국물이 흘러 나가지 않은 탓입니다.

하나님께서 우리에게 말씀하시는 것이 무엇입니까? 길르앗은 좀 포기해도 되지 않느냐는 것입니다. 돈이나 시간은 좀 포기해도 되지 않느냐는 것입니다. 이스라엘이 제대로 믿어야 에돔이나 모압이나 암몬 사람들이 훼방할 거리를 찾지 못합니다. 그래서 훼방하지 않게 되는 것만 해도 그들에게는 큰 은혜요 축복입니다.

우리가 살 수 있는 길은 폐쇄적인 사람들이 되지 않는 것입니다. 우리 자신이 하나님으로부터 계속 은혜를 받아야 하며, 그 은혜를 주위 사람들에게로 흘려보내야 합니다. 그러나 우리는 물질적인 손해는 보지 않으려 하면서 세상 사람들에게 우리처럼 살 것을 요구합니다. 경제적으로는 인색하게 굴면서 전도가 더 중요하다고 말합니다. 그러나 말씀이 그렇게 귀한 것이라면 덜 귀한 다른 것들은 얼마든지 줄 수 있지 않습니까? 세상 사람들은 하나님의 말씀이 얼마나 중요한지 잘 모릅니다. 그것은 당연한 것입니다. 그들은 오직 물질에만 관심이 있습니다. 그들에게 사랑을 표현할 기회가 있다면 물질로 표현하십시오. 아무리 가진 것이 많은 사람이라도 누가 무엇을 주는데 싫어할 사람은 없습니다. 사람들은 사랑에 굶주려 있습니다. 말씀이 그렇게 소중하다고 믿는다면, 돈 같은 것을 가지고 벌벌 떨 이유가 뭐가 있습니까? 길르앗은 주어 버리십시오. 이스라엘이 길르앗을 포기하고 더 중요한 것을 지켰더라면 예루살렘과 사마리아에 성령이 차고 넘쳤을 것입니다.

하나님의 은혜가 우리에게 흘러 들어오고, 우리로부터 세상으로 흘러 나가야 세상이 그래도 인간 사는 동네 꼴을 갖출 수 있습니다. 에돔과 모압과 암몬이 그토록 사나워진 것은 이스라엘과 유다가 말씀을 저버리고 그들과 상종하지 않았기 때문입니다. 교회가 문을 닫아걸고 우리들끼리만 사랑하면 세상이 우리를 공격할 것입니다. 그러면 교회와 세상이 같이 망합니다.

하나님께서는 우리에게 세상보다 훨씬 높은 수준을 요구하신다는 것을 잊지 마십시오. 사람의 눈은 속일 수 있을지 몰라도 여호와의 눈은 절대로 속일 수 없습니다. 오늘 하나님의 말씀만 사랑하기로 결심합시다. 잘나가는 세상 사람들을 부러워하지 않기로 결심합시다. 그리하여 하나님의 은혜를 세상으로 흘려 보내는 통로가 될 수 있기를 바랍니다.

3

이스라엘의 죄

이스라엘의 현주소

이스라엘이 가진 신앙의 뿌리

이스라엘에 대한 하나님의 심판

2:6 여호와께서 가라사대 "이스라엘의 서너 가지 죄로 인하여 내가 그 벌을
돌이키지 아니하리니 이는 저희가 은을 받고 의인을 팔며 신 한 켤레를
받고 궁핍한 자를 팔며
7 가난한 자의 머리에 있는 티끌을 탐내며 겸손한 자의 길을 굽게 하며
부자가 한 젊은 여인에게 다녀서 나의 거룩한 이름을 더럽히며
8 모든 단 옆에서 전당 잡은 옷 위에 누우며 저희 신의 전에서 벌금으로
얻은 포도주를 마심이니라.
9 내가 아모리 사람을 저희 앞에서 멸하였나니 그 키는 백향목 높이와 같고
강하기는 상수리나무 같으나 내가 그 위의 열매와 그 아래의 뿌리를
진멸하지 아니하였느냐?
10 내가 너희를 애굽 땅에서 이끌어 내어 40년 동안 광야에서 인도하고
아모리 사람의 땅을 너희로 차지하게 하였고
11 또 너희 아들 중에서 선지자를, 너희 청년 중에서 나시르 사람을
일으켰나니 이스라엘 자손들아, 과연 그렇지 아니하냐?" 이는 여호와의
말씀이니라.
12 "그러나 너희가 나시르 사람으로 포도주를 마시게 하며 또 선지자에게
명하여 예언하지 말라 하였느니라.
13 곡식단을 가득히 실은 수레가 흙을 누름같이 내가 너희 자리에
너희를 누르리니
14 빨리 달음박질하는 자도 도망할 수 없으며 강한 자도 자기 힘을 낼 수
없으며 용사도 피할 수 없으며
15 활을 가진 자도 설 수 없으며 발이 빠른 자도 피할 수 없으며 말 타는
자도 피할 수 없고
16 용사 중에 굳센 자는 그날에 벌거벗고야 도망하리라." 이는 여호와의
말씀이니라.

2:6-16

우리 사회에 큰 영향을 미치고 있는 사람들 중에 시사평론가들이 있습니다. 신문이나 텔레비전을 보면 하루도 빠짐없이 나라 안팎에서 크고 작은 일들이 일어나는 것을 보게 됩니다. 우리의 관심은 그 사건들 자체보다는 그 사건들의 의미가 무엇이며 그 사건들을 통해 진단할 때 우리 사회가 지금 어떤 방향으로 나아가고 있는가, 또 우리의 주변 국가들은 어떤 상태에 있으며 앞으로의 전망은 어떠한가 하는 데 있습니다. 이처럼 우리가 궁금해하는 각 사건들의 의미를 찾아내고 사회의 방향에 대해 진단을 내리는 사람들이 바로 시사평론가들입니다. 예를 들어 러시아의 푸틴 대통령이 북한을 방문할 경우, 그 즉시 신문 사설난에 '푸틴이 북한을 방문한 이유' 라는 제목의 글이 실리는 것을 볼 수 있습니다.

이런 의미에서 볼 때 아모스 선지자는 그 당시 가장 뛰어난 시사평론가였다고 말할 수 있습니다. 그는 이스라엘과 이해 관계에 있는 여러 나라들이 어떤 형편에 처해 있으며 어떤 문제를 안고

있는지, 또 그 문제들 때문에 앞으로 어떤 방향으로 나아가게 될
것인지에 대해 하나씩 짚어 가며 정확하게 논평했습니다. 만약 아
모스의 이야기가 거기에서만 그쳤더라면, 아모스는 이스라엘 사회
에서 가장 존경받는 정치평론가가 되었을 것입니다. 그러나 그는
주위 여러 나라를 평가하는 데 그치지 않고 이스라엘 자체의 문제
를 파헤치기 시작했습니다. 놀랍게도 그가 파헤쳐 낸 이스라엘 사
회의 문제는 주위 여러 나라들의 문제점들을 전부 합친 것보다 훨
씬 더 심각했습니다.

만약 설교를 통해 우리 사회의 문제점이 무엇이며 앞으로의 전
망은 어떻게 될 것인지에 대해 논평해 주는 교회가 있다면, 수없
이 많은 사람들이 그 논평을 듣기 위해 몰려들 것입니다. 왜냐하
면 그것이야말로 사람들의 관심사이기 때문입니다. 사람들은 우리
사회가 앞으로 어떻게 변화될 것인지, 그리고 그 변화가 각 개인
에게 어떤 영향을 끼칠 것인지 알고 싶어합니다. 북한은 앞으로
어떻게 될 것인지, 미국과 우리나라의 관계는 어떻게 될 것인지,
지금 교육부가 발표한 입시정책은 앞으로 몇 년이나 지속될 것인
지, 그것의 득과 실은 무엇인지 알고 싶어합니다.

아모스는 사람들이 궁금해하는 그런 문제들을 다루는 것으로
설교를 시작했습니다. 그는 이스라엘과 예민한 관계에 있는 나라
들을 하나씩 지칭하면서, 그들이 서너 가지 죄로 인해 결코 용서
함을 받지 못하고 심판받을 것이라는 평론을 예리하게 전개해 나
갔습니다. 그런데 그의 설교는 그런 시사적인 평론으로만 그치지
않았습니다. 그는 화살을 이스라엘에게로 돌려서 그들의 깊은 죄
를 들추어내기 시작했습니다. 그가 처음에 여러 나라의 문제들을
이야기한 목적이 바로 여기에 있었습니다. 이스라엘 백성들은 깨

닫지 못하고 있지만 사실은 그들 자신이 무서운 죄에 빠져 있다는 것과, 그 죄는 주위 모든 나라들의 죄를 합친 것보다 훨씬 심각한 것이라는 사실을 아모스는 보여 주고자 했습니다.

오늘 본문이 우리에게 말씀하는 바가 무엇입니까? 우리는 우리 사회에서 일어나고 있는 여러 사건들의 의미를 알고 싶어합니다. 그러나 하나님께서 중요하게 생각하시는 것은 지금 내 영혼이 어떤 상태에 있으며 우리 교회가 어떤 상태에 있느냐 하는 것입니다. 내가 하나님의 백성이라고 하면서 과연 말씀대로 살고 있느냐, 아니면 명목만 하나님의 백성이고 실제로는 안 믿는 사람과 전혀 다를 바 없이 살고 있느냐 하는 것이 이 사회가 안고 있는 그 어떤 복잡한 문제보다 훨씬 더 중요합니다. 왜 그렇습니까? 이 사회가 사느냐 죽느냐가 바로 여기에 달려 있기 때문입니다. 아무리 사회가 타락해 있고 부패해 있어도 하나님의 백성들만 말씀을 붙들고 있으면, 그들로부터 흘러 나오는 은혜가 사회를 치료하고 살려 낼 수 있는 가능성이 있습니다. 그러나 하나님의 백성들이 썩어 있고 그들 안에 공평과 정의가 없으면, 아무리 사회가 건전 해지려고 몸부림을 쳐도 살아날 수가 없습니다.

우리는 이 사회의 병폐 앞에 가슴 아파하며 그것을 고치고자 애를 씁니다. 그러나 사실은 우리 자신이 죄에 대한 불감증에 빠져 있다는 것, 그러면서도 스스로 얼마나 심각한 상태에 처해 있는지 모른 채 살고 있다는 것을 오늘 아모스는 지적하고 있습니다. 이처럼 하나님의 백성들이 불감증에 빠져서 죄가 무엇인지 모른 채 사는 것은 이 사회의 모든 죄악을 합친 것보다 훨씬 더 심각한 악입니다.

이스라엘 사회는 하나의 사회인 동시에 교회였습니다. 그런데 교회로서의 이스라엘은 어떤 상태에 있었습니까? 아모스는 세 가지 장면을 통해 그들의 실상을 보여 주고 있습니다.

첫째는 경제적인 부분에서 그들의 모습입니다. "여호와께서 가라사대 '이스라엘의 서너 가지 죄로 인하여 내가 그 벌을 돌이키지 아니하리니 이는 저희가 은을 받고 의인을 팔며 신 한 켤레를 받고 궁핍한 자를 팔며'"(2:6). 하나님께서는 그 무시무시한 "서너 가지 죄로 인하여"라는 표현을 이스라엘 백성들에게도 쓰고 계십니다. 결코 용서받을 수 없는 그들의 서너 가지 죄 중에 하나는 은을 받고 의인을 팔며 신발 한 켤레 값으로 가난한 자를 팔아 버린 것입니다.

이스라엘 사회에서는 모든 백성이 자기 땅을 가지고 있었습니다. 그 당시에 농민이 자기 땅을 가질 수 있었던 나라는 이스라엘밖에 없었습니다. 그러니까 적어도 이론적으로는 이스라엘 안에 거지나 가난한 자가 있을 수 없었습니다. 그러나 현실은 그렇지 못했습니다. 몇 년 동안 비가 오지 않으면 어쩔 수 없이 빚을 얻어 써야 하는 사람들이 있었습니다. 그러나 빚에는 모두 높은 이자가 매겨져 있었습니다. 가난한 사람들은 그 높은 이자와 빚을 감당하지 못해서 노예로 팔려 가곤 했습니다.

원래 이스라엘 사람들은 노예로 팔려 가도 7년 후면 되돌아오게 되어 있었습니다. 같은 이스라엘 백성들을 영원히 노예로 부리지 못하도록 율법이 규정하고 있었기 때문입니다. 하나님의 백성들이 일시적으로는 고생할 수도 있고 노예처럼 지낼 수도 있지만,

영구적으로는 노예가 될 수 없다는 것이 율법의 정신이었습니다. 그런데 7년 만에 집에 돌아와 보면 사정이 어떻습니까? 부자가 그 땅을 차지하고 있습니다. 그들은 이웃 사람들을 은으로 매수해서 "이 사람은 전에 이 땅에서 살던 주인이 아니다"라는 거짓 증거를 하게 했습니다. 이것이 은을 받고 의인을 파는 것입니다. 사실 이웃의 입장에서 보면 가난한 사람이 돌아와서 득볼 일이 하나도 없습니다. 가난한 사람이 빈털터리로 돌아와서 농기구도 빌리러 오고 소도 빌리러 오고 종자도 빌리러 오면 얼마나 귀찮겠습니까? 그러니까 이미 땅을 차지하고 있던 부자한테 은을 받고 원래 주인을 내쫓아 버리는 것입니다.

"신 한 켤레를 받고 궁핍한 자를 팔며"라는 것은 무슨 뜻입니까? 빚을 얻어 쓴 가난한 사람이 이자를 갚기 위해 있는 돈 없는 돈 다 긁어서 가져옵니다. 그런데 계산을 해 보니 신발 한 켤레 값 정도가 모자랍니다. 가난한 사람은 애원합니다. "제가 가진 걸 다 긁어 왔는데도 약간 모자라네요. 조금만 사정을 봐 주셔서 요만큼만 깎아 주십시오." 그런데 고만큼을 깎아 주지 않고 노예로 팔아 버리는 것입니다. 한 번 두 번 봐주기 시작하면 자꾸 봐줘야 하니까 안 된다는 거예요. 물론 법적으로는 하자가 없을지 모릅니다. 그러나 하나님께서는 "너희가 언제부터 그렇게 법을 따졌느냐? 그렇다면 나도 법대로 따져서 너희를 심판하겠다"고 하십니다.

이스라엘 백성들은 법으로 사는 사람들이 아니라 은혜로 사는 사람들이었습니다. 그들이 살아 있는 것 자체가 하나님의 은혜요 축복이었습니다. 그러니까 다른 사람들에게도 너무 빡빡하게 굴지 말라는 것입니다. 하나님께서는 자기 백성들이 어려운 이웃들을 조금씩만 돌보아주기를 원하셨습니다. 그렇게만 했더라면 하나님께서도 이스라엘 전체를 불쌍히 여겨 주셨을 것입니다. 그러나 그들은 너무나 비정하게 굴었습니다. 사실 신 한 켤레 값 정도는 받아도 그만 안 받아도 그만입니다. 그런데도 그들은 사정을 봐주지 않았습니다.

2장 7절 앞부분에서는 무엇이라고 말씀하고 있습니까? "가난한 자의 머리에 있는 티끌을 탐내며 겸손한 자의 길을 굽게 하며." 이스라엘 백성들이 얼마나 탐욕스러웠던지 다른 사람의 것이라면 머리에 붙은 티끌까지 탐을 냈다는 것입니다. 그들은 무엇보다 다른 사람들의 땅을 탐냈습니다. 그래서 빚을 갚지 못하는 사람이 있으면 눈에 불을 켜고 덤벼들어서 그 땅을 차지해 버렸습니다.

예수 믿는 사람들은 남의 불행을 이용해서 덕보지 않겠다는 결심을 해야 합니다. '나는 하나님이 주신 것으로 만족하겠다. 절대로 다른 사람이 불행한 틈을 타서 이익을 보지 않겠다. 신발 한 켤레, 실 한 오라기 얻으려 하지 않겠다'는 마음을 가져야 합니다. 남이 어려움을 당하면 도울 생각을 해야지, 그 틈을 타서 자기 이익을 챙기려고 덤벼드는 것이 하나님의 백성들이 할 짓입니까?

"겸손한 자의 길을 굽게 하며"에서 "겸손한 자"는 누구입니까? 어려워도 하나님이 허락하신 범위 안에서 율법의 말씀대로 살겠다고 작정한 자입니다. 하나님이 원하시는 바는 그런 사람들이 그렇게 율법의 말씀대로 살 수 있도록 좀 내버려 두라는 것입니다. 그런 사람들의 눈에서 피눈물이 흐르지 않게 하라는 것입니다. 그런데 말씀대로 살려고 하는 사람이 현실에서 발견하는 것이 무엇입니까? 말씀대로 살다 보면 제대로 되는 일이 하나도 없다는 것입니다. 말씀대로 사는 사람이야말로 세상에서 가장 어리석은 자라는 것입니다. 하나님의 말씀을 붙들고 살려는 사람들을 이처럼 낙심시키는 것, 그래서 결국은 '이제부터는 나도 더 이상 말씀을 붙들지 않겠다. 나도 세상적인 방법으로 살겠다' 는 마음을 갖게 만드는 것이 겸손한 자의 길을 굽게 만드는 것입니다.

그리스도인은 비정하게 굴면 안 됩니다. 가난한 이웃을 귀찮게 여겨서 은을 받고 쫓아 버리거나 신 한 켤레 값 때문에 남의 것을 부도처리 하면 안 됩니다. 어려움 가운데서도 표시 내지 않고 어떻게 해서든지 기도하며 믿음으로 하나님의 때를 기다리려 하는 사람들을 낙심시키면 안 됩니다. 그리스도인은 이웃이 어려움을 겪고 있을 때 친구가 되어 주어야 합니다. 자기 손에 조금이라도 먹을 것이 있고 쓸 것이 있다면 나누어 주어야 합니다. 그리고 아무리 세상이 어렵고 힘들어도 말씀대로 살면 이길 수 있다는 믿음을 북돋아 주어야 합니다.

예수님께서는 "누구든지 나를 믿는 이 소자 중 하나를 실족케 하면 차라리 연자맷돌을 그 목에 달리우고 깊은 바다에 빠뜨리우는 것이 나으니라"(마 18:6)고 말씀하셨습니다. "소자"가 누구입니까? 의지할 데도 없고 재기할 가능성도 없는 상태에서 오직 말씀 하나 붙들고 있는 사람입니다. 교회 올 차비도 없고 내일 먹을 양식도 없는 상황에서 말씀 하나 붙들고 인내하고 있는 사람입니다. 교만한 자는 그런 사람을 낙심시키고 실망시킵니다. "그래도 현실적인 방법을 강구해야지, 언제까지 그러고 있을 거야? 그런 건 믿음도 아니야" 하면서 조롱합니다. 이처럼 말씀밖에 붙들 것이 없는 사람에게 말씀 소용 없다고 말하는 것은 바다에 빠져 죽으라는 소리나 다름이 없습니다.

하나님께서 원하시는 것은, 그럴 때 내 손에 있는 것들을 조금씩 나누어 주면서 그들이 붙들고 있는 말씀이 성취될 때까지 같이 기다려 주는 것입니다. 그러면 하나님께서 그 은혜를 잊지 않고 갚아 주겠다고 하십니다. 아무리 도와준다고 해도 10년 이상 끌지 않습니다. 아니 5년도 끌지 않는 경우가 대부분입니다. 직장 없이 지내거나 병들어 누워 있는 형제나 자매가 있을 때 부담스럽게 생각하지 말고 기꺼이 친구가 되어 주십시오.

두번째로 하나님께서는 그들의 도덕적인 죄를 지적하십니다. "부자(父子)가 한 젊은 여인에게 다녀서 나의 거룩한 이름을 더럽히며"(2:7 하). 세상이 도덕적으로 타락할 데까지 타락했을 때 나타나는 현상 중 하나가 바로 아버지와 아들이 한 여자와 성관계를 맺는 것입니다. 이것이야말로 가장 비인간적이며 패륜적인 행동입니다. 어떤 경우에 이런 일이 일어나겠습니까? 아버지의 여자를 자식이 취하는 경우입니다. 고린도전서에 보면 고린도 교인 중에 그런 사람이 있었습니다. 그는 교회에서 유력한 인물이었는데, 아버지와 함께 살던 여자와 동거했습니다. 바울은 그 일에 대해 입을 다물고 있는 고린도 교회를 향해 그 사람을 즉시 내쫓아서 마귀에게 넘겨주라고 강력하게 명령했습니다. 왜냐하면 그 사람은 전혀 회개할 생각을 갖고 있지 않았기 때문입니다.

또한 아버지와 아들이 똑같은 죄에 빠지는 경우도 있을 수 있습니다. 예를 들어 아버지가 출입하는 퇴폐업소를 자식도 출입할 때, 부자가 한 여자와 성관계를 맺는 일이 생길 것입니다. 이스라엘에서는 그런 일이 많이 벌어지고 있었습니다. 왜냐하면 이방 신을 섬기는 곳들이 바로 성행위를 하는 곳들이었기 때문입니다. 제사를 드리러 간다는 것이 실제로는 음란한 짓을 하러 가는 것이었습니다. 그러니까 아버지가 짓는 죄가 거의 대부분 자식들에게 대물림되었습니다.

요즘 우리나라에서도 아버지의 죄가 대물림되는 일이 있습니다. 예를 들어 아버지가 밤에 음란 비디오를 빌려 보고 다음날 출근하면, 아이가 집에서 그것을 보는 것입니다. 진정으로 자식을 사랑하는 부모라면 자기 죄를 물려주지 말아야 합니다. 그런데 대개 문제가 있는 아이들을 보면, 부모가 집에 정을 붙이지 못하게 만들어 놓는 경우가 많습니다. 그렇지 않아도 청소년기에는 집이 답답하게 느껴지게 마련인데, 부모가 더 정을 붙이지 못하게 만드는 거예요. 그러니까 저절로 타락의 길로 접어들 수밖에 없습니다. 십대 여자아이들이 원조교제 하는 대상은 주로 아버지 또래의 남자들입니다. 왜 아버지 또래의 남자들이 딸 또래의 여자아이들과 원조교제를 합니까? 미쳤기 때문입니다. 다른 말로는 설명할 수가 없습니다. 좋은 회사 사장이면 무슨 소용이 있고 일류 대학을 나왔으면 무슨 소용이 있습니까?

이스라엘 백성들은 농사를 지었기 때문에 비가 절대적으로 중요했습니다. 그들은 그것을 핑계 삼아 바알 신전에 출입하는 일을 정당화했습니다.

"바알 신전에 가면 안 되는데."

"그래서 비 안 오면 네가 책임질 거야?"

"……."

비 문제만 들이밀면 아무도 이의를 제기할 수 없었습니다. 그래서 옳지 않은 줄 알면서도 용기 있게 "그것은 틀렸다"고 말하는 사람이 없었습니다.

이런 상황에서 감히 비 문제를 거론했을 뿐 아니라 3년 반 동안이나 비가 오지 않도록 기도한 엘리야는 용기 있는 사람이라기보다는 정신 나간 사람처럼 보였습니다. 그는 바알 신이 엉터리라는 것을 보여 주기 위해 비가 오지 않도록 기도했고, 바알 제사장 450명과 대결해서 전부 죽여 버렸습니다. 그 당시에 바알 신전에 가지 못하게 막는다는 것은 이스라엘 사회 전체와 대결하는 일과 같았습니다. 엘리야는 그 엄청난 대결을 감행했습니다.

세번째로 문제가 된 죄는 그들의 위선적인 예배였습니다. "모든 단 옆에서 전당 잡은 옷 위에 누우며 저희 신의 전에서 벌금으로 얻은 포도주를 마심이니라"(2:8). "모든 단 옆에서"라는 말은 이스라엘에 제단들이 많이 있었다는 사실을 암시합니다. 그들은 신앙 생활을 잊지 않았습니다. 예배도 자주 드렸고 철야기도도 많이 했습니다. 그런데 철야기도 할 때 깔고 누운 옷이 가난한 사람의 마지막 남은 옷을 전당 잡은 것이었습니다. 목마를 때 마신 음료수가 빚에 대한 연체료로 빼앗은 포도주였습니다.

그들은 종교적인 열심이 컸습니다. 그러나 생활은 철저하게 이기적이었습니다. 이를테면 고스톱 쳐서 딴 돈으로 십일조 바치고, 남의 물건 차압한 돈으로 감사헌금 바치는 식입니다. 하나님께서는 그런 헌금을 기뻐하시지 않습니다. 적게 바쳐도 열심히 일해서 받은 대가로 바치는 깨끗한 헌금을 기뻐하시지, 도둑질하듯 벌어서 눈감아 달라는 식으로 바치는 헌금을 기뻐하시지 않습니다. 하나님은 정직한 손을 원하십니다. 그래서 여기에서도 그들이 예배 드리는 곳을 "저희 신의 전"이라고 부르고 계십니다. 그곳은 하나님의 전이 아니라는 거예요. 물론 그들은 하나님의 이름으로 예배 드렸습니다. 그러나 하나님께서는 그들의 예배를 받지 않으셨습니다.

이스라엘 백성들은 어려움을 겪는 사람들의 친구가 되어 주기는커녕 가혹하기 짝이 없게 대했습니다. 부모들은 자신들의 음란한 죄를 자식들에게 물려주었습니다. 그리고 가난한 자들에게 빼앗은 옷을 깔고, 빼앗은 포도주를 마시면서 예배를 드렸습니다. 하나님께서는 이 죄들로 인해 결코 그들을 용서하지 않겠다고 말씀하십니다.

이스라엘이 가진 신앙의 뿌리

하나님께서는 이스라엘의 잘못만 지적하신 것이 아니라 그들의 신앙의 뿌리도 보여 주셨습니다. 이스라엘의 현재는 역사를 떠나 이해할 수 없습니다. 아무리 지금의 현실이 중요하다 해도 뿌리보다 중요할 수는 없습니다. 뿌리가 없었다면 지금의 현실 또한 존재할 수 없었을 것이기 때문입니다. 그렇다면 이스라엘 신앙의 뿌리는 무엇입니까? "내가 아모리 사람을 저희 앞에서 멸하였나니 그 키는 백향목 높이와 같고 강하기는 상수리나무 같으나 내가 그 위의 열매와 그 아래의 뿌리를 진멸하지 아니하였느냐? 내가 너희를 애굽 땅에서 이끌어 내어 40년 동안 광야에서 인도하고 아모리 사람의 땅을 너희로 차지하게 하였고"(2:9-10).

가나안 땅은 아모리 족속의 땅이었습니다. 아모리 족속은 가나안 땅을 대표하던 족속으로서, 키가 백향목처럼 컸고 힘이 상수리나무처럼 셌습니다. 백향목은 아주 키가 큰 나무입니다. 그리고 상수리나무는 참나무의 일종으로서 단단하고 강한 나무입니다. 이처럼 아모리 족속은 이스라엘 백성에 비해 한없이 크고 강했습니다. 그런데 하나님께서는 그들을 멸망시키시고 그 땅을 이스라엘 백성에게 주셨습니다.

아모리 족속이 망한 이유가 무엇입니까? 그 이유는 두 가지입니다. 첫째로 그들은 대단히 음란한 족속이었습니다. 그들은 크고 강했지만 도덕적으로 아주 부패해 있었습니다. 둘째로 그들은 우상을 숭배했습니다. 하나님께서는 이 두 가지 죄 때문에 백향목처럼 크고 상수리나무처럼 튼튼해서 도저히 뽑히지 않을 것 같았던 아모리 족속을 뿌리째 캐내어 멸종시켜 버리셨습니다.

그런데 지금 이스라엘 백성들이 배우고 있는 것이 무엇입니까? 바로 그 두 가지입니다. 그들은 음란한 생활을 따라 하고 있습니다. 우상 숭배를 열심히 따라 하고 있습니다. 백향목처럼 크지도 못하고 상수리나무처럼 강하지도 못하면서, 아모리 족속을 멸망하게 만든 짓을 그대로 흉내내고 있는 것입니다.

이스라엘 신앙의 뿌리는 우상과 싸우고 음란과 싸우며 거짓과 싸우고 죄와 싸우는 데 있었습니다. 그들이 가나안 땅을 차지하고 지킬 수 있었던 힘은 군사력에 있지 않았습니다. 돈의 힘에 있지 않았습니다. 얼마나 하나님 말씀에 헌신하는가, 얼마나 정직한가, 얼마나 깨끗하게 살려고 몸부림치는가 하는 데 있었습니다. 그런데 지금 그 뿌리가 흔들리고 있는 것입니다.

11절을 보십시오. "또 너희 아들 중에서 선지자를, 너희 청년 중에서 나시르 사람을 일으켰나니 이스라엘 자손들아, 과연 그렇지 아니하냐?' 이는 여호와의 말씀이니라. '그러나 너희가 나시르 사람으로 포도주를 마시게 하며 또 선지자에게 명하여 예언하지 말라 하였느니라.'"

하나님께서는 이스라엘 백성들에게 가장 강한 무기를 두 가지 주셨습니다. 그 한 가지는 선지자였고, 다른 한 가지는 나실인이었습니다. 다시 말해서 하나는 말씀의 능력이었고, 다른 하나는 성령의 능력이었습니다. 선지자는 율법의 말씀을 풀어서 해석하고 적용하는 사람입니다. 어려운 상황에 부닥칠 때 사람들은 하나님의 음성을 직접 듣고 싶어합니다. 자신에게 적용되는 살아 있는 말씀을 듣고 싶어합니다. 아무리 삶이 어렵고 뒤죽박죽 엉켜 있다 하더라도 하나님의 말씀이 귀에 들리는 사람은 이미 살아난 것이나 다름없습니다. 아무리 정신이 혼란스럽고 어지럽다 하더라도 어느 한 순간 분명한 설교 말씀이 들리기 시작했다면 절대 망할 리가 없습니다. 왜냐하면 하나님의 손이 그를 붙들고 계신 것이 분명하기 때문입니다. 하나님의 말씀이 해석되고 적용되기만 하면 모든 의심과 두려움을 내쫓을 수 있습니다. 그래서 하나님께서 어려울 때마다 선지자들을 찾게 하신 것입니다. 이스라엘 백성들은 그들의 입에서 나오는 하나님의 말씀으로 모든 불안을 이길 수 있었습니다.

나실인은 성령의 사람들이었습니다. 그들은 장군이 아니었습니다. 왕도 아니었습니다. 무슨 직책을 가진 사람도 아니었습니다. 그럼에도 불구하고 하나님의 백성들이 위기에 빠질 때마다 성령의 능력으로 일어나 나가서 싸웠습니다. 아무리 강한 적도 나실인을 이길 수는 없었습니다. 하나님께서는 여러 가지 방법으로 그들을 도우셨습니다. 비나 소나기로 돕기도 하셨고, 우박이나 천둥으로 돕기도 하셨으며, 벌레나 전염병을 통해 돕기도 하셨습니다. 삼손의 경우처럼 괴력을 주기도 하셨고, 때로는 적에게 두려움을 일으켜 물리쳐 주기도 하셨습니다. 이처럼 오염되지 않고 살아 있는 선지자의 말씀과 성령에 헌신된 나실인, 이 두 가지만 있으면 어떤 상황에서도 능히 이길 수 있었습니다.

그런데 이스라엘 백성들은 성령으로 충만해야 할 나실인에게 술을 먹였습니다. 원래 나실인들은 항상 성령의 임재를 준비하고 있어야 하기 때문에 술에 취하면 안 됩니다. 그런데 그런 나실인 들에게 술을 먹인 것입니다. 그리고 선지자들은 예언하지 못하도록 입을 틀어막았습니다. 왜 그렇게 했습니까? 말씀과 성령의 능력을 부인했기 때문입니다. 그들은 예측 불가능한 말씀과 성령 대신, 눈에 보이는 군사력과 가까운 나라들과의 군사동맹을 믿었습니다.

오늘날 제일 중요한 것은 교회에서 하나님의 말씀을 막지 않는 것입니다. 그런데 현실적으로는 말씀을 있는 그대로 전한다는 것이 그렇게 쉽지만은 않습니다. 이렇게 말하면 이 사람이, 저렇게 말하면 저 사람이 문제를 삼습니다. 그러나 성경말씀을 있는 그대로 전하지 못하게 하는 것은 선지자의 입을 틀어막는 일과 같습니다. 그것은 인간적으로 살겠다는 선언이나 다름없습니다.

우리 그리스도인들은 전부 나실인입니다. 그래서 어떤 것에도 취하면 안 됩니다. 술에 취하지 않는 것은 물론이고 컴퓨터나 음악이나 다른 취미생활에도 취하면 안 됩니다. "그러면 도대체 무슨 재미로 사느냐?"고 말하는 사람도 있겠지만, 그리스도인은 재미 없는 재미로 살아야 합니다. 그래야 어느 순간에든지 성령이 임하실 수 있습니다. 토요일에 밤새도록 컴퓨터 자판 두드리다가 주일 아침에 예배드리러 오면 설교가 한마디도 귀에 안 들어옵니다. 돈 문제로 일주일 내내 멱살 잡고 싸우다가 주일날 교회 와서 은혜 받기란 굉장히 어려운 일입니다. 그래서 주일날 말씀에서 은혜를 받으려면 일주일 내내 준비해야 하는 것입니다.

우리의 가장 강력한 힘은 두 가지에서 나옵니다. 한 가지는 말씀이 귀에 들리는 것입니다. 말씀만 귀에 들리면 절대 망하지 않습니다. 또 한 가지는 언제든지 성령이 임하실 수 있도록 준비하는 것입니다. 이것이 우리의 능력이요 힘입니다. 하나님께서는 별 희한한 방법을 다 동원해서 우리를 도우십니다. 그러나 하나님께서 쓰시는 방법들은 불확실하다는 특징을 가지고 있습니다. 말씀이 들린다고 해서 필요한 현금이 딱 들어오는 것이 아닙니다. 그러니까 확실해 보이는 세상적인 방법을 택하기 위해 나실인에게 술을 주고 선지자의 입을 틀어막는데, 그것은 스스로 망하는 길입니다.

우리의 불안을 떨쳐 버릴 수 있게 해 주는 것은 사람의 약속이나 정보가 아니라 하나님의 말씀과 성령의 능력입니다. 말씀만 붙들고 있으면 말씀이 우리를 살려 줍니다. 성령이 능력을 주셔서 적을 이기게 하십니다. 이것이 승리의 비결입니다. 그러나 이스라엘 백성들은 이 두 가지를 부정했습니다.

이스라엘에 대한 하나님의 심판

하나님의 방법을 버린 이스라엘을 하나님께서는 어떻게 하겠다고 말씀하십니까? "곡식단을 가득히 실은 수레가 흙을 누름같이 내가 너희 자리에 너희를 누르리니"(2:13).

하나님께서 다른 나라를 심판하실 때는 어떻게 하겠다고 하셨습니까? 불을 보내어 태워 버리겠다고 하셨습니다. 에돔도 불태워 버립니다. 모압도 불태워 버립니다. 다메섹에도 불을 보냅니다. 그러나 이스라엘에게는 그렇게 하시지 않습니다. 마치 짐을 잔뜩 실은 수레가 진흙을 깔고 누르듯이 서서히 눌러서 터뜨리겠다고 하십니다. 모래와 자갈을 잔뜩 실은 덤프트럭에 개가 깔렸다고 합시다. 그런데 그 개가 죽지 않고 정신이 멀쩡하다면 얼마나 괴롭겠습니까? 하나님께서는 말씀을 저버리고 자기 꾀로 사는 백성을 이처럼 고통스럽게 하실 것입니다. 단번에 죽지도 않습니다. 덤프 트럭에 내리눌리듯이 서서히 망합니다.

하나님께서는 이스라엘을 구원하시고 자유를 주셨습니다. 그러 니 그 자유는 제멋대로 살 수 있는 자유가 아니라 마음껏 하나님을 섬길 수 있는 자유였습니다. 마음껏 기도할 수 있는 자유, 마음 껏 찬송할 수 있는 자유, 마음껏 하나님을 만날 수 있는 자유였습 니다. 그러나 이스라엘 백성들은 그것을 돈 버는 자유, 정욕을 채 우는 자유, 우상을 섬기는 자유로 삼았습니다. 그렇게 했을 때 하 나님께는 그들이 추구했던 바로 그것을 무거운 짐으로 만들어 내 리누르겠다고 하셨습니다.

하나님께서 주신 자유를 돈 버는 데 몽땅 쓰면 돈의 덤프트럭으 로 깔아뭉개십니다. 하나님께서 주신 자유를 공부하는 데 몽땅 바 치면 공부의 수레바퀴 밑에 깔려서 노예처럼 공부하게 만드십니 다. 하나님께서는 마음껏 하나님을 사랑하고 하나님을 느끼며 하 나님께 나아오게 하시려고 우리에게 자유를 주셨습니다. 그런데 그 자유를 남용하면 자유를 남용한 대상의 노예가 됩니다. 돈의 노예가 되고 공부의 노예가 되고 사람의 노예가 됩니다. 우리에게 주어진 자유는 너무나도 귀한 것이기 때문에 함부로 남용할 시간 이 없습니다. 무거운 짐을 실은 수레가 내리누르는 것처럼 답답한 상태가 계속되고 있습니까? 그렇다면 하나님께서 주신 자유를 남 용하고 있지는 않은지 살펴보십시오. 이것은 회개할 수 있는 마지 막 기회입니다.

하나님께서는 이스라엘 백성들에게 빠져 나갈 방법을 말씀해 주십니다. "'빨리 달음박질하는 자도 도망할 수 없으며 강한 자도 자기 힘을 낼 수 없으며 용사도 피할 수 없으며 활을 가진 자도 설 수 없으며 발이 빠른 자도 피할 수 없으며 말 타는 자도 피할 수 없고 용사 중에 굳센 자는 그날에 벌거벗고야 도망하리라.' 이는 여호와의 말씀이니라"(2:14-16). 아무리 재주가 뛰어나서 빨리 달릴 수 있고 활을 쏠 수 있고 말을 탈 수 있다 해도, 하나님의 손에 한번 걸리면 도저히 벗어날 수 없습니다. 이것이 놀라운 점입니다. 그렇게 날고 기던 사람도 일단 하나님께 잡히면 맥없이 바닥으로 떨어져서 덤프트럭 같은 하나님의 손에 내리눌리고 맙니다.

그런데 그 손에서 빠져 나올 수 있는 유일한 방법이 무엇입니까? 벌거벗는 것입니다. 다시 말해서 자기가 가지고 있는 모든 것을 포기하는 것입니다. 이것이 참으로 회개하는 자의 모습입니다. '하나님께서 나를 기뻐하지 않으신다. 나는 지금 하나님의 덤프트럭에 깔려 있다'는 생각이 들면 이것저것 붙들려고 하지 말고 딱 하나, 내 영혼만 건질 마음을 먹어야 합니다. 이 세상에서 얻으려 했던 혜택들, 이 세상에서 추구했던 욕심들을 다 버리고 말씀 하나만을 딱 붙들 때, 놀랍게 수렁에서 빠져 나와 다시 한 번 축복된 삶을 살 수 있습니다.

끝까지 하나님의 말씀을 저버리고 인간적인 방법을 선택했던 이스라엘은 결국 어떻게 되었습니까? 하나님의 덤프트럭에 깔려 진흙탕 깊이 파묻히는 신세가 되고 말았습니다.

오늘 성경이 우리에게 말씀하고 있는 것이 무엇입니까? 이 세상의 상황보다 훨씬 더 중요한 것이 교회의 상황이고 믿는 자들의 상황이라는 것입니다. 이스라엘이 치료받을 수 없었던 것은 책망하는 설교를 듣기 싫어했기 때문입니다. 이것은 오늘날 교회의 문제이기도 합니다. 축복의 설교만 듣기 좋아하고 죄 설교를 싫어합니다. 칭찬해 주고 인정해 주는 소리만 듣기 좋아하고 책망하는 소리를 싫어합니다. 교회는 죄를 책망하는 설교에 겸손히 귀를 기울여야 살아날 수 있습니다. 그러나 한번 부패하기 시작한 교회는 스스로 옳다고 믿기 때문에 치료받기가 어렵습니다. 이것이 무서운 점입니다.

하나님께서 우리에게 주신 가장 강력한 선물은 선지자와 나실인입니다. 오늘 주님께서 우리에게 풍성한 말씀을 주시기를 기도합시다. 오늘 우리에게 성령을 부으셔서 성령의 사람들로 만들어 주시기를 기도합시다.

선지자가 외치는 이유

하나님과 특별한 관계에 있는 사람들

아모스의 수수께끼

심판의 말씀

3:1 이스라엘 자손들아, 여호와께서 너희를 쳐서 이르시는 이 말씀을 들으라.
애굽 땅에서 인도하여 올리신 온 족속을 쳐서 이르시기를

2 "내가 땅의 모든 족속 중에 너희만 알았나니 그러므로 내가 너희 모든
죄악을 너희에게 보응하리라" 하셨나니

3 두 사람이 의합지 못하고야 어찌 동행하겠으며

4 사자가 움킨 것이 없고야 어찌 수풀에서 부르짖겠으며 젊은 사자가 잡은
것이 없고야 어찌 굴에서 소리를 내겠느냐?

5 창애를 땅에 베풀지 아니하고야 새가 어찌 거기 치이겠으며 아무 잡힌
것이 없고야 창애가 어찌 땅에서 뛰겠느냐?

6 성읍에서 나팔을 불게 되고야 백성이 어찌 두려워하지 아니하겠으며
여호와의 시키심이 아니고야 재앙이 어찌 성읍에 임하겠느냐?

7 주 여호와께서는 자기의 비밀을 그 종 선지자들에게 보이지 아니하시고는
결코 행하심이 없으시리라.

8 사자가 부르짖은즉 누가 두려워하지 아니하겠느냐? 주 여호와께서
말씀하신즉 누가 예언하지 아니하겠느냐?

3:1-8

일본은 심심하면 독도 소유권 문제를 들고 나와 우리나라 사람들의 심기를 불편하게 만듭니다. 그런데 가만히 살펴보면 일본의 경제사정이 악화되었다든지 내부사정이 별로 좋지 못할 때 이런 외교적인 문제를 일으켜 국민들의 관심을 밖으로 돌리는 것이 아닌가 하는 의심이 듭니다. 저뿐 아니라 다른 사람들도 내내 잠자코 있던 일본이 갑자기 독도 문제나 그 밖에 외교적 문제를 들고 나올 때마다 그 내부사정이 어떠한가에 주목하곤 합니다.

지금까지 엄청나게 많은 사람들이 북한을 탈출했습니다. 어느 시점부터는 고위층 사람들도 탈출하기 시작하더니 급기야 북한의 최고 실력자인 김정일의 부인까지 제3국에서 잠적하는 사건이 터졌습니다. 이런 사건들이 의미하는 바가 무엇입니까? 북한의 사정을 세세히 알 수는 없지만, 내부적으로 심각한 불안의 요인이 있다는 것입니다. 그렇지 않다면 그 많은 사람들이 북한을 탈출할 리가 없습니다.

아모스는 이스라엘과 이해 관계에 있는 여러 나라들의 죄와 그 장래에 대해 고발한 후에, 결론적으로 이스라엘의 죄를 고발했습니다. 그가 주위 여러 나라들의 죄를 먼저 지적한 궁극적인 목적은 이스라엘 백성들의 관심을 끌어모은 후에 그들 자신의 문제를 지적하려는 데 있었습니다. 그 이유가 무엇입니까? 이 세상 어떤 문제보다 훨씬 더 치료하기 힘들고 심각한 것이 바로 이스라엘의 문제였기 때문입니다. 우리는 텔레비전이나 신문을 통해 이 세상의 병적인 증상들을 날마다 보고 있습니다. 그런데 그보다 더 심각한 것이 바로 교회의 문제입니다. 교회가 안고 있는 문제는 이 세상 문제들을 다 합친 것보다 훨씬 더 크고 심각합니다.

그렇다면 이처럼 교회가 세상보다 더 심각한 상태에 빠져 있다는 것을 무엇을 통해 알 수 있을까요? 아모스 같은 평신도 선지자의 출현을 통해 알 수 있습니다. 아모스 선지자는 "유다 드고아의 목자인 내가 이곳 벧엘까지 와서 이런 심각한 설교를 한다는 것 자체가 너희들에게 큰 문제가 있다는 증거"라고 말합니다. 아모스는 정식 훈련을 받은 선지자가 아니라 양을 치는 평범한 목자였습니다. 게다가 이스라엘에는 이미 수많은 선지자들이 있었습니다. 그럼에도 불구하고 자신이 여기까지 와서 이런 설교를 해야 한다는 것 자체가 이스라엘 공동체가 얼마나 심한 위기에 처해 있는가를 입증해 주는 증표라는 것입니다.

하나님께서는 자기 백성들에게 어려움을 주시기 전에 반드시 증표를 먼저 보여 주십니다. 그것은 바로 선지자의 말씀을 통한 증표입니다. 하나님께서는 선지자에게 미리 알려 주지 않고서는 어떤 일도 행하지 않겠다고 말씀하셨습니다. 왜 우리가 하나님의 말씀에 귀를 기울여야 합니까? 지금 우리가 겪고 있는 문제에 대한 하나님의 진단과 앞으로 행하실 모든 계획이 바로 오늘 우리 귀에 들리는 선지자의 말씀 속에 다 들어 있기 때문입니다. 그 말씀을 경청하는 것만이 우리가 살 수 있는 길입니다.

하나님과 특별한 관계에 있는 사람들

아모스 선지자는 세 번에 걸쳐서 "들으라"는 말로 시작되는 설교를 합니다. 3장 말씀은 그 세 번의 "들으라" 설교 시리즈 가운데 첫번째 설교입니다.

아모스는 아주 강한 표현으로 설교를 시작합니다. "이스라엘 자손들아, 여호와께서 너희를 쳐서 이르시는 이 말씀을 들으라"(3:1 상). 히브리 원문에는 "쳐서"라는 말이 없습니다. 이 말은 의역된 것입니다. 원문에는 '너희 위에서' 라고 되어 있습니다. 다시 말해서 하나님이 그들 위에서 내리누르시는 말씀이라는 것입니다. 이 표현은 하나님이 이스라엘 백성들에 대해 결코 우호적이지 않으시다는 사실을 보여 주고 있습니다. 예컨대 친구가 와서 "선생님이 너 교무실로 좀 오래"라고 하면서 "근데 엄청 화나셨더라"라는 말을 덧붙이는 것과 같습니다. 그것은 '뭐 때문인지는 모르겠지만 선생님께서 너에 대해 화가 나 계시니까, 죽었다 생각하고 처음부터 조심스럽게 행동하라' 는 뜻이라고 할 수 있습니다.

아모스는 이스라엘 백성들을 향해 "들으라" 설교 시리즈를 시작하려 하고 있습니다. 그런데 이스라엘 백성들은 별로 관심을 보이지 않습니다. 어떤 말이든 할 테면 해 보라는 식입니다. 그때 아모스가 한 말이 무엇입니까? "여호와께서 너희를 쳐서 이르시는 이 말씀을 들으라"는 것입니다. 즉 '하나님께서 지금 너희에게 굉장히 진노하고 계시니까 까불지 말고 조심하라'는 것입니다. 지금부터 죽었다 생각하고 조용히 하나님의 말씀을 경청하면 혹시 용서받을 수 있을지도 모르고, 가벼운 징계로 끝날지도 모릅니다. 그러나 전후 사정을 모르고 계속 까불다가는 큰일을 당하게 될 것입니다.

미련한 사람들의 특징은 분위기 파악을 못한다는 것입니다. 저녁에 집에 들어갔는데 아버지 어머니의 분위기가 냉랭합니다. 그러면 가능한 한 빨리 자기 방으로 들어가 얼른 자 버리는 편이 낫습니다. 분위기도 모르고 용돈 올려 달라고 조르거나 눈치 없이 까불다가는 벼락 맞기 십상입니다.

하나님께서 말씀하시는 것이 무엇입니까? "이스라엘 자손들아, 여호와께서 너희를 쳐서 이르시는 이 말씀을 들으라. 애굽 땅에서 인도하여 올리신 온 족속을 쳐서 이르시기를 '내가 땅의 모든 족속 중에 너희만 알았나니 그러므로 내가 너희 모든 죄악을 너희에게 보응하리라' 하셨나니"(3:1-2).

이스라엘 백성들의 모든 문제는 하나님과 그들 간의 특별한 관계를 떠나서는 설명될 수가 없습니다. "내가 땅의 모든 족속 중에 너희만 알았나니"라는 것은 에돔이나 블레셋이나 아라비아나 중국 사람은 전혀 모르신다는 뜻이 아닙니다. 오직 이스라엘 족속만 선택하셨고 이스라엘 족속만 특별하게 사랑하셨다는 뜻입니다. 다시 말해서 이스라엘 백성들을 배타적으로 사랑하셨다는 것입니다.

남편은 오직 한 여자만 알아야지 여러 여자를 알면 안 됩니다. 이때 '안다'는 것은 책임지는 사랑을 한다는 뜻입니다. 평범한 의미에서는 여러 사람을 알고 지낼 수 있습니다. 그러나 책임지는 사랑을 맺는 관계는 오직 일대일로만 이루어져야 합니다. 하나님께서는 "나는 너희를 책임지는 유일한 사랑을 베풀었고, 너희와 특별한 관계를 맺었다. 너희가 겪는 모든 문제는 바로 이 관계에 비추어 보아야 이해될 수 있다"고 말씀하십니다.

이스라엘 백성들이 언제부터 존재하게 되었습니까? 하나님께서 애굽에서 인도하여 내신 때부터입니다. 물론 그들은 그 전부터 존 재했습니다. 그러나 지금과 같은 의미로 존재했던 것은 아닙니다. 이스라엘 백성들이 특별한 백성으로 존재하게 된 것은 하나님께 서 그들을 애굽에서 이끌어 내신 때부터입니다.

이처럼 하나님께서 여러 민족들 가운데 오직 이스라엘 족속만 택해서 사랑하신 이유는 무엇일까요? 다른 민족들에 비해 무언가 더 사랑할 만한 데가 있었기 때문입니까? 아닙니다. 오히려 그들 은 부족한 데가 많은 사람들이었고 사랑할 만한 데가 전혀 없는 사람들이었습니다. 그럼에도 불구하고 하나님께서 그들을 특별히 사랑하신 이유가 무엇입니까? 그 이유는 하나님 자신을 나타내시 려는 데 있었습니다.

히브리 민족은 참으로 지저분한 민족이었습니다. 그래서 애굽 인들은 이들을 '불가촉천민'으로 여겨 아예 상대하려 들지도 않았 습니다. 그런데 하나님의 택함을 받은 이후 이들은 너무나도 영광 스러운 민족으로 바뀌었습니다. 이것을 본 다른 민족들은 '아, 누 구든지 하나님께 택함을 받기만 하면 저런 영광스러운 백성들이 될 수 있구나!' 하고 생각했을 것입니다. 유달리 고집 세고 불순종 하던 이스라엘 백성들이 몇십 번 몇백 번씩 용서받는 것을 보면서 '우리도 하나님 앞에 나아가기만 하면 얼마든지 용서받을 수 있겠 구나!' 하는 용기를 얻었을 것입니다.

이처럼 하나님께서는 이스라엘 백성들을 택하여 변화시키심으로써 그분이 얼마나 자비로우시며 은혜로우시며 정결케 하시는 분인지를 나타내기 원하셨습니다. 그러므로 이스라엘 백성들이 해야 할 일은 자신들처럼 희망 없던 자들이 하나님의 은혜로 어떻게 변화되었는지를 보여 줌으로써, 온 세상 사람들에게 하나님께로 돌아올 용기와 희망을 주는 것입니다. 세상에서 얼마나 잘살게 되었느냐를 보여 주어야 하는 것이 아닙니다. 과거에 자신들이 얼마나 악한 사람들이었는데, 하나님의 은혜로 어떻게 다르게 살게 되었는지를 보여 주어야 합니다.

존 뉴턴은 아주 악독한 노예선 선장이었습니다. 그의 삶은 그렇게 악독했던 자신을 하나님께서 어떻게 변화시키셨는지에 대해 증거하는 삶이었습니다. 그의 변화된 삶을 보고 수없이 많은 사람들이 하나님께 돌아왔습니다. 뉴턴은 "노예선 선장 존 뉴턴"으로 불리는 것을 부끄러워하지 않았습니다. 그것이야말로 하나님의 살아 계심과 은혜로우심을 보여 주는 이름이었기 때문입니다. 그는 자기가 살아 있는 목적이 거기에 있다고 생각했습니다. 그는 "나는 이렇게 목회를 잘하고 설교를 잘하고 기도를 잘합니다"라고 증거하기를 원치 않았습니다. 오히려 "나는 너무나 악독했던 노예선 선장이었는데 하나님께서 이렇게 변화시켜 주셨습니다. 나 같은 죄인도 이렇게 변화시키신 것을 보면, 이 세상에 변화받지 못할 사람이 없다는 것을 알 것입니다"라고 증거하는 일을 일생의 사명으로 삼았습니다.

저도 그렇습니다. 저에게 중요한 일은 제가 얼마나 똑똑하고 신앙이 좋으며 설교 잘하는가를 사람들에게 입증하는 것이 아닙니다. 저는 하나님의 원수였습니다. 어렸을 때부터 교회에 다녔지만 그리스도를 잘 몰랐고 하나님을 대적하면서 살았습니다. 저는 스스로 의롭다고 생각했고 똑똑하다고 믿었습니다. 그러면서 저를 만드신 하나님을 무섭게 대적했습니다. 그리스도를 만난 후에도 그것이 얼마나 제 마음을 아프게 하는지 모릅니다. 저는 당장 죽어서 지옥에 내던져진다 해도 아무 할 말이 없는 죄인이었습니다. 그럼에도 불구하고 하나님께서는 오래오래 참으시면서 저를 사랑해 주셨습니다. 그리고 멸망의 자리에서 건져 주신 것만 해도 감사한데, 하나님 앞에 가장 중요한 말씀과 교회까지 맡겨 주셨습니다. 원수에게 귀중한 금고를 맡기는 사람이 어디 있겠습니까? 그런데 나무 패고 물 긷는 일만 시켜도 과분해할 이 원수에게 가장 귀중한 금고를 맡겨 주신 것입니다. 제가 증거해야 할 것은 다른 것이 아닙니다. 너무나 무섭고 흉측하던 죄인을 하나님께서 어떻게 사랑하셔서 이처럼 바꾸어 놓으셨는가 하는 것입니다. 저 같은 사람이 회개한 것을 보면 회개하지 못할 사람이 없습니다. 저 같은 사람이 아버지께 사랑받은 것을 보면 이 세상에 사랑받지 못할 사람이 없습니다. 이것을 세상에 나타내시려는 것이 하나님께서 저를 구원하신 이유입니다.

사도 바울이 한 말이 무엇입니까? "미쁘다, 모든 사람들이 받을 만한 이 말이여! 그리스도 예수께서 죄인을 구원하시려고 세상에 임하셨다 하였도다. 죄인 중에 내가 괴수니라. 그러나 내가 긍휼을 입은 까닭은 예수 그리스도께서 내게 먼저 일절 오래 참으심을 보이사 후에 주를 믿어 영생 얻는 자들에게 본이 되게 하려 하심이니라"(딤전 1:15-16). 사도 바울은 그리스도께서 왜 그렇게 자기에 대해 오래 참아 주셨는지 알고 있었습니다. 그것은 자신이 똑똑하거나 학벌이 좋기 때문이 아니었습니다. '이런 죄인 중의 괴수도 사랑하신다. 그것도 그냥 사랑하시는 것이 아니라 사도로까지 존귀하게 사용하신다. 그러니 누구라도 두려워하지 말고 하나님께 나오라' 는 뜻으로 자신을 사랑해 주셨다는 것을 그는 알았습니다.

하나님께서는 이스라엘 백성들을 특별히 사랑하셨습니다. 구약 성경을 읽으면 하나님께서 그들을 얼마나 사랑하셨는지 분명히 알 수 있습니다. 왜 그렇게 사랑하셨습니까? 그들이 잘나서가 아닙니다. 오직 하나님의 긍휼과 사랑을 나타내시기 위해서입니다. 그토록 패역한 자들도 변화시키시고 영광스럽게 만드시고 축복하신다는 것을 보여 주심으로써, 다른 사람들 또한 하나님께 돌아올 용기를 내게 하시기 위해서입니다.

그런데 이스라엘 백성들이 한 일이 무엇입니까? 과거는 전부 잊어버린 채 더 잘살기 위해 자기 욕심을 좇아간 것입니다. 이것이 그들의 죄였습니다. 하나님을 믿지 않은 죄가 아닙니다. 종교 생활을 하지 않은 죄가 아닙니다. 하나님께서 자신들을 부르신 근본적인 목적을 부인한 죄입니다.

오늘 우리는 어떻습니까? 우리들 가운데 구원받을 자격이 있어서 구원받은 사람은 아무도 없습니다. 우리는 2대, 3대만 거슬러 올라가도 우상을 숭배하던 사람들의 자손입니다. 우리는 하나님의 원수들이었습니다. 그런데도 하나님께서는 우리를 사랑하셔서 "나는 오직 너희만 알았다"고 말씀하십니다. 왜 자격 없는 우리를 이토록 사랑하십니까? 하나님이 어떤 분이신지 나타내시기 위해서입니다. 그럼에도 불구하고 '나는 무슨 일이 있어도 돈 벌어야 하고, 무슨 일이 있어도 출세해야 한다' 고 고집하는 것은 하나님의 은혜를 짓밟는 짓입니다.

구원받기 전의 사진을 찾아서 한번 보십시오. 아마 깜짝 놀랄 것입니다. 무엇보다 눈빛에 독기가 서려 있습니다. 내가 봐도 아주 못되게 생겼어요. 우리가 보여 주어야 할 것이 바로 이런 변화입니다. "이 사진 좀 보세요. 되게 성깔 있어 보이지요? 이런 사람을 변화시키신 분이 바로 하나님이십니다."

하나님께서는 그냥 사랑하시지 않습니다. 아주 존귀하게 바꾸어 놓으실 뿐 아니라 하늘나라에서 가장 귀한 것들을 맡겨 주십니다. 그러니 우리가 어떻게 해야겠습니까? 혼신의 힘을 다해 하나님이 맡기신 것들을 지켜야 하지 않겠습니까? 우리가 세상에 보여 주어야 할 것은 지금 얼마나 좋은 집에, 얼마나 좋은 가구들을 들여 놓고 살고 있느냐가 아닙니다. 얼마나 열심히 일해서 높은 자리에 오르게 되었느냐가 아니에요. 전에 너무나 교만하고 추악했던 사람을 하나님께서 어떻게 거룩하게 변화시키시고 존귀하게 바꾸셨느냐를 보여 주어야 합니다.

아모스의 수수께끼

아모스는 이스라엘 백성들의 모든 문제는 하나님과 그들 간의 특별한 관계를 인정하려고 하지 않는 데 있다는 것을 지적한 후, 몇 가지 수수께끼 같은 질문을 던집니다.

첫번째 질문은 여행하는 두 사람에 관한 것입니다. "두 사람이 의합지 못하고야 어찌 동행하겠으며"(3:3). 두 사람이 아주 먼 길을 걸어왔습니다. 그 사실이 의미하는 바가 무엇입니까? 지금까지 두 사람의 뜻이 잘 맞았다는 것입니다. 뜻이 맞지 않는 사람들끼리 어떻게 그 먼 길을 동행할 수 있겠습니까?

아모스는 이 질문을 통해 두 가지 이야기를 하고자 합니다. 한 가지는, 하나님과 이스라엘 백성이 계속 함께 길을 가려면 뜻이 맞아야 한다는 것입니다. 서로의 목적지가 다르거나 걷는 속도가 다르다면 같은 길을 갈 수 없을 것입니다. 하나님께서는 더 이상 짝사랑하기를 원치 않으십니다. 하나님께서 이스라엘 백성들을 사랑하시면 사랑하실수록 이스라엘 백성들 또한 더욱더 겸손하고 정직해져서 하나님의 뜻을 온전히 나타내는 사람들이 되기를 원하십니다. 그런데 하나님께서 사랑하시고 축복하실수록 더 교만해지고 거짓되게 살며 자기 욕심을 챙긴다면, 더 이상 하나님과 동행할 수 없습니다.

신앙 훈련은 거의 대부분 하나님과 보조를 맞추는 데 집중되어 있습니다. 군대에 들어가면 서로 발을 맞추어 걷고 똑같이 방향을 틀고 경례하는 데 거의 대부분의 훈련이 집중되어 있는 것과 같습니다. 군인이라면 일단 발을 맞추어 걸을 수 있어야 합니다. 제가 아는 사람 중에 남편은 키가 크고 아내는 키가 작은 부부가 있습니다. 두 사람은 그렇게 키 차이가 나는데도 보조를 잘 맞추어 걸었습니다. 그래서 어떻게 하는가 보았더니 아내가 거의 뛰다시피 걷고 있었습니다. 나중에는 그 아내가 굉장히 건강해졌습니다. 남편과 보조를 맞추느라고 늘 뛰어다니다 보니 자동적으로 운동이 된 것입니다.

하나님께서 빨리 걸으시면 우리도 빨리 걸어야 합니다. 하나님께서 천천히 걸으시면 우리도 천천히 걸어야 합니다. 하나님께서 싫어하시는 것은 우리도 싫어해야 합니다. 하나님께서 좋아하시는 것은 우리도 좋아해야 합니다. 그런데 이스라엘 백성들은 하나님과 맞는 구석이 한 군데도 없었습니다. 하나님은 급히 가고자 하시는데 이스라엘 백성들은 여기 기웃 저기 기웃 한눈을 팔면서 도

무지 갈 생각을 하지 않았습니다.

우리의 몸은 교회에 나와 있지만 마음은 세상 사람들이 누리는 재미나 자랑에 빠져 있다면, 더 이상 주님과 동행할 수 없습니다. 예를 들어 전라도 가는 기차를 타고 있으면서 경상도 방향을 바라보고 있는 사람은 갈등에 빠지지 않을 수 없을 것입니다. 그는 바라보는 방향을 돌리든지 아니면 기차를 옮겨 타든지 둘 중에 하나를 택해야 합니다. 우리의 갈등은 한편으로는 하나님과 동행하고자 하면서 다른 한편으로는 세상을 바라보는 데서 비롯됩니다. 그런 식으로 언제까지 동행할 수 있을 것 같습니까?

하나님께서 그 백성들에게 바라시는 것은 하나님과 보조를 맞추는 것입니다. 전적으로 그 뜻에 따라 움직이는 사람이 되는 것입니다. 하나님께서 가라 하시면 가고, 서라 하시면 서는 사람이 되는 것입니다. 그래서 자꾸 훈련을 시키십니다. 내 몸 하나도 거추장스러운데 재물까지 있으면 어떻게 하나님의 뜻대로 움직이겠습니까? 그러니까 깨끗하게 다 거두어 가십니다. 나의 뜻과 고집을 자꾸 잘라 내십니다. 그래서 마침내 무조건 하나님의 뜻에 따라 움직이는 사람이 되었을 때, 나를 통해 온 세상에 복을 주기 시작하십니다. 그런데 이스라엘 백성들은 하나님께서 무엇을 가져가시면 가져가신 만큼 하나님을 미워하고 세상에 더 집착했습니다. 이제 하나님께서는 그들을 향해 "도저히 같이 갈 수 없다"고 선언하십니다.

두번째 질문은 아모스 자신에게 관련된 것입니다. 사람들은 아모스가 평신도 선지자라는 이유로 그의 말을 잘 들으려 하지 않았습니다. 그러나 아모스가 하는 말이 무엇입니까? 유다 드고아의 목자인 자신이 이곳 이스라엘까지 괜히 오지 않았다는 것입니다.

자신은 하나님과 함께 왔으며, 하나님께서 그들에게 하실 말씀이 있기 때문에 왔다는 것입니다.

우리가 어딘가 갈 때에는 분명한 목적을 알고 가야 합니다. 왜냐하면 우리는 혼자 가는 것이 아니라 하나님과 함께 가기 때문입니다. 한번 생각해 보십시오. 오늘 내가 여기까지 오게 된 것은 무엇 때문입니까? 그저 밥이나 먹고 우스갯소리나 하라고 여기까지 인도하셨습니까? 절대 그렇지 않습니다. 하나님께서 나를 오늘 이 자리까지 오게 하신 데에는 분명한 목적이 있습니다. 하나님께서는 나 혼자 여기까지 오게 하지 않으셨습니다. 그가 친히 함께 오셨습니다. 그렇다면 하나님께서 나에게 원하시는 것이 무엇일까, 나에게 기대하시는 것이 무엇일까를 생각해야 합니다. 이 질문에 대한 확신이 있을 때 우리는 담대해집니다.

설교자들은 설교하기 전에 심리적으로 크게 위축됩니다. 앉아 있는 교인들은 '저런 설교는 나도 하겠다'라고 쉽게 생각하지만, 사실 설교는 굉장히 어려운 일입니다. 마귀는 설교자의 마음속에 온갖 의심과 두려움을 불러일으킵니다. "너처럼 보잘것없는 인간이 무슨 설교를 한다고 그러냐? 네가 아무리 외쳐 봤자 반응하는 사람은 한 명도 없을걸." 그런데 설교자의 마음에 용기와 담대함을 주는 것이 무엇입니까? '나를 이 자리에 보내신 분은 하나님'이라는 확신입니다. '하나님께서 나를 이 자리에 보내셨다면 반드시 이유가 있을 것'이라는 확신입니다. 그 확신이 들 때 설교자는 사자처럼 담대해집니다.

아모스도 사자처럼 담대하게 외쳤습니다. "사자가 움킨 것이 없고야 어찌 수풀에서 부르짖겠으며 젊은 사자가 잡은 것이 없고야 어찌 굴에서 소리를 내겠느냐?"(3:4) 사자가 왜 부르짖습니까? 움킨 것이 있기 때문입니다. 괜히 낮잠 자다가 부르짖거나 새끼들과 놀다가 부르짖는 게 아니에요. 사자가 부르짖는 것은 사냥감을 움켜쥐었기 때문입니다. 이 부르짖는 사자가 누구입니까? 바로 아모스입니다. 그가 이처럼 담대하게 부르짖는 것은 손에 무언가 움킨 것이 있기 때문입니다. 그에게는 하나님께서 이스라엘에 대해 말씀하실 것이 있어서 자신을 보내셨다는 확신이 있었습니다.

설교와 강의의 차이점이 바로 여기에 있습니다. 설교에는 불이 있고 뜨거움이 있습니다. '이것은 하나님이 주신 말씀이다. 나는 목에 칼이 들어와도 이것을 전해야 한다' 는 뜨거운 확신이 있습니다. 그럴 때 설교자는 부르짖게 됩니다. 그런 말씀을 가지고 있는데도 상황 때문에 설교를 못하게 된다면 아마 속이 답답해서 쓰러져 죽고 말 것입니다. 이처럼 하나님의 말씀에는 전하지 않고서는 도저히 견딜 수 없게 만드는 힘이 있습니다.

그러나 오늘날에는 교회에서 사자의 부르짖는 소리를 듣기가 힘들어졌습니다. 점잖은 사람들 놀라니까 소리지르지 말라고 합니다. 이 말 하면 이 장로님이 싫어하고, 저 말 하면 저 권사님이 불편해하니까 말하지 말라고 합니다. 그러나 움킨 것이 있으면 부르짖어야 합니다. 하나님께서 주신 말씀이 있으면 외쳐야 합니다. 주신 말씀이 있는데도 사람들의 눈치를 보느라 부르짖지 못하는 설교자는 얼마 가지 않아 쓰러질 것입니다.

8절을 보십시오. "사자가 부르짖은즉 누가 두려워하지 아니하겠느냐? 주 여호와께서 말씀하신즉 누가 예언하지 아니하겠느냐?" 사자 소리는 곧 하나님의 말씀입니다. 사자 소리가 오래 들리지 않으면 짐승들 사이에 별의별 추측이 난무합니다. 어떤 짐승은 사자가 병들어서 부르짖지 못한다고 말합니다. 또 어떤 짐승은 먼 곳으로 떠나 버렸다고 말하기도 합니다. 심지어 사자가 이미 죽어 버렸다고 말하는 짐승들도 있습니다. 그런데 바로 그 순간, 사자가 크게 부르짖는 소리가 온 들판에 울려 퍼집니다. 그것이 의미하는 바가 무엇입니까? 사자는 건재하고 있다는 것입니다.

이스라엘에서는 오랫동안 능력 있는 하나님의 말씀을 들을 수 없었습니다. 그러자 이스라엘 백성들 사이에 온갖 소문이 다 떠돌았습니다. 하나님은 가나안 평지에 적응이 안 되어 시내 산으로 돌아가셨다는 둥, 하나님은 죽었다는 둥, 아니 처음부터 존재하지 않았다는 둥, 별의별 소리가 다 나왔습니다. 그런데 어느 날 남쪽에서 올라온 목자가 말씀을 외치기 시작했습니다. "이스라엘아, 들으라!" 그것은 사자의 부르짖는 소리였습니다. 하나님은 건재하고 계셨습니다. 그 소리를 들은 이스라엘 백성들은 등줄기에서 식은땀이 흘러내리는 것을 느꼈을 것입니다.

오늘날 교인들이 그토록 교만하고 방자하게 제멋대로 신앙생활 하는 것은 제대로 된 설교를 듣지 못한 탓입니다. 강대상에서 들리는 것은 변명하는 듯한 힘없는 소리들뿐입니다. 죄를 지어도 책망하는 소리가 들리지 않습니다. 그러니까 교회는 다니면서도 마음 깊은 곳에서는 '하나님은 나한테 무관심해. 어쩌면 하나님의 능력이 다했을지도 몰라. 아니, 아예 안 계실지도 몰라' 하는 생각이 듭니다. 그래서 신앙생활을 하면서도 자기 욕심껏 삽니다. 그런데 어느 날 갑자기 영감에 찬 말씀이 울려 퍼졌다면, 그것은 무슨 뜻입니까? 그들은 이미 죽은 목숨이나 다름없다는 뜻입니다. 하나님은 건재하시며 지금 그들의 목덜미를 움켜쥐고 계시다는 뜻입니다. 그럴 때 살아날 수 있는 길은 당장 모든 죄를 버리고 회개하는 것뿐입니다.

심판의 말씀

아모스의 수수께끼는 계속됩니다. "창애를 땅에 베풀지 아니하고야 새가 어찌 거기 치이겠으며 아무 잡힌 것이 없고야 창애가 어찌 땅에서 뛰겠느냐?"(3:5) "창애"는 그물입니다. 잘 날아가던 새가 갑자기 떨어졌다는 것은, 우리 눈에는 보이지 않지만 어딘가에 그물이 쳐져 있었다는 뜻입니다. 또 땅에 쳐 놓은 그물이 갑자기 출렁거린다는 것은 어떤 짐승이 그 그물에 걸려들었다는 뜻입니다.

한참 잘나가던 사람이 한순간에 넘어지는 것은 우연이 아닙니다. 하나님께서 그의 발 밑에 그물을 쳐 놓으신 것입니다. 하나님이 개입해서 그를 넘어뜨리신 거예요. 잘 날아가던 참새가 갑자기 툭 떨어지는 것은 누군가 그물을 쳐 놓았기 때문인 것처럼, 땅에 쳐 놓은 그물이 출렁거리는 것은 짐승이 그 그물에 걸려들었다는 신호인 것처럼, 잘나가던 사업이 망하거나 잘 진행되던 계획이 갑자기 뒤틀리는 것은, 하나님께서 그에게 무언가 하실 말씀이 있다는 뜻입니다. 그럴 때는 자기 힘으로 수습해 보겠다고 이리 뛰고 저리 뛸 것이 아니라 말씀을 들으러 나와야 합니다. 다른 핑계를 대면 안 돼요. 그가 꼭 들어야 할 중요한 말씀이 있기 때문에 길을 막으신 것입니다.

그러나 우리는 대개 어떻게 합니까? 낮은 포복으로 그물에서 빠져 나가 버립니다. 우리가 어디 보통 사람들입니까? 하나님이 막으셔도 기를 쓰고 뚫고 나가는 사람들입니다. 그러나 그렇게 뚫고 나가는 것이 좋은 것이 아닙니다. 하나님이 치신 그물을 뚫고 계속 날아가면, 그때부터는 걷잡을 수 없이 멸망을 향해 나아가게 됩니다.

오늘날 하나님께서 발 밑에 그물을 쳐 놓으셔야 할 사람들이 많이 있습니다. 그만큼 세상에 대한 미련을 버리지 못하고 세상을 향해 달려가고 있는 사람들이 많이 있다는 것입니다. 차라리 그물에 걸리면 다행입니다. 그물에 걸린 사람은 다시 시작할 수 있기 때문입니다. 그러나 그보다 더 현명한 사람은 그물에 걸려 넘어지기 전에 미리 자제하는 사람입니다. 하나님께서 축복하실 때, 많은 재물을 주실 때, 형통하게 하실 때, 한번 멈추어 서십시오. 멈추어 서서 다시 한 번 호흡을 가다듬고 하나님과 보조를 맞추십시오. 재앙이 닥치기 전에 말씀을 듣고 미리 멈추어 서는 사람이 지혜로운 사람입니다.

6절을 보십시오. "성읍에서 나팔을 불게 되고야 백성이 어찌 두려워하지 아니하겠으며 여호와의 시키심이 아니고야 재앙이 어찌 성읍에 임하겠느냐?" 성읍에서 나팔 소리가 나는 것은 전쟁이 터졌기 때문입니다. 나팔 소리가 나는데도 두려워하지 않을 사람이 어디 있겠습니까? 이스라엘 백성들은 못 들었다고 하지만 하나님께서는 분명히 나팔을 부셨습니다. 그런데 그 소리를 제대로 못 알아들어서 지금 이 지경에 이르게 된 것입니다. 하나님의 백성들에게 이런 재앙이 일어나는 것은 하나님께서 시키셨기 때문입니다. 하나님의 허락 없이는 재앙이 일어나지 않습니다. 나에게 일어나는 모든 일은 하나님께서 시키신 것입니다.

가장 중요한 말씀이 7절에 나옵니다. "주 여호와께서는 자기의 비밀을 그 종 선지자들에게 보이지 아니하시고는 결코 행하심이 없으시리라." 하나님께서 어떤 일을 행하실 때에는 반드시 그 종 선지자들에게 미리 보여 주십니다. 선지자들에게 보여 주지 않고

서는 어떤 일도 행하시지 않습니다. 선지자의 말 속에는 하나님의 모든 뜻이 들어 있습니다.

참 선지자는 어떤 선지자입니까? 하나님의 어전회의에 참가한 선지자입니다. 하나님께서 천사들과 회의하신 내용을 '비밀', 즉 히브리어로 '쏘드'라고 하는데 참 선지자는 그 '쏘드'를 아는 사람입니다. 하나님께서 천사들과 의논하신 내용을 들은 사람, 하나님의 회의에 참가한 사람, 그 비밀을 알고 있는 사람이 참 선지자입니다. 거짓 선지자는 그것을 모르기 때문에 생각나는 대로 지껄입니다. 신문에서 읽은 내용, 텔레비전에서 본 내용, 사람들이 좋아할 내용을 가지고 떠듭니다.

아모스를 통해 이스라엘 사람들에게 말씀하신 '쏘드'가 무엇입니까? 이스라엘은 망한다는 것입니다. 그들은 포로로 잡혀 가 전 세계로 흩어질 것이며, 700년 동안 말씀의 기근을 겪을 것입니다. 그리고 그리스도께서 부활하신 후에야 이방인들과 함께 하나님의 나라로 들어오게 될 것입니다.

오늘 성령께서 우리에게 말씀하시는 것이 무엇입니까? 하나님께서 사랑받을 자격 없는 우리를 특별히 사랑하셨다는 것입니다. 세상에서 출세시키고 잘되게 하기 위해서가 아닙니다. 하나님이 어떤 분이신지 보여 주기 위해서, 우리 같은 사람들도 변화되었다면 세상에 변화되지 못할 사람이 없으며 우리 같은 사람들도 축복받았다면 세상에 축복받지 못할 사람이 없다는 것을 온 세상에 알리시기 위해서입니다. 안 믿는 사람들 중에 우리보다 똑똑하고 마음씨 좋고 능력 있는 사람들이 얼마나 많습니까? 그런데도 우리를 택하여 사랑하신 것은 바로 그것을 보여 주시기 위해서입니다.

하나님께서는 우리에게 최고로 중요한 것 두 가지를 주셨는데, 하나는 성경이고 하나는 신앙의 공동체인 교회입니다. 그런데 왜 성경을 소중하게 생각하지 않습니까? 왜 교회를 소홀히 합니까? 왜 이 두 가지는 제쳐놓은 채 바람난 여자처럼 끊임없이 세상을 기웃거리며 세상에서 잘되지 않는다고 한탄합니까? 세상을 좇아가느라 말씀을 소홀히 하고 교회 공동체를 변질시키는 것은 하나님의 사랑을 짓밟는 짓입니다. 그것은 이스라엘 백성들이 저지른 오류와 똑같은 오류에 빠지는 것입니다.

하나님은 건재하십니다. 그동안 가만히 계셨던 것은 우리에게 기회를 주시기 위해서이지, 시내 산으로 돌아가 버리셨거나 능력을 잃으셨기 때문이 아닙니다. 지금 믿는 사람들이 교만하고 방자하게 신앙생활 하는 것은 참으로 영감에 찬 설교를 듣지 못한 탓입니다. 그러나 어느 날 사자의 부르짖음 같은 말씀이 귀에 들리기 시작한다면, 그것은 하나님께서 교회를 심판하실 것이며 그들의 교만을 절대 방치하지 않으실 것이라는 뜻입니다.

일이 뜻대로 되지 않습니까? 하나님께서 나에게 하실 말씀이 있어서 그런 줄 깨닫고, 모든 것을 내려놓고 멈추어 서서 하나님의 말씀에 귀를 기울이십시오. 그렇게 할 때 비로소 다시 하나님과 보조를 맞추어 동행할 수 있으며, 은혜롭고 영광스러운 하나님의 뜻을 이룰 수 있습니다.

5

사마리아의 내막

사마리아의 속사정

왜 자기 백성의 허물을 폭로하시는가?

사마리아의 결국

벧엘의 단을 꺾으시다

^{3:9} 아스돗의 궁들과 애굽 땅 궁들에 광포하여 이르기를 "너희는 사마리아
산들에 모여 그 성중에서 얼마나 큰 요란함과 학대함이 있나 보라" 하라.

¹⁰ "자기 궁궐에서 포학과 겁탈을 쌓는 자들이 바른 일 행할 줄을
모르느니라." 이는 여호와의 말씀이니라.

¹¹ 그러므로 주 여호와께서 가라사대 "이 땅 사면에 대적이 있어 네 힘을
쇠하게 하며 네 궁궐을 약탈하리라."

¹² 여호와께서 가라사대 "목자가 사자 입에서 양의 두 다리나 귀 조각을
건겨 냄과 같이 사마리아에서 침상 모퉁이에나 걸상에 비단방석에 앉은
이스라엘 자손이 건겨 냄을 입으리라."

¹³ 주 여호와 만군의 하나님이 가라사대 "너희는 듣고 야곱의 족속에게
증거하라.

¹⁴ 내가 이스라엘의 모든 죄를 보응하는 날에 벧엘의 단들을 벌하여 그 단의
뿔들을 꺾어 땅에 떨어뜨리고

¹⁵ 겨울궁과 여름궁을 치리니 상아궁들이 파멸되며 큰 궁들이 결딴나리라."
이는 여호와의 말씀이니라.

3:9-15

우리는 다른 집들의 내막을 잘 알지 못합니다. 특히 요즘처럼 서로 문을 걸어 잠근 채 내왕하지 않는 시대에는, 도대체 다른 집 안에서 무슨 일이 일어나는지 알 도리가 없습니다. 그러나 그 집 에서 다투는 소리가 집 밖까지 새어 나오거나 싸우던 부부 중 한 사람이 밖으로 뛰쳐나와서 소리를 질러 대면, 그 집에 무슨 문제 가 생겼다는 것을 알 수 있습니다. 그것이 이를테면 소요입니다. 소요가 일어나지 않으면 옆집에서 무슨 일이 일어나는지 알 수 없 지만, 누군가 집 밖으로 뛰쳐나와 소리를 지르는 식의 소요가 일 어나면 '조용히 말로 해결할 수 없는 문제가 저 집에 일어났다 보 다'라고 짐작할 수 있습니다.

오늘 본문은 사마리아 성 안에서 일어난 소요 사태에 대해 언급 하고 있습니다. 다른 나라 사람들은 이스라엘의 수도 사마리아를 이상적인 도시로 생각하고 있었습니다. 왜냐하면 사마리아에는 가 난한 사람이나 장애인이나 병든 사람이 없었기 때문입니다. 사마리아 사람들은 전부 건강하고 부요했습니다. 아마 그 당시 사람들에게 이 세상에서 가장 살기 좋은 도시가 어디냐고 물었다면, 주저 없이 사마리아라고 대답했을 것입니다. 그러나 하나님께서는 이러한 사마리아의 겉모습을 보지 않으셨습니다. 하나님께서는 사마리아 내부에 있는 소요와 눈물과 탄식을 보셨습니다.

왜 사마리아 성에 가난한 사람들이 없었습니까? 가난한 사람들을 다 내쫓아 버렸기 때문입니다. 왜 사마리아 성에 장애인들이 없었습니까? 장애인들을 전부 추방해 버렸기 때문입니다. 사마리아 성의 부자들은 집을 몇 채씩 가지고 있었습니다. 겨울집, 여름집, 별채까지 여러 채를 가지고 있었습니다. 어떻게 이렇게 많은 집을 갖게 되었습니까? 빚을 갚지 못하는 사람들을 내쫓고 그들의 집을 차지했기 때문입니다. 사람들은 사마리아의 겉모습을 보고 "사마리아는 정말 깨끗하고 행복한 도시다! 어쩌면 가난하거나 아픈 사람이 한 명도 없을까? 게다가 사람들이 집을 몇 채씩 가지고 있네!" 하면서 세상에서 가장 살기 좋은 도시로 손꼽았지만, 하나님께서는 이렇게 되기까지 얼마나 많은 사람들이 탄식하며 눈물을 흘렸는지 보고 계셨습니다.

오늘 본문을 보면 마치 오늘날 우리나라의 재개발 지역을 보는 것 같습니다. 우리나라에서도 무허가 주택에 살던 사람들이 집과 땅을 빼앗기지 않으려고 고함치고 싸우는 일들이 많이 있었습니다. 물론 3,000년 전의 말씀을 우리 시대에 곧장 적용하는 데에는 문제가 있습니다. 특히 가장 큰 차이점은, 그 당시 이스라엘 사람들은 우리와 달리 땅을 사고 팔 수 없었다는 것입니다. 땅은 전부 하나님의 것이었기 때문에, 설사 땅을 샀다 해도 그 땅을 사용할 권리만 있었을 뿐 원래 주인을 내쫓고 대신 차지할 수 없었습니다. 그런데 이스라엘의 부자와 권력자들은 그 율법을 무시한 채 제멋대로 가난한 사람들을 내쫓고 그들의 땅을 차지해 버렸습니다.

이스라엘 백성들의 존재 근거는 전적으로 율법의 말씀에 있었습니다. 그런데 그 율법의 말씀을 저버리고 세상 사람들과 똑같은 방법으로 잘살려고 했을 때, 하나님께서는 그들을 축복하지 않으셨습니다. 하나님께서는 그들이 가난한 사람들을 내쫓았듯이 그들 또한 가나안 땅에서 내쫓겠다고 말씀하십니다.

사마리아의 속사정

하나님께서는 사마리아 사람들의 윤리적인 문제부터 다루고 계십니다. 그들은 한결같이 행복하고 풍족한 삶을 살고 있었습니다. 사람들은 침상 위에서 생활했고, 소파 같은 가구를 사용했습니다. 3장 12절 끝부분에 보면 "사마리아에서 침상 모퉁이에나 걸상에 비단방석에 앉은 이스라엘 자손"이라는 표현이 나옵니다. 아모스가 예언하던 때는 지금으로부터 약 3,000년 전입니다. 그 옛날에 사마리아 사람들은 침상에서 생활했고, 걸상에 비단방석을 걸친 것, 즉 오늘날로 말하자면 소파를 두고 살았습니다. 우리도 침대나 소파를 일상적으로 쓰게 된 것이 불과 얼마 되지 않는데, 3,000년 전 사람들이 그렇게 살았다는 것입니다.

그뿐 아니라 그들은 집도 몇 채씩 가지고 있었습니다. "겨울궁과 여름궁을 치리니 상아궁들이 파멸되며"(3:15 상). 왕만 이런 생활을 했던 것이 아닙니다. 웬만한 귀족이나 부자들도 집을 몇 채씩 가지고 사는 것이 유행이었던 것 같습니다. 옛날에는 냉난방이 쉽지 않았습니다. 그래서 아예 집 자체를 여름용, 겨울용으로 구별해서 지었습니다. 여름용은 벽 없이 기둥만 세워서 짓고, 겨울용은 벽을 두껍게 세우고 문을 튼튼히 달았습니다. 또 부인을 위한 별채를 따로 둔 이들도 많았습니다. 이 별채는 여러 가지 상아로 장식되어 있었기 때문에 상아궁이라고 불렸습니다. 이것만 보아도 사마리아가 얼마나 화려하고 살기 좋은 곳이었는지 짐작할 수 있습니다.

그러나 하나님께서는 사마리아의 속사정을 알고 계셨습니다. 그리고 이제 그것을 전 세계에 폭로하십니다. "아스돗의 궁들과 애굽 땅 궁들에 광포하여 이르기를 '너희는 사마리아 산들에 모여 그 성중에서 얼마나 큰 요란함과 학대함이 있나 보라' 하라"(3:9). 아스돗의 궁들과 애굽의 궁들은 전 세계 상인들이 다 모이는 곳이었습니다. 그곳들에서 소문이 나면 전 세계로 퍼지는 것은 시간 문제였습니다. 아스돗은 블레셋 땅으로서 사마리아와 가까운 도시였고, 애굽은 멀리 떨어져 있는 나라였습니다. 그러니까 아스돗과 애굽에만 소문을 퍼뜨려 놓으면 금세 사방으로 소문이 퍼지게 되어 있었습니다.

하나님께서는 사마리아에서 어떤 일이 일어났는지 온 세상에 알리기 원하셨습니다. 하나님께서 알리신 내용이 무엇입니까? 사마리아가 이렇게 잘살게 되기까지 얼마나 많은 소요와 학대와 눈물과 한숨이 있었는가 하는 것입니다. 사마리아 성에는 아주 큰 소동이 있었습니다. 그것은 돈 가진 사람들이 빚 갚지 못한 사람들을 내쫓는 소동이었습니다. 옛날에는 가난한 사람들이 집을 빼앗기지 않기 위해 집단시위를 벌이는 일 같은 것은 생각할 수도 없었습니다. 9절에 나오는 "요란함"은 부자들이 일방적으로 사람들을 동원하여 빚 갚지 못한 자들을 일일이 추방하는 과정에서 야기된 요란함입니다. 수레에 짐보따리를 싣고 그 위에 식구들을 앉힌 채 탄식하며 울부짖는 아낙네들의 소리와 아이들의 울음 소리가 빚어낸 요란함입니다.

사마리아는 어떻게 부자들만 사는 도시가 될 수 있었습니까? 가난한 사람들을 다 내쫓아 버렸기 때문입니다. 사마리아에는 어떻게 건강한 사람들만 살게 되었습니까? 장애인들을 다 내쫓아 버렸기 때문입니다. 사마리아 사람들은 어떻게 집을 몇 채씩 가지고 살 수 있었습니까? 빚진 사람들을 다 내쫓고 그들의 집을 차지했기 때문입니다.

지금 하나님께서 이스라엘 백성들은 소파를 쓰면 안 된다거나 집을 여러 채 가져서는 안 된다고 말씀하시는 것이 아닙니다. 이스라엘 백성들이 가나안 땅에 살 수 있게 된 것은 하나님과의 언약 덕분이었습니다. 그 언약의 반은 신앙적인 것이고 반은 윤리적인 것입니다. 신앙적인 언약은 다른 신을 섬기지 않고 하나님만 섬기며 안식일을 거룩하게 지키는 것입니다. 윤리적인 언약은 다른 사람의 물건이나 아내나 집을 탐내지 않으며, 특히 다른 사람의 어려움을 악용해서 돈을 벌려고 하지 않고, 오직 하나님께서 주신 것만으로 만족하는 것입니다.

오늘 본문에서 신앙적인 문제 이전에 윤리적인 문제부터 지적하시는 이유가 무엇입니까? 사마리아 사람들의 윤리적인 타락은 하나님을 바로 섬기지 않는 신앙적인 문제의 결과였기 때문입니다. 하나님을 바로 섬기지 않는 것은 불경건이고, 윤리적으로 타락한 생활을 하는 것은 불의입니다. 불의는 불경건의 결과로 나타나게 되어 있습니다. 불경건과 불의는 하나입니다. 하나님께서 윤리적인 문제를 먼저 지적하신 것은, 사마리아 사람들의 신앙은 좋은데 윤리가 잘못되었기 때문이 아닙니다. 신앙과 윤리는 분리될 수 없는 하나입니다. 하나님께서는 "너희가 스스로 신앙이 좋다고 하는데, 과연 나타난 결과가 어떤지 보아라. 너희가 이런 모습으로 살고 있다는 것은 너희 신앙이 잘못되었다는 증거다"라고 말씀하십니다.

하나님을 바로 섬기면 마음으로부터 감사가 나오게 되어 있습니다. 내 남편이나 아내가 남들 어깨에도 닿지 않을 만큼 작다고 해도, 내 아이가 다른 집 아이들보다 공부를 못한다 해도 감사하며 소중히 여기게 되어 있습니다. 이런 사람은 하나님께서 주신 것에 만족합니다. 그리고 나의 가정이나 재산이 소중한 만큼 다른 사람의 가정이나 재산도 존중해 줍니다. 그러나 하나님을 두려워하지 않는 사람은 자기 것에 만족하지 못하고 욕심을 좇아갑니다.

어느 날, 한 부자 청년이 예수님을 찾아와 어떻게 하면 영생을 얻을 수 있느냐고 물었습니다. 그러자 예수님께서는 계명을 지켰느냐고 물으셨고, 청년은 어려서부터 살인하지 말라, 간음하지 말라, 도둑질하지 말라는 계명을 다 지켰노라고 자신 있게 대답했습니다. 이처럼 예수님께서 윤리적인 계명들을 잘 지켰는지 여부를 먼저 물으신 것은 그 자체를 알기 위해서가 아니었습니다. 그보다는 그 윤리적인 문제를 통해 하나님과의 관계를 확인시키시려는 데 목적이 있었습니다. 하나님은 눈에 보이지 않는 분이시기 때문에 제멋대로 믿고 있으면서도 스스로 신앙이 좋다고 착각할 수 있습니다. 그러나 말로는 하나님을 잘 믿는다고 하면서 실제로는 부모님을 우습게 알거나 남의 돈을 우습게 알거나 이성교제에 정직하지 못하다면, 그것은 결코 하나님을 잘 믿는 것이 아닙니다.

부자 청년은 자기가 계명을 잘 지켰노라고 말했습니다. 그러나 그것은 거짓말입니다. 그가 정말 계명을 잘 지켰다면 그런 부자가 될 수 없었을 것입니다. 그가 정말 계명을 잘 지켰다면 진작에 탐심의 문제를 놓고 괴로워했을 것입니다. 예수님께서는 그에게 재산을 다 팔아 가난한 사람들에게 주고 그분을 좇으라고 말씀하셨습니다. 반만 버리라고 하지 않으셨습니다. 전부 버리라고 하셨습니다. 이 젊은 청년에게는 돈이 우상이었습니다. 탐심이 그의 마음을 지배하고 있었습니다. 물론 그는 살인하지도, 도둑질하지도, 간음하지도 않았을 것입니다. 그러나 그는 탐심으로 살아왔습니다.

어떤 사람은 자기 아내를 버리고 다른 여자와 만나면서 기도원에 간다고 합니다. 그 사람은 기도원 갈 필요 없습니다. 기도해도 은혜 못 받아요. 정말 제대로 기도할 마음이 있다면 그 여자와의 관계부터 정리해야 합니다. 자기 아내를 찾아가 용서를 구하고 손잡고 기도해야 기도가 회복되는 것이지, 엉뚱한 여자와 손잡고 통성기도 하고 방언기도 해 봐야 아무 소용 없습니다.

이스라엘 백성들이 차지하고 있던 가나안 땅은 하나님과 맺은 언약의 보증이었습니다. 다시 말해서 하나님의 율법을 지키는 한도 안에서만 그들은 그 땅을 차지할 수 있었습니다. 그 율법의 내용이 무엇입니까? 이웃 가운데 어려움을 겪고 있는 사람들을 사랑하라는 것입니다. 정 빚을 면제해 주지 못하겠거든 조금만 더 기다려 주기라도 하라는 것입니다. 정 도와주지 못하겠거든 괴롭히지 말고 내버려 두기만이라도 하라는 것입니다. 그런데 이스라엘 백성들은 율법을 어겨 가면서까지 가나안 땅을 많이 차지하려고 함으로써, 스스로 무덤을 팠습니다.

요즘은 사유재산이 허락되기 때문에 정당한 대가만 치르면 얼마든지 땅을 살 수 있고, 그렇게 땅을 샀다고 해서 죄라고 말하지 않습니다. 오늘날의 윤리 문제는 과거에 이스라엘 백성들이 안고 있었던 문제보다 훨씬 더 복잡합니다. 그러나 과거에나 오늘날에 나 똑같이 중요한 것은, 하나님의 백성은 하나님께서 주신 것만으로 만족해야 한다는 점입니다. 하나님께서 주시지 않은 것을 가지면 전부 부담이 됩니다. 우리는 하나님께서 주신 것만 가져야 합니다. 그것이 신앙입니다. 만약 하나님의 백성이라고 하면서도 세상적인 방법으로 부자가 되려고 하고 세상 사람들처럼 잘살려고 하는 자가 있다면, 그는 하나님 앞에서 자기 자신을 죄인으로 만들고 있는 것입니다.

남미에서 왜 해방신학이 생겼습니까? 남미 인구의 90퍼센트 이상이 가톨릭 신자입니다. 그런데 전체 인구의 5퍼센트가 모든 부를 다 차지하고 있습니다. 그렇다면 그들의 신앙이 과연 정당하다고 할 수 있습니까? 그러니까 몇몇 신부들이 문제를 제기한 것입니다.

이스라엘 사회는 땅을 사고 팔 수 없었기 때문에 부를 축적하는 데 한계가 있었습니다. 아무리 부자라 해도 겨울집, 여름집, 상아집 다 갖추고 살 수 없었습니다. 또 소득이 있을 때마다 십일조 내야지요, 죄지을 때마다 번제 바쳐야지요, 곡식을 거둘 때도 남들을 위해 조금씩은 남겨 두어야지요, 그러니까 굉장한 부자가 될 수 없었습니다. 그런데 사마리아 사람들은 거기에서 만족하지 못했습니다. 자기들은 더 많이 가지고 싶다는 것입니다. 더 많이 누리고 싶다는 것입니다. 그래서 한 짓이 무엇입니까? 하나님의 말씀을 무시하고 가난한 사람들을 내쫓은 것입니다.

하나님께서 주신 범위 안에서 열심히 노력하여 조금씩 돈을 모으는 것은 절대로 죄가 아닙니다. 그러나 하나님께서 큰 집을 주시지 않아서 작은 집에 사는 것 또한 절대로 부끄러운 일이 아닙니다. 교회 안에서는 가난한 자와 부자가 공존할 수 있어야 합니다. 건강한 사람과 장애인이 어울릴 수 있어야 합니다. 공부 많이 한 사람과 못 배운 사람이 함께 있을 수 있어야 합니다. 가난한 사람들이 다 빠져 나가고 부자들만 남은 교회에는 주님이 함께하시지 않습니다. 그래서 가난한 사람들이 교회에서 나가려고 할 때 열심히 붙잡아야 합니다. 장애인들이나 못 배운 사람들이 나가려고 할 때 제발 좀 있어 달라고 사정해야 해요. 왜냐하면 하나님께서는 가난한 사람들을 통해 돈 많은 사람들에게 은혜를 베푸시고, 병들고 장애 있는 사람들을 통해 건강한 사람들에게 은혜를 베푸시며, 무식한 사람들을 통해 학식 많은 사람들에게 은혜를 베푸시기 때문입니다.

저는 부자의 돈을 빼앗아서 가난한 사람에게 주어야 한다고 생각하지 않습니다. 어떤 사람들은 '공동체'라는 것을 오해해서 가까운 사람들 중에 좀 잘사는 사람이 있으면 무조건 찾아가 돈을 달라고 하거나 그 사람에게 빌붙어 무위도식하려 합니다. 그러나 사람은 스스로 일어서야 합니다. 하나님께서는 각자 열심히 일해서 돈을 벌라고 하셨습니다. 불필요하게 다른 사람에게 부담을 주는 것은 게으르고 악한 일입니다. 공동체 안에는 돈을 많이 버는 사람도 있을 수 있고 적게 버는 사람도 있을 수 있습니다. 그러나 중요한 것은 그 사실에 무슨 다른 의미를 부여해서는 안 된다는 것입니다. 돈이 있으면 있는 것이고 없으면 없는 것이고, 건강하면 건강한 것이고 병이 있으면 병이 있는 것이지, 그것 때문에 차별을 한다거나 불이익을 주는 것은 공정치 못한 일입니다.

그런데 사마리아 사람들은 어떠했습니까? 가난한 사람들과 함께 있기를 부끄러워했고 장애인들과 함께 살기를 부끄러워했습니다. 그래서 그들이 어려움을 당한 틈을 타 전부 쫓아냄으로써, 사마리아를 이상적인 도시로 만들어 버렸습니다. 이제 하나님께서는 그들이 도대체 무슨 짓을 해서 이렇게 아름다운 외형을 만들었는지 온 세상에 폭로하겠다고 말씀하십니다.

왜 자기 백성의 허물을 폭로하시는가?

하나님은 참 이상한 분이십니다. 자기 백성들이 무언가 잘못했으면 감추고 숨겨 주어야 당연할 것 같은데, 오히려 온 세상에 폭로하겠다고 하십니다. 우리는 식구 중에 누가 큰 잘못을 저지르면 가능한 한 쉬쉬하면서 소문내지 않으려고 합니다. 그런데 하나님께서는 본인이 나서서 온 세상에 퍼뜨리시겠다는 것입니다. 그 이유가 도대체 무엇입니까? 그것은 하나님의 거룩한 이름을 지키는 것도 중요하지만, 그보다는 하나님의 백성들이 자기 상태를 똑바로 아는 것이 훨씬 더 중요하기 때문입니다.

육신의 아버지는 아들이 잘못된 길로 나갈 때, 그것을 덮어 두어야 하느냐 공개적으로 책망해야 하느냐를 놓고 고민합니다. 감추어 두자니 계속 그런 짓을 할 것 같고, 책망하자니 더 빗나갈 것 같습니다. 그러니까 덮어 두지도 못하고 책망하지도 못한 채 고민하는 것이 우리 인간들의 형편입니다. 그러나 하나님은 그렇지 않으십니다. 전 세계적인 네트워크를 통해 사방에 외쳐 버리십니다. "내 백성들을 보라! 내 자녀들이 무슨 짓을 하고 있는지 보라!" 그렇게 함으로써 이스라엘뿐 아니라 하나님까지 망신당하는 한이 있더라도, 그 백성들이 자기 상태를 똑똑히 보기를 원하십니다.

그런데 하나님께서 이렇게 폭로하시기 전에, 잠깐 동안 침묵하시는 시간이 있습니다. 죄를 짓자마자 곧바로 폭로하시는 것이 아니라, 잠깐 동안 기다리시는 시간이 있습니다. 우리가 무슨 짓을 했는지 다 아시면서도 가만히 침묵하시는 이때야말로 우리에게 주어진 회개의 기회입니다. 하나님을 두려워하는 사람은 이런 침묵의 시간에 가장 겁을 냅니다. 꼭 숨이 막히는 것 같아요. 그래서 제발로 먼저 와서 회개합니다. "하나님, 세상 사람들이 사는 방식이 너무 좋아 보여서, 정욕에 눈이 어두워져서 죽을 죄를 지었습니다. 한 번만 용서해 주십시오. 다시는 그런 짓 하지 않겠습니다" 하면서 눈물 콧물 흘려 가며 회개합니다. 그러면 하나님께서는 마치 아무 일도 없었다는 듯 넘어가 주시고 사랑해 주시고 보듬어 주십니다.

그러나 미련한 사람은 모든 일이 자기 뜻대로 돌아가는 줄 알고 죄를 감춘 채 가만히 숨어 버립니다. 자기가 하나님을 잊어버렸으니까 하나님도 자기를 잊어버리신 줄 아는 것입니다. 그러나 하나님은 절대로 잊어버리시는 법이 없습니다. 교회에 딱 한 번 나와서 떡 한 개 얻어먹고 간 사람까지 전부 기억하십니다. 그것도 모르고 자기 죄를 숨기면 어느 순간부터 문제가 불거지기 시작하면서 걷잡을 수 없는 나락으로 떨어지게 됩니다.

그러나 그렇게 떨어지고 있는 동안에도 아직 기회는 있습니다. 하나님께서 나의 잘못을 온 세상에 폭로시켜서 내 모든 명예와 직책을 빼앗고 계시는 그때, 나를 한없이 밑으로 떨어뜨리고 계시는 그때, 내 발로 먼저 바닥으로 내려가 앉아 회개하면 다시 회복시켜 주십니다. 삼손은 하나님 앞에 죄를 지은 후 블레셋 사람들에게 잡혀서 눈알이 뽑히고 머리털이 밀린 채 짐승처럼 맷돌을 돌리는 처지로 전락했습니다. 그는 영원히 머리털이 자라지 않을 줄 알았고, 영원히 하나님의 은혜가 떠나 버린 줄 알았습니다. 그런데 어느 날 손끝에 머리털이 잡혔습니다. 그는 하나님께서 여전히 자신을 기억하고 계신다는 것을 깨닫고, 다시 한 번 힘을 달라고 부르짖었습니다. 결국 그는 죽는 순간에 살았을 때보다 더 큰 일을 이루어 낼 수 있었습니다.

내가 죄를 지었는데도 하나님께서 침묵하시는 시간은 회개의 기회입니다. 그때 하나님 앞에 나아가 눈물 콧물 흘리며 자백하면, 마치 아무 일도 없었던 것처럼 넘어가 주십니다. 그러나 하나님을 속일 수 있을 것처럼 착각해서 회개하지 않는 사람은 바닥으로 내리치시는데, 그 내리치시는 손길이 얼마나 아픈지 모릅니다. 물론 그때라도 내 발로 먼저 바닥으로 내려가서 회개하면 다시 회복시켜 주십니다. 얼마나 무섭게 회복되는지 나도 놀라고 남도 놀랄 정도입니다. 그러니까 하나님께서 내리치실 때 내 힘으로 벗어나려고 몸부림치면 안 됩니다. 그러면 절대로 살아나지 못합니다. 하나님의 손에 걸려들었다는 생각이 들면 내 발로 먼저 바닥으로 내려가야 합니다.

오늘 본문을 보면 3,000년 전 사마리아와 우리 사회가 정말 비슷하다는 생각이 듭니다. "'자기 궁궐에서 포학과 겁탈을 쌓는 자들이 바른 일 행할 줄을 모르느니라.' 이는 여호와의 말씀이니라"(3:10). 바른 일 행할 줄을 모른다는 것은, 이들이 정말 바른 일이 무엇인지 몰라서 하지 않았다는 뜻이 아닙니다. 그들은 어떤 짓을 하면 안 되는지 알았습니다. 그럼에도 불구하고 자기 속에 있는 욕심과 적극적으로 싸우는 대신, 그 욕심이 자기를 주장하도록 내버려 두었습니다.

신앙이란 내 속에 있는 정욕과 싸우는 것입니다. 내 속에 일어나는 탐심과 싸우는 것입니다. 내 속에 솟아나는 절망과 싸우는 것이고 불안과 싸우는 것이며 분노와 싸우는 것입니다. 예배를 드리고 나서도 화나면 툴툴대고, 불안하면 머리 싸매고 드러눕고, 탐욕이 생기면 채우는 것은 죽은 신앙입니다. 신앙은 싸우는 것입니다. 내 속에 있는 아름답지 않은 것들, 하나님께서 기뻐하시지 않는 것들과 싸워서 그것들을 발로 밟는 것입니다.

화가 나면 내가 왜 화가 나는지 그 이유를 적어 보고 하나님 앞에 나아가 맡겨야 합니다. 불안한 생각이 들면 내가 왜 불안한지 그 이유를 생각해 보고 하나님 앞에 나아가 맡겨야 합니다. 상황을 보면 염려 때문에 미쳐 죽을 것만 같아요. 그런데 하나님께서는 염려하지 말라고 하십니다. 그 염려와 싸워 이기라고 하십니다. 시편 기자를 보십시오. 그는 불안과 절망이 자신을 덮쳤을 때, 거기에 굴복하지 않도록 자기 영혼을 설득했습니다. "내 영혼아, 네가 어찌하여 낙망하며 어찌하여 내 속에서 불안하여 하는고? 너는 하나님을 바라라. 나는 내 얼굴을 도우시는 내 하나님을 오히려 찬송하리로다"(시 42:11).

사마리아 사람들은 왜 버림을 받았습니까? 무엇이 옳은지 알면서도 싸우려고 하지 않았기 때문입니다. 그들은 믿음으로 자기 속에 있는 의심이나 불안이나 탐심이나 정욕과 싸우려고 하지 않았습니다. 이처럼 자기 자신과 싸우지 않는 사람은 포로입니다. 아무리 돈이 많아서 암소 가죽 소파에 겨울집 여름집 상아집 다 있어도 자기 욕심과 싸우지 않는 사람은 포로입니다. 그는 결국 잡혀 가고 말 것입니다.

불안할 만한데 불안해하지 않는 것이 신앙입니다. 성질낼 만한

데 성질내지 않는 것이 신앙입니다. 성질날 때는 실컷 성질내고
기도할 때는 좔좔좔 청산유수로 기도하는 것은 신앙이 아닙니다.
그렇게 신앙생활 할 때 나타나는 결과가 무엇입니까? 포로로 잡혀
가는 것입니다. 진정한 자유인은 자기 속에 일어나는 허망한 생
각, 의미 없는 감정과 싸우는 사람입니다.

사마리아의 결국

11절과 12절을 보십시오. "그러므로 주 여호와께서 가라사대
'이 땅 사면에 대적이 있어 네 힘을 쇠하게 하며 네 궁궐을 약탈
하리라.' 여호와께서 가라사대 '목자가 사자 입에서 양의 두 다리
나 귀 조각을 건져 냄과 같이 사마리아에서 침상 모퉁이에나 걸상
에 비단방석에 앉은 이스라엘 자손이 건져 냄을 입으리라.'"

하나님께서는 사마리아의 교만을 오래 참으셨습니다. 그래서
사마리아 사람들은 하나님께서 자신들을 완전히 포기하고 잊으신
줄 알았습니다. 그러나 하나님은 아무것도 잊지 않으십니다. 그래
서 어떻게 하십니까? 사면에서 여러 대적이 일어나 사마리아의 힘
을 조금씩 갉아먹게 하십니다. 그렇게 끝없는 소모전에 시달리다
가 결정적인 타격을 입어 한순간에 무너지게 하십니다.

이 점에 대해 호세아는 아주 흥미로운 표현을 두 가지 쓰고 있
는데, 첫번째가 '썩이는 좀'(호 5:12)입니다. 하나님께서는 그 백성
들이 말씀에 순종하지 않을 때 그들의 삶을 야금야금 좀먹어 가십
니다. 한 가지 문제를 해결하고 나면 또 다른 문제가 생깁니다. 그
문제를 해결하고 나면 또 다른 문제가 생깁니다. 그래서 정작 중
요한 일에는 손도 대지 못한 채 쓸데없는 일에 자꾸 힘을 소모하

게 만드십니다. 이것이 좀처럼 썩게 만드는 것입니다.

사람은 한 가지 목적을 향해 힘을 모아야 성공할 수 있습니다. 그런데 세상 욕심에 빠지면 이것도 좋아 보이고 저것도 좋아 보입니다. 누가 서양미술에 대해 이야기하면 서양미술을 공부하고 싶습니다. 누가 사회학 책 읽는 것을 보면 사회학을 공부하고 싶습니다. 어느 날은 음악을 공부하고 싶고, 어느 날은 재봉을 공부하고 싶습니다. 그러다가 결국 어느 것 하나 제대로 공부하지 못합니다. 이 남자를 보면 이 남자가 좋아 보입니다. 저 남자를 보면 저 남자가 좋아 보입니다. 그래서 다 만나고 다니다가 퇴짜를 맞습니다. 어떤 일이 잘 된다는 말을 들으면 거기 투자하고 싶습니다. 또 다른 일이 그럴듯해 보여서 기웃거리다 보면 거기 투자하고 싶습니다. 그러다가 가진 것을 다 날려 버립니다. 이것이 좀처럼 썩는 것입니다. 그래서 불필요하게 많은 힘이 낭비되고 있다는 생각이 들 때에는 내 삶에 하나님께서 기뻐하시지 않는 것들이 있는지 점검해 볼 필요가 있습니다.

호세아가 사용하는 또 한 가지 표현은 '물어뜯는 사자'(호 5:14) 입니다. 하나님께서는 썩이는 좀처럼 끝없는 소모전으로 힘을 약화시키시다가 어느 한 순간 사자처럼 덤벼들어 목을 물어뜯으십니다.

이스라엘 백성들이 왜 이렇게 망하게 되었습니까? 가장 중요한 이유는 그들이 정체성을 잃은 데 있었습니다. 이스라엘 백성들의 정체성은 하나님과의 관계에서 나오는 것이었습니다. 그들은 하나님의 종으로서 이 세상에 존재했습니다. 다시 말해서 그들이 하나님의 말씀에 전적으로 순종하면 하나님께서 그들을 책임져 주시게 되어 있었습니다. 그들이 아무리 연약하고 형편이 어려워도 하나님만 두려워하며 순종하면 절대 망하지 않게 되어 있었습니다.

그런데 이스라엘 백성들에게는 의문이 한 가지 있었습니다. 그 것은 '인간이 어떻게 하나님의 말씀에 100퍼센트 순종할 수 있느냐?' 하는 것이었습니다. 물론 이론적으로야 하나님의 말씀에 완전히 순종하면 지켜 주신다는 말이 맞을 것입니다. 그러나 현실적으로 완전히 순종할 수 있는 사람이 누가 있겠습니까? 인간은 정욕을 느끼지 않을 수 없는 존재이고 죄의 유혹에 빠지지 않을 수 없는 존재입니다. 그런데 그럴 때마다 하나님께서 징계하신다면 얼마나 힘들고 귀찮겠습니까? 결국 그들은 이래도 맞고 저래도 맞을 거, 차라리 하나님을 버리고 마음대로 사는 편을 택하기로 했습니다.

구원받았다고 해서 100퍼센트 완전해지는 것은 아닙니다. 그래서 징계와 연단이 필요한 것입니다. 그런 징계와 연단이 싫어서 하나님을 버리는 사람들도 많이 있습니다. 그러나 징계와 연단은 우리를 더 강한 하나님의 용사로 만들어 주며, 연단당하지 않았을 때보다 더 성숙한 믿음을 갖게 해 줍니다. 어릴 때에는 야단맞을 짓을 많이 하지만, 성숙하면 할수록 그런 짓을 덜 하게 됩니다. 또 처음에 훈련을 받을 때에는 궁핍하고 어렵지만, 언제까지나 우리를 그렇게 궁핍하고 어려운 상태에 두시는 것은 아닙니다. 물론 비단방석을 얹은 의자를 주시지는 않지만 그 이상의 존귀한 삶을 주십니다. 이처럼 징계와 연단은 우리를 하나님께 잡아매는 끈이지, 망하게 만드는 수단이 절대 아닙니다.

지금도 하나님께서는 그 방법을 쓰십니다. 하나님의 때가 되면 우리를 연단의 빨래통 속에 넣으시는 것입니다. 저는 그 통을 '하나님의 짤순이'라고 부릅니다. 초신자 시절에 집어넣으면 전부 교회를 떠날 테니까, 어느 정도 믿고 난 후 하나님의 시간이 되면 짤순이에 넣어서 돌리기 시작하십니다. 사실 예수를 믿는다고 하면서도 전부 저 잘난 맛에 사는 것이 우리 인간들입니다. '나는 학벌이 있으니까 배우지 못한 사람들하고는 아무래도 다르지', '그래도 나는 뼈대 있는 집안 출신인데' 하면서 자랑하는 사람들을 짤순이에 넣어 돌리시는데, 학벌 있다는 것이 오히려 부끄러워질 때까지, 그렇게 자랑하던 뼈대가 다 깎여 나갈 때까지 돌리십니다. 그러면 어떻게 됩니까? 아무리 축복하셔도 타락하지 않습니다. 잘되면 잘될수록 더 겁을 내고 조심하며 기도합니다.

짤순이에 들어간 적이 없는 사람은 조금만 칭찬해 주어도 금방 맛이 가 버립니다. 얼마나 교만해지는지 몰라요. 그렇게 되느니 짤순이에 들어갔다 나오는 편이 백 배 낫습니다. 그러면 아무리 하나님이 축복하시고 사람들이 칭찬해도 교만해지지 않습니다. 우리가 어떻게 살든 내버려 두시지 않으시고, 때리시며 징계하시는 것을 복인 줄 아십시오. 하나님의 백성은 맞아야 큽니다.

그렇다고 두려워하지는 마시기 바랍니다. 하나님께서는 언제까지나 우리를 궁핍하게 두시지 않습니다. 언제까지나 병들어 누워 있게 하시지 않습니다. 그것은 전부 훈련용입니다. 훈련만 끝나면 도저히 빠져 나올 수 없을 것 같았던 그 깊은 웅덩이에서 끌어올리시는데, 얼마나 놀랍게 끌어올리시는지 모릅니다.

정체성을 잃은 것 외에 또 하나 무서운 일은, 이스라엘 백성들이 전심으로 하나님을 사랑하지 않았을 때 세상의 정욕이 그들을 오염시키기 시작했다는 것입니다. 그래서 그들 가운데 성적 방종이 퍼지기 시작했습니다. 사람이 교만해지면 얼마나 무서운지, 죄를 지어도 아주 담대하게 짓습니다. "사람으로 태어나서 이런 거

한번 경험 못 하면 되나” 하면서 아주 담대하게 죄에 덤벼들어요. 이것은 영적인 문둥병입니다. 수치심을 느껴야 하는데 수치심을 느끼지 못합니다. 결국 이스라엘 백성들은 이러한 성적 방종으로 인해 하나님의 긍휼히 여기심을 얻지 못하게 되었습니다.

지금 우리나라에서 진짜 무서운 죄가 바로 성적인 문둥병입니다. 어른 아이 할 것 없이 밤새워 인터넷 뒤지고 비디오 보고 성인용 프로그램을 찾습니다. 이것은 하나님의 불심판을 부르는 짓입니다. 예수 믿는 사람들은 이것을 굉장히 무서워해야 하며, 작정하고 끊어 내야 합니다. 음란한 내용이 실린 책들이 있으면 치워 버리십시오. 음란한 비디오테이프가 있으면 태워 버리십시오. 아이가 위험한 사이트에 드나드는 것 같으면 컴퓨터를 없애 버리십시오. 컴퓨터에 좀 무식해지는 것이 영적인 문둥병에 걸리는 것보다 낫습니다.

하나님께서는 “목자가 사자의 입에서 양의 두 다리나 귀 조각을 건져 냄과 같이 사마리아에서 모퉁이에나 걸상에 비단방석에 앉은 이스라엘 자손이 건져 냄을 입으리라”고 말씀하십니다. 사자가 양을 뜯어먹고 나면 다리 두 개나 귀 조각 정도가 남습니다. 이스라엘 백성들도 겨우 그 정도 남게 될 것입니다. 사실 그만큼 남는 것도 하나님의 긍휼과 자비 덕분입니다. 원래대로 하면 전부 유황불로 태워 버려야 하는데, 긍휼과 자비로 일부를 남기셔서 700년 후 오순절 성령이 임할 때에 예수 믿고 구원받을 수 있는 조각으로 삼으신 것입니다. 하나님께서 감정적으로 보복하시지 않는 것이 얼마나 감사한 일인지 모릅니다. 하나님께서는 진노 가운데서도 남은 자를 보전하셨습니다. 우리는 그 남은 조각의 친구들입니다. 하나님께서 그 조각들을 부르셨을 때 우리도 딸려 들어가 하나님의 백성이 되었습니다.

벧엘의 단을 꺾으시다

이제 하나님께서 진짜 말씀하시고자 했던 결론이 나옵니다. 그
것은 그들의 신앙 문제입니다. 하나님께서는 윤리적인 문제로부터
시작해서 결국 신앙적인 문제로 나아가십니다. "주 여호와 만군의
하나님이 가라사대 '너희는 듣고 야곱의 족속에게 증거하라. 내가
이스라엘의 모든 죄를 보응하는 날에 벧엘의 단들을 벌하여 그 단
의 뿔들을 꺾어 땅에 떨어뜨리고'"(3:13-14).

이스라엘의 신앙은 원래 십계명이 새겨진 두 돌비의 신앙, 즉
하나님 앞에 죄 용서받고 거룩하게 사는 신앙입니다. 그런데 사마
리아 사람들은 그 신앙을 두 뿔의 신앙, 즉 송아지 신앙으로 변질
시켜 버렸습니다. 송아지 신앙에는 죄를 지적한다는 것이 없었습
니다. 그것은 무조건 축복해 주고 무조건 잘되기를 빌어 주는 번
영의 신앙이었습니다.

육상 선수들은 0.01초를 놓고 승부를 벌이기 때문에, 그 0.01초
를 앞당기기 위해 약물을 복용하려는 유혹을 이기기가 힘듭니다.
그러나 그 유혹을 이기지 못하면 선수 자격을 박탈당하게 됩니다.
사람들은 이런 각성제의 힘을 종교의 힘으로 착각합니다. 지금 사
업이 잘되고 있는데 조금 더 잘되게 밀어 주는 것, 지금 공부 잘하
고 있는데 조금 더 잘할 수 있도록 잡념을 없애 주고 집중하게 해
주는 것이 종교의 힘이라고 생각해요. 즉 자기 힘이 중심이 되고
하나님의 힘은 그것을 약간만 도와주면 된다는 식입니다. 이를테
면 '촉매' 역할만 해 주면 된다는 것입니다. 그러나 그것은 두 뿔

의 신앙입니다. 참된 신앙은 불가능한 것을 가능케 하는 것이고, 할 수 없는 일을 하게 하는 것이며, 죽은 자를 살려 내는 것입니다. 비슷비슷하게 뛰는 선수들 틈에서 한 걸음 더 빨리 뛰게 해 주거나, 턱걸이하는 상황에서 슬쩍 몸을 들어올려 주는 것이 아닙니다. 참된 신앙은 내가 하나님의 힘을 빌어 어떤 일을 더 잘하는 것이 아니라, 하나님의 뜻이 나를 통해 이루어지는 것입니다. 그렇기 때문에 어떤 경우에는 내가 원하는 바와 전혀 다르게 일이 이루어질 수도 있습니다.

두 뿔의 신앙, 각성제 신앙, 거짓 신앙의 가장 큰 위험은 결정적인 순간에 전혀 도움이 되지 않는다는 데 있습니다. 이스라엘이 망할 때 벧엘의 신은 아무 도움도 되지 못했습니다. 제단의 뿔은 꺾였고 금송아지는 빼앗겼습니다. 하나님께서 징계의 손을 들기 시작하시면 송아지 신앙은 파괴되고 꺾일 수밖에 없습니다. 그러나 정직한 신앙은 오히려 결정적인 순간에 역사하기 시작합니다. 제단의 뿔이 꺾이기는커녕 더 큰 위력을 발휘하기 시작합니다.

사업이 잘되고 살기가 편할 때는 하나님을 잘 믿다가 상황이 안 좋아지면 "하나님은 없다"고 말하는 사람들이 많이 있습니다. 평소에 '좋으신 하나님'만 배웠기 때문에 상황만 나빠지면 신앙이 근본적으로 흔들리는 것입니다. 그러나 하나님께서는 편안할 때보다 어려울 때 더 큰 은혜를 주십니다. 성도들이 고난 가운데 있을 때, 인생 밑바닥에 있을 때, 성령으로 세례를 주셔서 하늘의 영광을 체험하게 하십니다.

벧엘의 신앙은 응답 없는 신앙이었습니다. 갈멜 산 꼭대기에서 바알 선지자 450명이 몸부림치며 소리를 질렀지만 아무 응답이 없었던 것과 같습니다. 제멋대로 아무 번호나 돌린다고 해서 금고

가 열리는 것은 아닙니다. 번영의 신앙은 제멋대로 아무 번호나 돌리는 것과 같습니다. 그 신앙으로는 하늘 문을 열 수가 없습니다. 이스라엘의 신앙은 자기만족을 위한 신앙이었습니다. 그들은 각성제를 복용하듯이, 한풀이하듯이 신앙생활을 했습니다. 그 결과가 무엇입니까? 위급할 때 전혀 도움을 받지 못한 것입니다. 그러므로 아무리 힘이 들어도 하나님의 음성 듣는 훈련을 해야 하고 말씀 앞에 자기 자신을 쳐서 복종시키는 훈련을 해야 합니다. 그래야 위기 때 금고 문이 열리면서 그 안에 있는 좋은 것들이 주어집니다.

우리는 하나님의 지혜를 다 알 길이 없습니다. 그렇다고 해서 순진하게 가만히 있으면 안 됩니다. 순진하기만 한 사람은 하나님의 뜻 아닌 것을 하나님의 뜻으로 오해하기 쉽습니다. 내가 원하는 바가 곧 하나님의 뜻은 아닙니다. 하나님의 뜻은 내 생각과 다릅니다. 그렇기 때문에 하나님의 음성을 듣는 훈련을 해야 합니다.

가장 두려운 일은 신앙 아닌 것을 신앙으로 착각하는 것입니다. 참된 신앙의 표지는 겸손과 진실입니다. 사람을 두려워하지 않고 하나님을 두려워하는 것입니다. 이런 신앙만 있으면 어떤 시험이 오더라도 두려워할 필요가 없습니다.

6

바산의 암소들

이스라엘의 물질적인 안정

거짓된 신앙

헛되이 받은 연단

^{4:1} 사마리아 산에 거하는 바산 암소들아, 이 말을 들으라. 너희는 가난한 자를
학대하며 궁핍한 자를 압제하며 가장에게 이르기를 "술을 가져다가 우리로
마시게 하라!" 하는도다.

² 주 여호와께서 자기의 거룩함을 가리켜 맹세하시되 "때가 너희에게
임할지라. 사람이 갈고리로 너희를 끌어가며 낚시로 너희의 남은 자들을
그리 하리라.

³ 니희가 성 무너진 데로 말미암아 각기 앞으로 바로 나가서 하르몬에
던지우리라." 이는 여호와의 말씀이니라.

⁴ "너희는 벧엘에 가서 범죄하며 길갈에 가서 죄를 더하며 아침마다 너희
희생을, 3일마다 너희 십일조를 드리며

⁵ 누룩 넣은 것을 불살라 수은제로 드리며 낙헌제를 소리내어 광포하려무나.
이스라엘 자손들아, 이것이 너희의 기뻐하는 바니라." 이는 주 여호와의
말씀이니라.

⁶ "또 내가 너희 모든 성읍에서 너희 이를 한가하게 하며 너희 각처에서
양식이 떨어지게 하였으나 너희가 내게로 돌아오지 아니하였느니라."
이는 여호와의 말씀이니라.

⁷ "또 추수하기 석 달 전에 내가 너희에게 비를 멈추어 어떤 성읍에는 내리고
어떤 성읍에는 내리지 않게 하였더니 땅 한 부분은 비를 얻고 한 부분은
비를 얻지 못하여 말랐으매

⁸ 두세 성읍 사람이 어떤 성읍으로 비틀거리며 물을 마시러 가서 만족히
마시지 못하였으나 너희가 내게로 돌아오지 아니하였느니라." 이는
여호와의 말씀이니라.

⁹ "내가 풍재와 깜부기 재앙으로 너희를 쳤으며 팟종이로 너희의 많은
동산과 포도원과 무화과나무와 감람나무를 다 먹게 하였으나 너희가
내게로 돌아오지 아니하였느니라." 이는 여호와의 말씀이니라.

¹⁰ "내가 너희 중에 염병이 임하게 하기를 애굽에서 한 것처럼 하였으며
칼로 너희 청년들을 죽였으며 너희 말들을 노략하게 하며 너희 진의
악취로 코를 찌르게 하였으나 너희가 내게로 돌아오지 아니하였느니라."
이는 여호와의 말씀이니라.

¹¹ "내가 너희 중의 성읍 무너뜨리기를 하나님 내가 소돔과 고모라를
무너뜨림같이 하였으므로 너희가 불붙는 가운데서 빼낸 나뭇조각같이
되었으나 너희가 내게로 돌아오지 아니하였느니라." 이는 여호와의
말씀이니라.

¹² 그러므로 이스라엘아, 내가 이와 같이 네게 행하리라. 내가 이것을 네게
행하리니 이스라엘아, 네 하나님 만나기를 예비하라.

¹³ 대저 산들을 지으며 바람을 창조하며 자기 뜻을 사람에게 보이며
아침을 어둡게 하며 땅의 높은 데를 밟는 자는 그 이름이 만군의 하나님
여호와니라.

4:1-13

저에게는 형제가 여럿 있습니다. 그런데 그 중에 미국으로 시집 간 손아래 누이가 우울증에 걸려서 고생을 많이 했습니다. 그러다 보니 자신감도 잃고 몸도 비만해져서 예전 모습을 찾아보기 어렵 게 되었습니다. 누이는 자신이야말로 세상에서 가장 불행한 사람 이라고 말하곤 했습니다. 제게는 다른 형제들도 있습니다. 제가 보기에는 그들이야말로 고민해야 할 사람들 같은데 오히려 그들 은 전혀 고민하지 않습니다. 저는 새벽에 엎드려 기도할 때마다, 전혀 고민하지 않는 다른 형제들보다 그렇게 고생을 많이 한 누이 야말로 진정으로 복 받은 사람이라고 고백하곤 합니다.

그런데 한번은 미국의 어느 한인교회에서 설교하면서 깜짝 놀 랐습니다. 제 누이와 같은 처지에 있는 여성들이 너무나도 많았기 때문입니다. 마치 군데군데 제 누이가 앉아 있는 것 같았습니다. 그들은 미국으로 이민 가서 언어의 스트레스를 받고 생활고로 고 생하느라 나이에 비해 늙어 있었습니다. 그들의 모습을 보자 설교를 시작하기 전부터 자꾸 눈물이 자꾸 흘렀습니다. 저는 "여기 제 누이들이 굉장히 많이 계십니다"라는 말로 설교를 시작했습니다.

미국에 이민 갔다가 10년이나 20년 만에 귀국한 부인들은 한국의 여성들이 나이에 비해 너무나 젊고 아름답게 보인다는 데 놀란다고 합니다. 한국은 지난 20년 간 급속한 경제 성장을 이루었습니다. 그래서 모든 가정이 그런 것은 아니지만, 남편의 수입만으로도 여유 있게 살 수 있는 집이 많아졌습니다. 이민 간 여성들이 우울증에 시달리고 밤일 하고 온갖 고생을 다하는 동안, 한국에 있는 여성들은 몸매 가꾸고 피부 가꾸면서 아줌마인지 언니인지 구분이 안 될 정도로 잘 꾸미고 살았습니다.

이 중에서 누가 더 행복한 사람 같습니까? 물론 우리가 보기에는 남편이 벌어다 주는 수입으로 몸매 가꾸어 가면서 아무 걱정 없이 사는 사람이 행복한 것 같습니다. 그러나 성경은 그렇지 않다고 말씀합니다. 너무나 힘들게 살아왔고 너무나 불행했다고 생각하는 사람들, 그 힘겨운 삶 가운데 오직 하나님만이 유일한 도움이었던 사람들, 하나님 없이는 단 한 순간도 버틸 수 없었던 그 사람들이야말로 진정으로 복된 사람들이라고 성경은 말씀하고 있습니다.

아모스가 설교할 당시 이스라엘 사회는 아주 행복한 사회였습니다. 경제적으로도 안정되어 있었고 다른 걱정거리도 없었습니다. 그들은 신앙도 있었습니다. 날마다 제사를 드렸고, 3일마다 십일조도 드렸습니다. 그곳 사람들의 특징은 전혀 고민하지 않는다는 것이었습니다. 그들은 아무 고민이나 염려 없이 지극히 행복하고 편안하게 살고 있었습니다.

그런데 하나님께서는 집 안 깊숙이 들어가 있는 사마리아의 부인들을 갈고리로 하나씩 찍어 내어 먼 땅에 집어던지겠다고 말씀하십니다. 왜 그들은 집 안 깊숙이 들어가 있었을까요? 경제적으로 여유가 있었기 때문에 굳이 밖에 나갈 일이 없었던 것입니다. 생계를 위해 일할 필요도 없는데 괜히 땡볕에 돌아다니면 얼굴도 타고 주근깨도 생기고 기미도 생기지 않겠습니까? 그러니까 방구석에서 화장이나 하면서, 침대 위를 이리 뒹굴고 저리 뒹굴면서 지낸 것입니다. 그런데 하나님께서는 왜 이들을 편안하게 내버려 두시지 않고 갈고리로 찍어 내겠다고 하십니까? 그들의 행복은 하나님 없는 행복이었기 때문입니다.

하나님께서 이스라엘 백성들을 택하신 것은 아무 걱정 없이 편안하게 살게 하기 위해서가 아니었습니다. 매일매일 어려움이 있고 문제가 있지만 하나님만 의지하고 살게 하기 위해서, 하나님 한 분만 붙들고 살아가게 하기 위해서 택하신 것입니다. 그런데 하나님 없이 행복할 때, 하나님 없이 편안하게 살 때, 신앙이 한낱 액세서리로 전락해 버릴 때, 하나님께서는 갈고리로 그 사람을 찍어 내십니다.

사람들은 저마다 안정되고 편안한 삶을 원합니다. 그래서 젊은 나이에 안정된 직장에 들어가 집 사고 돈 모은 사람을 가장 행복한 사람으로 칩니다. 그러나 그와는 전혀 다른 삶의 방식이 있습니다. 그것은 물질적인 안정이나 정신적인 안정을 포기한 채 하나님을 구체적으로 의지하며 사는 삶입니다. 그것이 구약 시대의 표현대로 하자면 율법에 순종하며 사는 삶이며, 신약 시대의 표현대로 하자면 성령의 인도를 따라 사는 삶입니다.

세상 사람들이 사는 방식대로 사는 것은 멸망의 길로 가는 것입니다. 하나님께서는 그것을 죄라고 말씀하십니다. 그것은 절대 안정된 삶이 아닙니다. 참으로 안정된 삶은 매일매일 하나님을 의지하지 않으면 살 수 없는 삶, 오직 말씀이 이끄는 대로 따라가는 삶, 때로는 우울증에 시달리기도 하고 때로는 경제적인 어려움에 부딪히기도 하지만 끝까지 말씀 하나 붙들고 사는 삶입니다. 물론 하나님께서 안정을 주시면 안정되게 살 수도 있습니다. 그러나 불안정하게 살게 하시면 기꺼이 불안정하게 삽니다. 그러면 그 모든 삶을 통해 하나님이 나타나십니다. 특히 불안정할 때 더 하나님이 나타나십니다. 이것이 생명의 길입니다. 하나님께서는 이렇게 사는 자들에게 영원한 생명을 주겠다고 약속하셨습니다.

이스라엘의 물질적인 안정

아모스는 청중들을 "바산 암소들"이라고 부르고 있습니다. "사마리아 산에 거하는 바산 암소들아, 이 말을 들으라. 너희는 가난한 자를 학대하며 궁핍한 자를 압제하며 가장에게 이르기를 '술을 가져다가 우리로 마시게 하라!' 하는도다"(4:1).

여기에서 문제가 되는 것은 "사마리아 산에 거하는 바산 암소들"이 과연 누구를 의미하느냐 하는 점입니다. 바산은 요단 강 건너편에 있는 아주 비옥한 땅입니다. 바산에서는 농사를 짓거나 물건을 나르기 위해 소를 기른 것이 아니라 식용으로만 길렀기 때문에, 소들이 전부 기름지고 살이 쪘습니다. 그 중에서도 암소들은 더 기름기가 흘렀습니다.

"사마리아 산에 거하는 바산 암소들"은 일차적으로 사마리아의 부유층 부인들을 가리키는 말입니다. 우리가 지난 장에서 살펴본 침상이나 비단방석 깐 걸상이나 상아궁은 전부 부유층 여인들과 관련 있는 것들입니다. 또 4장 1절 하반절에 보면 남편들에게 술을 가져다 달라고 하는 모습이 나오는데, 이렇게 말할 수 있는 여자들은 아마 부유층 부인들일 것입니다.

사마리아의 여인들은 걱정거리가 없었습니다. 왜냐하면 물질적으로 부족한 것이 하나도 없었기 때문입니다. 그래서 얼굴이 바산 암소들처럼 윤택했습니다. 그들은 남편과 함께 분위기 있게 술 한 잔 할 수 있을 정도로 생활에 여유가 있었고 모든 것이 풍성했습니다.

아내가 출근하는 남편에게 와인을 사 가지고 오라고 부탁하는 텔레비전 광고가 한때 전파를 탄 적이 있었습니다. 남편이 밖에서 술 마시는 대신 와인 한 병 사 가지고 들어와 아름답게 차려 입은 아내와 한 잔 하는 모습이 얼마나 멋있습니까? 거기에 분위기 있는 음악을 틀어 놓고 춤까지 우아하게 춘다면 그야말로 행복한 부부처럼 보이지 않겠습니까? 그러나 하나님께서는 그들을 "바산 암소들"이라고 부르십니다. "지금 너희가 와인을 찾을 때냐? 음악 틀어 놓고 춤출 때냐?"고 책망하십니다.

지금까지 이스라엘을 지탱해 온 것은 여인들의 영성이었습니다. 이스라엘 백성들 중에 가장 깨어 있는 사람들은 어머니들이었습니다. 또 많은 경우 아내들의 신앙이 남편들의 신앙보다 훨씬 좋았습니다. 삼손의 경우에도 아버지 마노아보다 어머니의 신앙이 깊었고, 사무엘의 경우에도 아버지 엘가나보다 어머니 한나의 영성이 더 깊었습니다. 여인들은 이스라엘에서 부흥의 불길이 꺼지려고 할 때마다 다시 불을 붙이는 역할을 했습니다. 그런데 사마리아에는 그런 기도의 여인들이 없었습니다. 바산의 암소들처럼 탐욕스럽고 정욕적인 여인들밖에 없었습니다.

믿음의 여인들이 가진 특징이 무엇입니까? 기도입니다. 그들은 자기 육신을 편하게 하기를 원치 않았습니다. 세상에서 재미있게 살기도 원치 않았습니다. 그들은 오직 은혜의 회복과 교회의 부흥을 바라보며 눈물로 기도했습니다. 그들은 자기 몸을 단장하려 하지 않았습니다. 물질적인 안락보다는 하나님의 은혜를 더 사모했습니다. 그들은 사치와 거리가 멀었습니다. 몸에 걸칠 보석도 없었지만, 있어도 걸칠 생각을 하지 않았습니다. 그들은 믿음으로 자신을 장식했습니다. 그들에게는 기도가 생명이었습니다. 가난하면 가난한 대로 기도했고, 부요하면 부요한 대로 기도했습니다. 기도는 그들의 양식이었습니다.

또한 그들은 교육을 중요하게 생각했습니다. '우리 집에는 절대 죄가 들어오지 못하게 하겠다' 는 각오로 자녀들을 바르게 가르쳤고, 남편을 바른 길로 인도했습니다. 그들은 아무리 어렵게 살아도 불평하지 않았습니다. 고생을 바가지로 해도 한탄하지 않았습니다. 그 대신 남편이 죄짓지 않기만을 바랐고, 자녀들이 죄짓지 않기만을 바랐습니다. 이처럼 어려운 형편에서도 하나님의 말씀대로 살려고 애쓰는 모습이야말로 이스라엘 여성들을 가장 아름답게 장식해 주는 보석이었습니다.

그러나 사마리아의 여인들에게서는 그런 아름다움을 찾아볼 수가 없었습니다. 성경은 사마리아를 전부 보여 주지 않습니다. 딱 하나의 장면만을 제시함으로써 그들의 상태를 단적으로 보여 줍니다. 그 장면이 바로 아무 문제의식 없이 "여보, 와인 한 병!"을 외치는 여인들의 모습, 바산의 암소들처럼 살쪄 있는 부유한 여인들의 모습입니다.

그들은 어떻게 이런 경제적인 여유를 얻게 되었습니까? 그것은

"가난한 자를 학대하며 궁핍한 자들을 압제"해서 얻은 부입니다. 그들은 가난한 사람들의 사정을 전혀 생각해 주지 않았습니다. 그들의 가난은 다 그들이 무능한 탓이라고 생각했습니다. 하나님의 축복을 못 받아서 가난하다고 생각했어요. 그래서 가난한 사람들을 무시했습니다.

하나님 나라에서 가장 중요한 것은 여성들의 영성입니다. 믿는 여성들이 겸손할 때, 그들이 지키고 있는 가정과 사회는 망할래야 망할 수가 없습니다. 한 집의 주부가 기도하는 여성일 때, 마귀가 아무리 그 집을 시험하려고 틈을 노려도 틈탈 기회가 없습니다. 수문장이 기도로 지키고 있는데 어딜 비집고 들어가겠습니까? 이스라엘의 여성들은 이스라엘 사회를 지키는 파수꾼이었습니다. 그들은 자녀와 남편을 신앙적으로 양육하고 지도하는 가정의 선지자였습니다. 그런 여성들이 사라지고 없는 나라와 사회는 기초가 무너진 것이나 다름이 없습니다. 믿음의 여성들이 깨끗하고 검소하게 살기보다 편하게 살기를 좋아하고 세상 재미에 빠져서 남편과 술이나 마시려 하고 자신을 치장하려 들 때, 그 나라와 사회는 회복될 가능성이 없습니다. 그래서 마귀가 집중적으로 하는 일이 무엇입니까? 믿음의 여성들을 세상 재미에 빠뜨리는 것입니다. 사치하게 만드는 것입니다. 세상 일로 바쁘게 만드는 것입니다. 증권 투자에 뛰어들게 하고 부동산 투기에 끼어들게 하는 것입니다. 그러면 하나님 나라를 말아먹는 것은 시간 문제입니다.

하나님께서 하시는 말씀이 무엇입니까? "주 여호와께서 자기의 거룩함을 가리켜 맹세하시되 '때가 너희에게 임할지라. 사람이 갈고리로 너희를 끌어가며 낚시로 너희의 남은 자들을 그리 하리라'"(4:2). 하나님께서는 자신의 거룩함을 두고 맹세하십니다. 다시 말해서 반드시 이 말씀대로 이룰 것을 확인하십니다.

왜 사마리아에 이런 일이 일어나게 하십니까? 하나님께서 자기 백성들에게 원하시는 것은 이런 식으로 잘사는 것이 아니기 때문입니다. 하나님께서 원하시는 것은 가난하든 부요하든 변함없이 겸손하고 부지런하며 하나님의 말씀을 사랑하는 것입니다. 왜 부자가 되었다고 사는 방식이 달라져야 합니까? 진짜 부자는 그렇게 달라지지 않습니다. 룻기에 나오는 보아스를 보십시오. 그는 흉년 끝에 풍년이 와서 넉넉해졌을 때, 어렵고 가난한 사람들에게 큰 관심을 가지고 그들을 돌보아주었습니다. 이처럼 하나님 나라에서는 부자가 될수록 더 바빠져야 합니다. '왜 나에게 이런 물질적인 안정을 주셨을까? 나보다 더 어려운 사람들을 돌아보라고 주셨구나!' 하면서 더 열심히 교회 일 하고 더 부지런히 어려운 사람들을 돌아보아야 합니다. 그래야 하나님 앞에서 자기 사명을 잘 감당하는 것입니다.

사마리아의 여인들은 바다 속 큰 바위 밑에 숨어 있는 물고기처럼 안정된 생활을 누리고 있어서, 아무도 그들을 건드릴 수 없을 것 같았습니다. 그러나 하나님께서는 갈고리로 그 바위 밑에 있는 고기들을 다 잡아 내겠다고 말씀하십니다. 전에 물고기 잡는 사람들이 큰 해머로 바위를 내리치는 모습을 본 적이 있습니다. 그렇게 하면 숨어 있던 물고기들이 잠시 기절해서 떠오르는데, 그때 잡는 것입니다. 아모스서에서는 갈고리로 끌어낸다고 하는데, 그 사람들은 더 편리한 방법을 쓰고 있었습니다. 바위 밑에 있는 물고기라고 해서 결코 안전한 것이 아닙니다.

사람이 보기에는 사마리아의 행복이 영원히 지속될 것 같습니다. 사마리아의 부자들을 영원히 끌어내지 못할 것 같아요. 그러나 하나님이 보시기에 그들은 거대한 어항 속에 들어 있는 물고기나 전혀 다를 바가 없습니다. 하나님께서는 그들을 하나하나 다 끌어내실 것입니다.

3절에서 아모스는 이 말씀을 더 구체적으로 설명하고 있습니다. "'너희가 성 무너진 데로 말미암아 각기 앞으로 바로 나가서 하르몬에 던지우리라.' 이는 여호와의 말씀이니라." 사마리아 성은 무너질 것입니다. 그리고 여인들은 그 무너진 틈으로 끌려나와 하르몬이라는 곳에 던져질 것입니다. "하르몬"이 어디냐 하는 데 많은 이견이 있습니다만, 적어도 아주 먼 곳에 있었던 땅인 것은 분명합니다. 사마리아는 큰 바위처럼 안전해 보였습니다. 그러나 하나님께서 은총을 거두시는 즉시 폐허가 될 것이고, 그 안에서 영원히 잘살 줄 알았던 사람들은 갈고리에 찍혀 나와 먼 땅 하르몬에 노예로 팔려 갈 것입니다. 왜 그렇게 됩니까? 하나님의 말씀대로 사는 길을 버리고 이 세상에서 잘되고 풍족하게 사는 길을 택했기 때문입니다.

하나님께서 자기 백성들을 택하신 목적은 안정된 생활을 하게 하시려는 데 있지 않습니다. 신앙생활을 함으로써 더 복 받고 안정되게 살게 하시려는 데 있지 않습니다. 하나님께서 우리를 택하신 목적은 죽을 때까지 하나님을 의지하며 살게 하시려는 데 있습니다. 그리하여 그 삶을 통해 하나님 자신을 나타내시려는 데 있습니다. 아브라함을 보십시오. 그는 자기 땅에 정착해서 안정되게 살아 본 적이 한 번도 없습니다. 가나안 땅을 약속받았지만, 실제로는 무덤으로 쓴 막벨라 굴 외에 어떤 땅도 소유하지 못했습니다. 그러나 그는 자기 힘으로 안정된 삶을 찾으려 하지 않았습니다. 그는 사람이 짓지 않은 하나님의 성이 있다는 것을 알았습니다. 불안정하게 살아도 하나님을 결사적으로 붙들며 사는 삶이 가장 복되다는 것을 알았습니다.

이스라엘은 하나님을 믿는다고 말했습니다. 그러나 그 신앙은 액세서리에 불과했습니다. 실제로 그들은 세상의 안정된 삶에 주저앉아 버렸습니다. 말로는 시어머니를 따라가겠다고 했지만 실제로는 모압 땅에 주저앉은 오르바와 같았습니다. 왜 그렇게 주저앉았습니까? 내심으로는 편안한 삶을 원했기 때문입니다.

그러나 이 세상에 주저앉은 사람은 가나안의 주인이 될 수 없습니다. 세상의 편안한 삶은 〈천로역정〉에 나오는 허영의 도시와 같습니다. 성도들에게 가장 위험한 일 중에 하나가 허영의 도시에 눌러앉는 것입니다. 하나님의 백성은 높은 곳을 바라보아야 합니다. 저 높은 곳을 향해 날마다 더 올라가야 합니다. 편안한 삶이 나를 주저앉히려 할 때, 자리를 박차고 일어나 어떻게 해서든지 더 기도하려고 애쓰고, 더 말씀을 사모하려고 몸부림침으로써 허영의 도시에 포로로 잡히지 말아야 합니다.

믿음의 여성들에게 권면합니다. 현실에 안주하지 마십시오. 집에 이것저것 갖추어 놓으려 하거나, 자꾸 새 것으로 바꾸려 하지 마십시오. 편안한 삶에 만족하거나 길들여지지 마십시오. 부지런하십시오. 돈을 끌어안지 마십시오. 돈은 보관하고 사용하라고 주신 것입니다. 돈을 사랑하면 세상으로 떠내려가기 쉽습니다. 아무 문제의식 없이 편하게 사는 삶은 위험한 삶입니다. 우울증에 걸릴 정도로 힘들게 살아도, 말씀 붙들고 영생 얻는 편이 훨씬 낫습니다.

거짓된 신앙

4절과 5절을 보십시오. "'너희는 벧엘에 가서 범죄하며 길갈에 가서 죄를 더하며 아침마다 너희 희생을, 3일마다 너희 십일조를 드리며 누룩 넣은 것을 불살라 수은제로 드리며 낙헌제를 소리내어 광포하려무나. 이스라엘 자손들아, 이것이 너희의 기뻐하는 바니라.' 이는 주 여호와의 말씀이니라."

여기에서 벧엘과 길갈을 특별히 지칭하는 이유는, 바로 그 두 곳에 이스라엘 사람들이 가장 중요하게 생각했던 성전이 있었기 때문입니다. 그 두 성전에는 금송아지가 있었습니다. 하나님께서 이스라엘 백성들에게 원하신 것은 두 돌비의 신앙이었습니다. 그러나 그들은 두 금송아지를 만들어 벧엘과 길갈에 두고 섬겼습니다. 지금 우리 눈에는 그들의 신앙이 우상 숭배이고 잘못된 신앙이라는 사실이 분명히 보이지만, 정작 그들 자신은 그렇게 생각하지 않았습니다. 그들은 금송아지를 우상으로 생각하지 않았습니다. 단지 하나님을 금송아지로 표현했을 뿐이라고 생각했습니다.

이 부분에 대해 가장 분명하게 경고한 최초의 선지자가 사무엘입니다. 그는 하나님의 말씀을 거역하고 번제물을 준비했다는 사울 왕의 변명에 대해 "순종이 제사보다 낫고 듣는 것이 수양의 기름보다 나으니"(삼상 15:22 하)라고 선언했습니다.

여호와 종교는 철저한 말씀의 종교로서, 하나님의 말씀을 듣는 데 모든 것이 달려 있습니다. 하나님은 무엇보다 말씀하시는 하나님이시기 때문입니다. 말씀을 들으면 어떻게 됩니까? 내가 가지고 있는 자랑을 빼앗아 가십니다. 나를 벌거벗겨 버리십니다. 때로는 무참할 정도로 낮추기도 하십니다. 그런데 그것이 바로 은혜의 시작입니다. 믿음은 감정이 아닙니다. 자기 혼자 종교적인 열심을 표현하는 것이 아닙니다. 믿음은 하나님의 말씀을 듣는 것입니다.

물론 이스라엘 백성들은 제사도 드려야 했습니다. 그러나 그것은 말씀을 듣기 위한 제사였습니다. 이스라엘 백성들이 죄를 지으면 하나님께서 말씀하시지 않았기 때문에, 먼저 죄를 고백하고 제사를 드린 것입니다. 그럴 때 그들은 놀라운 영광과 충만한 기쁨을 맛볼 수 있었습니다. 사무엘이 사울 왕에게 한 말의 핵심이 여기에 있습니다. 제사 자체가 목적이 아니라는 거예요. 제사는 하나님의 말씀을 듣기 위한 준비과정이라는 것입니다.

하나님께서는 사울 왕에게 아말렉 족속을 한 명도 남김없이 죽이라는 명령을 내리셨습니다. 하나님께서 이방인들을 심판하시는 방식에는 A형과 B형 두 가지가 있습니다. A형은 '여리고 성 방식'으로서, 성 안에 있는 어떤 것도 살려 두거나 손대지 않고 철저하게 파괴하는 심판입니다. 여기에는 하나님을 대신해서 그들을 영원히 심판한다는 의미가 들어 있습니다. 그에 비해 B형은 '아이 성 방식'으로서, 사람만 죽이고 양이나 소는 전리품으로 갖는 것입니다. 그 전리품은 이스라엘 백성들의 상급이 됩니다. 이 중에서 더 영광스러운 심판은 전리품이 없는 A형입니다. A형의 심판을 할 때 이스라엘 백성들은 완전히 하나님의 입장에 서서, 천사처럼 사용되기 때문입니다. 때로는 돈을 받고 일하는 것보다 무보수로 일하는 것이 더 영광스러울 수 있습니다. 언제 그렇습니까? 하나님을 대신해서 사용될 때 그렇습니다.

하나님께서는 사울 왕에게 아말렉을 A형으로 심판하라고 하셨습니다. 기다리고 기다리시다가 드디어 소돔과 고모라를 멸하시듯이 철저하게 심판하고자 하신 것입니다. 그런데 사울 왕은 제멋대로 심판의 급수를 B형으로 낮추어 질 좋은 양과 소들을 끌고 왔습니다. 그리고 제사를 드리기 위해 끌고 왔노라고 변명했습니다. 그때 하나님께서 하신 말씀이 바로 순종이 제사보다 낫다는 것입니다. 하나님께서는 사울을 왕위에서 폐하셨습니다.

하나님의 백성들이 누릴 수 있는 최고의 복은 하나님의 말씀을 듣는 것입니다. 말씀을 통해 우리를 위로하시고 치료하시며 그 영광을 남김없이 보여 주시는 것이야말로 우리가 누릴 수 있는 최고의 복입니다. 죄를 책망하시는 말씀을 들을 때 깨닫게 되는 것이 무엇입니까? 아직도 하나님께서 나를 버리지 않으시고 나와 가장 가까운 데 계시다는 것입니다. 자신은 교만하다는 생각을 꿈에도 하지 못했는데 "너 교만했지? 탐욕을 품었지? 아름답지 못한 생각을 했지?" 하시면서, 남들도 모르고 자기도 모르던 그 깊은 부분의 죄를 만져 주시고 치료해 주실 때, 하나님은 우리와 가장 가까운 곳에 계십니다.

따라서 하나님의 백성에게 가장 무서운 일은 더 이상 영감에 찬 말씀을 듣지 못하고 늘 그저 그런 말씀만 듣게 되는 것입니다. 그것은 하나님께서 그들을 버리셨다는 뜻입니다. 벧엘과 사마리아에는 말씀이 없었습니다. 그저 자기들의 감정에 도취해서 날뛰었을 뿐입니다. 물론 그럴 때도 은혜를 받는 것 같은 기분이 들 수 있습니다. 그러나 그런 식의 은혜는 세상 사람들도 받습니다. '험한 세상에 다리 되어'를 들으면서 눈물을 한 바가지씩 흘리는 사람들도 한순간 은혜를 받습니다. 그러나 사실 그것은 은혜가 아니라 카타르시스입니다.

은혜는 스스로 만드는 것이 아니라 하나님께서 주시는 것입니다. 그러므로 하나님께서 은혜 주시기 전에 자기 혼자 은혜를 만들어 내면 안 됩니다. 하나님께서 말씀으로 찾아와 치료하시고 회복시키시고 은혜를 주실 때까지 마음속에 있는 갈등을 그대로 지닌 채 견뎌야 합니다.

우리는 하나님의 백성임에도 불구하고 완전치 못한 사람들입니다. 얼마나 자주 넘어지고 얼마나 자주 하나님의 가슴을 아프게 하는지 모릅니다. 그럴 때 우리는 하나님과 영광된 만남을 누리지 못합니다. 그러나 우리의 죄를 자백하고 회개하는 제사를 드리면 하나님의 말씀이 회복되기 시작합니다. 기도와 찬송이 회복되기 시작합니다. 그것이야말로 최고로 복된 일입니다.

오늘 본문에 나오는 벧엘과 길갈의 신앙은 말씀 없는 신앙의 대표적인 예입니다. 말씀 없는 신앙은 자기만족과 기복 신앙으로 나아갑니다. 왜냐하면 그 안에 진정한 하나님의 영광이 없기 때문입니다. 하나님의 참된 영광을 보지 못한 사람들은 인간의 위대함에 도취됩니다. 그래서 자기들의 성공사례를 자랑하고 떠들며, 그것을 축복이라고 말합니다.

오늘날 교인들은 하나님께 물질적인 축복을 구하는 것을 당연하게 생각합니다. 어떤 의미에서는 당연할지도 모릅니다. 왜냐하면 그것은 인간의 본능이기 때문입니다. 그러나 물질적인 축복은 우리의 구원에 따라오는 부산물에 불과합니다. 그것을 구원과 교환하려 들면 안 됩니다. 한 번이라도 하나님의 영광과 존귀하심을 맛본 사람은 다른 것을 복으로 치지 않습니다. 하나님만큼 복된 분이 없다는 것을 너무나 잘 알기 때문입니다. 하나님 자신이 복이십니다. 그것을 알면 "복되신 하나님"이라는 말이 절로 나올 수밖에 없습니다. 모든 아름다운 것이 그분께 다 있습니다.

물론 우리는 인간이기 때문에 구원의 감격만 가지고 살 수 없습니다. 우리에게는 옷도 필요하고 집도 필요하고 건강도 필요하고 직장도 필요합니다. 우리에게는 많은 것이 필요합니다. 그러나 이 모든 것은 우리에게 주어진 구원을 더 풍성하게 하려고 주시는 부가적인 축복이지, 구원을 대신할 수 있는 것이 아닙니다.

예를 들어 어떤 남자와 여자가 결혼을 한다고 합시다. 그들은 배우자만 얻는 것이 아니라 가재도구나 전자제품도 얻습니다. 자기 집은 아니더라도 방 두 칸 있는 집을 얻기도 합니다. 그러나 그것들은 전부 결혼에 따르는 부산물로서, 그 모든 것을 합친다 해도 배우자와 바꿀 수는 없습니다. 전기밥통으로 아내를 바꾸려 하거나 자동차로 남편을 바꾸려 하는 사람은 바보입니다. 그런 사람은 모든 것을 잃고 말 것입니다.

최고로 복된 것은 하나님을 만나 구원받은 이것입니다. 나머지는 다 하나님이 주신 선물입니다. 아내도 하나님이 주신 선물입니다. 자녀도 하나님이 주신 선물입니다. 이런 선물과 하나님을 바꾸려 들면 안 됩니다. 사마리아 사람들은 어리석게도 침대와 하나님을 바꾸고, 소파와 하나님을 바꾸고, 포도주와 하나님을 바꿨습니다. 결국 그들을 모든 것을 잃고 말았습니다.

아모스는 "너희는 벧엘에 가서 범죄하며 길갈에 가서 죄를 더하며"라고 말하면서 이스라엘 백성들의 잘못된 종교적 열심을 조롱하고 있습니다. 물론 그들이 죄를 더하려고 벧엘과 길갈에 다닌 것은 아닙니다. 그러나 아모스가 보기에 죄를 용서받지 못하는 예배를 드리러 가는 것은 결국 죄를 더하러 가는 것이나 다름이 없었습니다. 왜냐하면 제사를 드린 후에 똑같은 죄를 또 지을 것이 뻔하기 때문입니다. 하나님을 만나지 못하는 예배는 죄를 더하는 예배입니다. 예배에서 하나님의 영광을 보지 못하면 죄를 심각하게 생각하게 되지 않기 때문에, 회개하고 나서도 또 같은 죄를 짓습니다.

참으로 하나님을 만나면 어떻게 됩니까? "화로다, 나여! 망하게 되었도다!"(사 6:5)라는 고백이 절로 튀어나오면서 근본적인 결단을 내리게 됩니다. 죄짓게 하는 직장을 포기하든지, 이사를 하든지, 어떤 식으로든 죄를 청산하기 위한 결단을 내리게 됩니다. 이것이 참된 회개입니다. 하나님을 만나면 이런 식의 손해를 봅니다. 그러나 하나님께서는 우리가 이런 손해 보는 것을 기뻐하십니다.

사마리아 사람들은 아침마다 희생을 바쳤고 3일에 한 번씩 십일조를 드렸습니다. 얼마나 열심 있는 신앙입니까? 그러나 그 형식 속에 말씀이 없었기 때문에, 그들의 열심은 아무 도움이 되지 않았습니다. 오직 그들 자신만 기쁘게 했을 뿐입니다. "이것이 너희의 기뻐하는 바니라."

또 하나님께서는 "누룩 넣은 것을 불살라 수은제로 드리며 낙헌제를 소리내어 광포하려무나"라고 말씀하십니다. 화목제에는 낙헌제와 수은제와 서원제가 있습니다. 수은제는 감사제로서 누룩 없는 떡을 태워야 합니다. 그러나 이스라엘 백성들은 쭈그러들어 볼품 없는 떡 대신, 제멋대로 누룩을 넣어 찐빵처럼 멋있게 부풀린 떡을 바쳤습니다. 그들에게 성경적인 정신이나 신학 같은 것은 중요하지 않았습니다. 외양과 형식만 보기 좋으면 그만이었습니다.

누룩 없는 떡을 바치라고 하신 데에는 있는 모습 그대로 나아오라는 뜻이 담겨 있습니다. 아무 가식 없이, 실패했으면 실패한 모습 그대로, 넘어졌으면 넘어진 모습 그대로 나아오라는 거예요. 애써 멋진 모습을 꾸며서 나아올 필요가 없다는 것입니다. 그런데 그들은 일부러 모양을 내서 보기 좋게 만든 떡을 바쳤습니다. 하나님은 그것을 기뻐하지 않으셨습니다.

낙헌제는 구제헌금과 같은 것입니다. 그러니까 낙헌제를 소리 내어 광포한다는 것은 "나는 이 정도로 구제를 많이 한다"고 선전하는 것과 같습니다. 이것은 하나님 앞에 기쁨이 되지 못합니다. 자기만족적인 종교행위에 불과할 뿐입니다. 그들은 하나님께 받을 것이 없었습니다. 이미 자기 상을 다 받았기 때문입니다.

하나님께서는 우리가 완전하기를 원하시는 것이 아닙니다. 하나님께서 원하시는 것은 우리가 말씀을 듣고 그 말씀대로 살려고 애쓰는 것입니다. 그러다가 실패하면 실패한 모습 그대로 하나님 앞에 나아가는 것입니다. 그렇게 할 때 하나님은 우리를 기뻐 받으시며 우리의 기도를 들어 주십니다. 이런 신앙이야말로 위기 때 하나님의 도우심을 받을 수 있는 신앙입니다.

헛되이 받은 연단

아모스 선지자는 지금까지 이스라엘 백성들에게 임했던 다섯 번의 어려움에 대해 이야기합니다. 그 어려움들은 괜히 온 것이 아니었습니다. 그것들은 모두 그들을 깨우쳐 바른 신앙으로 돌아오게 하기 위해 하나님께서 주신 연단이었습니다. 그러나 그들은 연단은 견뎌 냈지만 그 연단이 의미하는 바는 전혀 깨닫지 못했습니다.

우리에게 일어나는 일 중에 우연히 일어나는 것은 하나도 없습니다. 하나님께서 주시는 의미가 다 그 안에 들어 있습니다. 그러므로 어려움만 견뎌 낸다고 해서 이기는 것이 아닙니다. 그 어려움을 통해 하나님께서 하시는 말씀을 들어야 합니다.

첫번째로 하나님께서는 사마리아에 흉년을 주셨습니다. "'또 내가 너희 모든 성읍에서 너희 이를 한가하게 하며 너희 각처에서 양식이 떨어지게 하였으나 너희가 내게로 돌아오지 아니하였느니라.' 이는 여호와의 말씀이니라"(4:6). 흉년으로 온 백성이 어려웠던 때가 있었습니다. 얼마나 어려웠던지 이가 다 한가할 정도였습니다. 씹을 것이 없어서 허구한 날 입이 놀고 있었습니다. 그럼에도 불구하고 그들은 이것이 무슨 사인인지 알아채지 못했습니다. 허기진 배를 움켜쥐고 참기만 했을 뿐, 이 흉년에 무슨 뜻이 들어 있는지 생각하려 하지 않았습니다.

두번째로 하나님께서는 기근을 주셨습니다. "'또 추수하기 석 달 전에 내가 너희에게 비를 멈추어 어떤 성읍에는 내리고 어떤 성읍에는 내리지 않게 하였더니 땅 한 부분은 비를 얻고 한 부분은 비를 얻지 못하여 말랐으매 두세 성읍 사람이 어떤 성읍으로 비틀거리며 물을 마시러 가서 만족히 마시지 못하였으나 너희가 내게로 돌아오지 아니하였느니라.' 이는 여호와의 말씀이니라"(4:7-8). 전부 배고프게 만들었는데 깨닫지 못하니까, 이번에는 어떤 성에는 비를 주시고 어떤 성에는 주지 않으셨습니다. 그러면 비가 오지 않는 성 사람들이 '왜 저기는 비가 오고 여기는 비가 안 올까? 혹시 우리가 무슨 잘못을 한 것은 아닐까?' 하는 생각을 하면서 조금이나마 겸손해지지 않겠습니까?

그러나 안타깝게도 그들에게서는 그런 겸손을 찾아볼 수 없었습니다. 비가 오지 않는 성 사람들은 그들대로 비틀거리며 이웃 성에 찾아가 몇 모금 물을 얻어 마시고 오면서 아무 생각이 없었고, 비가 오는 성 사람들은 또 그들대로 '우리는 비가 오니까 다행이다' 하면서 아무 생각이 없었습니다.

눈을 열고 보면 온 천지에 하나님의 글씨가 쓰여 있습니다. 온 땅에 사랑한다고 쓰여 있고, 온 하늘에 돌아오라고 쓰여 있습니다. 그런데 우리 눈이 어두워서 그것을 보지 못합니다. 어떤 사람은 경제적인 어려움을 겪고 어떤 사람은 그렇지 않을 때, 그 고생하는 사람만 죄가 많아서 고생하는 것이 아닙니다. 우리 전부 고생해야 하는데 몇 명만 고생을 시키심으로써, 어떤 사람은 자기의 부족함을 깨닫고 겸손해지며 또 어떤 사람은 주님의 은혜를 생각하고 감사하게 하시려는 것입니다. 그런데 어려운 사람은 어려운 사람대로 분노에 차서 돈 벌 궁리만 하고, 부자는 부자대로 혹시라도 가난해질까 봐 눈에 불을 켜고 돈을 지킨다면, 그들의 고생은 전부 헛것이 될 수밖에 없습니다.

세번째로 하나님께서는 병충해를 주셨습니다. "'내가 풍재와 깜부기 재앙으로 너희를 쳤으며 팟종이로 너희의 많은 동산과 포도원과 무화과나무와 감람나무를 다 먹게 하였으나 너희가 내게로 돌아오지 아니하였느니라.' 이는 여호와의 말씀이니라"(4:9). 하나님께서는 병충해를 보내서 양식을 전부 먹어 버리게 하셨습니다. 중요한 식물은 다 사라져 버렸습니다. 팟종이는 메뚜기의 일종으로서 아주 무서운 해충입니다. 팟종이가 오면 남아나는 것이 하나도 없습니다. 그런데도 그들은 왜 이런 일이 일어나는지 생각하지 않았고, 따라서 진정한 신앙으로 돌아오지 못했습니다.

말씀이 없으니까 그들은 수많은 재앙들을 당하면서도 깨닫지 못했습니다. 말씀을 듣는 것은 이 수많은 재앙을 당하지 않고서도 살아날 수 있는 길입니다. 말씀을 듣는 것은 절대 시간낭비가 아닙니다. 하나님을 의지하지 않으면 단 한 순간도 살지 못하도록 하나님께서 계속 말씀을 들려주시는 것이야말로 복 중에 가장 큰 복입니다.

우리에게 주어진 것들은 전부 소중한 것들입니다. 가족도 소중하고 건강도 소중하고 집도 소중합니다. 그러나 그것들은 전부 하나님이 주시는 선물입니다. 그 선물을 구원과 바꾸려 들면 안 됩니다. 우리는 구원에 만족해 버릴 때 이런 풍성한 것들을 다 잃는 것은 아닐까 두려워합니다. 그러나 천만의 말씀입니다. 하나님께서는 자기 백성의 것을 철저하게 챙겨 주십니다. 그런데 이 모든 것을 선물로 받으려 하지 않고 자기 힘으로 차지하려 드니까 금송아지 신앙으로 달려가게 되는 것입니다.

하나님께서는 이들을 깨닫게 하시려고 온갖 어려움을 주셨습니다. 그래도 깨닫지 못하니까 마지막 방법으로 실컷 축복해 주심으로써 하나님의 사랑을 깨닫게 하고자 하셨습니다. 그런데 그들은 자기들이 잘해서 축복해 주시는 줄 알고 그 축복에 안주해 버렸습니다.

그동안 하나님께서는 여러 가지 방법으로 그들을 심판하셨습니다. 염병을 일으키시고 전쟁으로 죽이셨습니다. 소돔과 고모라에 일어난 것과 같은 지진도 일으키셨습니다. 그들은 "불붙는 가운데서 빼낸 나뭇조각같이" 되었습니다. 얼마 남지도 않았을 뿐 아니라 그나마 남은 사람들도 시커멓게 그을려 버렸습니다. 그런데도 그들은 바른 신앙으로 돌아오지 않았습니다. 그래서 마지막으로 잘 살게 해 주었더니, 마치 바산의 암소들처럼 온갖 사치와 허영을 다 누리면서 가난한 자들을 박해했습니다. 이들이 이토록 많은 어려움을 겪으면서도 깨닫지 못한 것은 그 중심에 하나님을 사랑하는 마음이 없었기 때문입니다.

결국 아모스 선지자는 무엇이라고 말하고 있습니까? "그러므로 이스라엘아, 내가 이와 같이 네게 행하리라. 내가 이것을 네게 행하리니 이스라엘아, 네 하나님 만나기를 예비하라"(4:12). 이제 이스라엘에게 남은 것은 하나님을 만나는 것뿐입니다. 여기에서 하나님을 만난다는 것은 은혜로우신 하나님을 만나는 것이 아니라 진노하시는 하나님을 만나는 것입니다. 하나님을 만나면 그들은 이제 끝입니다.

이스라엘의 모습은 오늘 우리나라의 모습과 아주 비슷합니다. 우리도 어려움이란 어려움은 다 당했습니다. 전쟁도 겪었고 IMF도 겪었습니다. 해마다 홍수도 겪었고 가뭄도 겪었습니다. 그런데도 무엇이 잘못되었는지 모르고 있습니다. 심지어 하나님께서 자기를 치신다는 것을 알면서도 끝까지 가 보겠다는 사람들도 있습니다. 얼마나 어리석은 짓입니까?

하나님께서는 우리에게 완전할 것을 요구하시지 않습니다. 하나님께서 원하시는 것은 정직한 마음입니다. 누룩 없는 떡, 볼품 없이 쭈그러든 떡의 모습으로 나아오라는 것입니다. 실패했으면 실패한 모습 그대로, 열 번 넘어졌으면 열 번 넘어진 모습 그대로 나아오라는 것입니다. 그러면 어떻게 하십니까? 우리를 놀랍게 치료해 주시고 그 영광으로 충만히 채워 주십니다.

하나님은 어떤 분이십니까? 산들을 지으시며 바람을 창조하신 분이십니다. 아침을 어둡게 하시며 땅의 높은 데를 밟으시는 만군의 하나님이십니다. 그 하나님을 내 편으로 모시십시오. 다른 것은 다 잃어도 하나님만 내 편으로 모시면 넉넉히 승리할 수 있습니다.

7

이스라엘이 사는 길

이스라엘의 미래

이스라엘이 사는 길

이스라엘의 구체적인 잘못

하나님은 어떤 분이신가?

5:1 이스라엘 족속아, 내가 너희에게 대하여 애가로 지은 이 말을 들으라.

2 처녀 이스라엘이 엎드러졌음이여, 다시 일어나지 못하리로다.
자기 땅에 던지움이여, 일으킬 자 없으리로다.

3 주 여호와께서 가라사대 "이스라엘 중에서 1,000명이 나가던 성읍에는
100명만 남고 100명이 나가던 성읍에는 10명만 남으리라" 하셨느니라.

4 여호와께서 이스라엘 족속에게 이르시기를 "너희는 나를 찾으라.
그리하면 살리라.

5 벧엘을 찾지 말며 길갈로 들어가지 말며 브엘세바로도 나아가지 말라.
길갈은 정녕 사로잡히겠고 벧엘은 허무하게 될 것임이라" 하셨나니

6 너희는 여호와를 찾으라. 그리하면 살리라. 염려컨대 저가 불같이 요셉의
집에 내리사 멸하시리니 벧엘에서 그 불들을 끌 자가 없을까 하노라.

7 공법을 인진으로 변하며 정의를 땅에 던지는 자들아,

8 묘성과 삼성을 만드시며 사망의 그늘로 아침이 되게 하시며 백주로
어두운 밤이 되게 하시며 바닷물을 불러 지면에 쏟으시는 자를 찾으라.
그 이름이 여호와시니라.

9 저가 강한 자에게 홀연히 패망이 임하게 하신즉 그 패망이 산성에
미치느니라.

10 무리가 성문에서 책망하는 자를 미워하며 정직히 말하는 자를
싫어하는도다.

11 너희가 가난한 자를 밟고 저에게서 밀의 부당한 세를 취하였은즉 너희가
비록 다듬은 돌로 집을 건축하였으나 거기 거하지 못할 것이요 아름다운
포도원을 심었으나 그 포도주를 마시지 못하리라.

12 너희의 허물이 많고 죄악이 중함을 내가 아노라. 너희는 의인을 학대하며
뇌물을 받고 성문에서 궁핍한 자를 억울하게 하는 자로다.

13 그러므로 이런 때에 지혜자가 잠잠하나니 이는 악한 때임이니라.

14 너희는 살기 위하여 선을 구하고 악을 구하지 말지어다.
만군의 하나님 여호와께서 너희의 말과 같이 너희와 함께하시리라.

15 너희는 악을 미워하고 선을 사랑하며 성문에서 공의를 세울지어다. 만군의
하나님 여호와께서 혹시 요셉의 남은 자를 긍휼히 여기시리라.

만약 거울로 몇 년 후의 자기 모습을 볼 수 있다면, 우리의 삶은 완전히 달라질 것입니다. 지금 고생을 많이 하고 있는 사람이 몇 년 후 큰 영광을 누리며 풍족하고 아름답게 살고 있는 자기 모습을 보게 된다면, 당장 어떤 어려움이나 시련이 닥쳐도 잘 견딜 수 있을 것입니다. 지금 건강하고 풍족하게 살고 있는 사람이 몇 년 후 깡패한테 실컷 맞은 후에 칼에 찔려 죽는 자기 모습을 보게 된다면, 그런 일이 일어나지 않도록 미리 자기 삶을 바꿀 것입니다. 또 지금 아주 건강하게 살고 있는 사람이 몇 년 후 무서운 병에 걸려 중환자실에서 죽어 가고 있는 자기 모습을 보게 된다면, 술과 담배를 즉시 끊고 규칙적으로 운동하며 체중을 줄이기 위해 노력할 것입니다. 큰 병원 중환자실에 가 보면, 원래 모습을 알아볼 수 없을 정도로 부어 있거나 수척한 모습으로 누워 있는 환자들을 볼 수 있습니다. 그들도 자신들의 이런 모습을 미리 볼 수만 있었다면 진작에 삶을 바꾸었을 것입니다. 그러나 사람은 미래의 모습을 볼 능력이 없기 때문에 자신의 삶을 바꿀 생각을 하지 않습니다.

하나님의 말씀은 몇 년 후 나의 모습을 보여 주는 살아 있는 거울입니다. 지금 아무리 어려움을 겪고 있고 도저히 빠져 나올 수 없는 곤경에 처해 있다 하더라도 하나님의 말씀대로 사는 사람은 반드시 풍성한 삶을 살게 될 것입니다. 왜냐하면 성경이 그렇게 약속하고 있기 때문입니다. 반면에 지금 돈을 많이 벌고 있고 아주 재미있게 살고 있다 하더라도 말씀대로 살지 않는 사람은 반드시 비참해질 것입니다. 왜냐하면 성경이 그렇게 말씀하고 있기 때문입니다. 성경은 우리 인간의 행동 하나하나가 우연에서 나온 것이 아니라 각자의 삶의 원리에서 나온 것이라는 사실을 알려 줍니다. 그리고 계속 그렇게 살아갈 때 결국 어떤 결말을 맞게 되는지 분명하게 보여 줍니다.

아모스가 설교하던 당시 이스라엘 사회의 모습은 마치 한창 때의 처녀 같았습니다. 한창 때의 처녀는 그렇게 아름다울 수가 없습니다. 총각들마다 그 처녀의 마음을 얻기 위해 애를 태우고, 사람들마다 그 아름다운 처녀가 과연 어떤 신랑을 택할 것인가를 놓고 수군거립니다. 그런데 그렇게 아름답던 처녀가 어느 날 갑자기 병이 들어 자리에 눕더니 끝내 회복되지 못한 채 죽고 만다면 얼마나 안타깝고 비통하겠습니까? 지금 아모스는 이스라엘이 그런 처녀처럼 갑자기 쓰러져 망할 것이라고 예언하고 있습니다. 아모스가 설교하던 당시 이스라엘은 한창 잘나가던 나라였습니다. 이스라엘은 흥왕하는 것 같았고, 주위 모든 나라가 그들을 부러워했습니다. 그러나 그들은 어느 날 갑자기 앗수르의 공격을 받아 완전히 망해 버릴 것입니다.

이스라엘 백성들은 아모스의 이 예언을 들으려 하지 않았습니다. 본래 사람들은 징계와 경고의 말씀을 좋아하지 않습니다. 그래서 아모스는 이것을 노래로 만들었습니다. "예쁜 처녀가 있었다네. 어느 날 갑자기 쓰러져 버렸다네. 끝내 일어나지 못하고 죽고 말았다네" 하면서 동요로 만들어 어린아이들에게 가르쳐 주었습니다. 그러자 온 동네 아이들이 이 죽은 처녀 노래를 부르며 돌아다녔습니다. 무심코 지나가다가 이 노래를 들은 어른들은 정신이 번쩍 들었을 것입니다. 이 노래는 바로 이스라엘의 멸망을 슬퍼하는 노래였기 때문입니다.

이스라엘이 왜 망하게 되었습니까? 한창 피어나는 처녀처럼 흥왕하던 그들이 왜 갑자기 망하게 되었습니까? 신앙이 없었기 때문입니까? 그렇지 않습니다. 그들에게는 신앙이 있었습니다. 그러나 그들은 하나님을 만나지 못했습니다. 종교의식을 행하는 자리까지는 나아갔지만 진정으로 하나님을 만나지는 못했습니다.

우리는 교회 오는 것과 하나님 만나는 것을 같은 일로 생각합니다. 그러나 아모스는 그렇지 않다고 말합니다. 진정으로 하나님을 만난 사람은 반드시 변하게 되어 있습니다. 아무리 예배를 드려도 생각이 변하지 않고 생활이 변하지 않는 사람은 아직 제대로 하나님을 만나지 못한 것입니다. 하나님을 만나지 못한 채 신앙생활 하는 사람이 더 간절할 수 있고 더 열심을 낼 수 있습니다. 그러나 그 간절함과 열심으로는 죄를 이길 수 없습니다.

오늘날도 거듭나지 않고 예수 믿을 수 있고 신앙생활 할 수 있습니다. 오히려 그런 사람일수록 얼마나 애를 쓰고 노력을 많이 하는지 모릅니다. 그러나 그 속에는 진정한 만족과 기쁨이 없습니다. 그리고 더 결정적으로, 죄를 이길 수 있는 힘이 없습니다. 그래서 한창 잘나가는 것처럼 보이다가 어느 한 순간 푹 쓰러져 버립니다. 그렇게 열심히 신앙생활 하던 사람이 군대 가더니 교회에 전혀 나오지 않습니다. 결혼하더니 발길을 뚝 끊습니다. 입사해서 술 한 잔 하더니 다시 나타나지 않습니다. 왜 그렇습니까? 하나님을 만나지 못한 채 자기 힘으로 믿어 왔기 때문입니다. 그런 사람들이 한번 무너지기 시작하면 걷잡을 수 없이 무너져 내립니다.

오늘 아모스는 교회까지만 오지 말고 하나님을 만나는 자리까지 나아오라고 말합니다. 그것만이 이스라엘이 살 수 있는 유일한 길이라고 말합니다.

이스라엘의 미래

앞서 말했듯이 이스라엘 백성들이 정상적인 방법으로는 설교를 들으려 하지 않았기 때문에, 아모스는 애가를 지어 말씀을 퍼뜨렸습니다. "이스라엘 족속아, 내가 너희에게 대하여 애가로 지은 이 말을 들으라"(5:1).

하나님의 말씀을 듣는 데 가장 큰 걸림돌이 되는 것은 자존심입니다. 사람들 속에는 진리를 듣고 싶어하는 욕구가 있습니다. 그런데 사회적인 체면이나 자존심 때문에 마음 문을 활짝 열지 못할 때가 많이 있습니다. 니고데모는 예수님의 말씀이 듣고 싶었지만 율법사라는 사회적인 신분 때문에 낮에 예수님을 찾아가지 못하고 밤에 찾아갔습니다. 어떤 사람은 설교는 듣고 싶은데 교회 건물이 초라한 것이 마음에 걸려 못 들어갑니다. 그 초라한 건물에 들어가 앉아 있다가 부하 직원들이라도 보게 되면 얼마나 창피하겠습니까? 때로는 설교자가 너무 젊다는 이유로, 목소리가 듣기 싫다는 이유로, 생김새가 마음에 안 든다는 이유로 설교 듣기를 거부하기도 합니다. 이처럼 사람들은 작은 핑계거리라도 있으면 그것을 앞세워 말씀을 듣지 않으려 합니다.

그러나 하나님의 말씀에는 그런 장벽들을 뚫고 들어가는 힘이 있습니다. 예를 들어 체면 때문에 교회에 못 나가던 사람이 화장실에 놓인 주보의 요약설교를 읽고 회개하는 식의 일들이 일어납니다. 조지 휫필드는 공식적인 예배당에서 설교하지 못하도록 금지당하자 탄광촌을 찾아가 설교했습니다. 광부들은 아무도 찾아오지 않는 곳에 찾아온 하나님의 말씀 앞에 검은 눈물을 흘렸습니다. 얼어붙었던 그들의 가슴에 하나님의 봄이 찾아왔습니다.

최근에 우리나라는 50년 만에 부모와 자식이 다시 만나고 형제가 다시 만나서 서로의 이름을 부르는 외침과 눈물로 가득 찼습니다. 거기에는 이념이나 정치적 계산이 끼어들 자리가 없었습니다. 혈육끼리 부둥켜 안고 우는 모습을 신문으로 본 사람도 울고, 텔레비전으로 본 사람도 울었습니다. 이산가족이 있는 사람도 울고, 없는 사람도 울었습니다. 하나님과 만난다는 것이 바로 이런 것입니다. 예배가 바로 이런 것입니다.

이스라엘 사람들은 벧엘과 길갈에 화려한 성소를 만들어 놓고, 스스로 신앙생활 잘 하고 있는 것처럼 생각했습니다. 그들은 남쪽 드고아에서 온 목자 출신 설교자의 말을 들으려 하지 않았습니다. 그러자 아모스는 아이들에게 노래를 가르쳤고, 그 노래는 온 이스라엘로 퍼져 나갔습니다. 그들은 아모스의 설교를 듣지 않으려고 귀를 틀어막았지만 아무 소용이 없었습니다. 말씀은 사탄이 백성들의 마음속에 쌓은 담을 뚫고 들어갔습니다. 아이들한테 "어디 노래 한 곡 해 봐라" 하면 전부 아모스의 애가를 불렀습니다. 아이들의 입을 틀어막을래야 틀어막을 수가 없었습니다. 이스라엘 백성들이 망한 것은 말씀을 듣지 못했기 때문이 아닙니다. 귀에 들린 말씀을 업신여겼기 때문입니다.

아모스의 노래 가사는 어떤 것이었습니까? "처녀 이스라엘이 엎드러졌음이여, 다시 일어나지 못하리로다. 자기 땅에 던지움이여, 일으킬 자 없으리로다"(5:2). 한창 때의 처녀가 얼마나 아름답습니까? 그런데 그 처녀가 어느 날 갑자기 쓰러지더니 다시 일어나지 못한 채 죽어 버렸다는 것입니다. 그래서 그 시체를 버리듯이 묻어 버렸다는 것입니다.

이것이 무슨 뜻입니까? 이스라엘은 그 당시 한창 개발되고 있는 중이었고 번영하고 있는 중이었습니다. 백성들마다 미래의 희망찬 계획을 세우느라 정신이 없었습니다.

"난 사업을 해서 이만큼 돈을 벌었는데 내년에는 몇 퍼센트 더 신장시킬 거야."

"난 새로운 사업에 투자해야지."

"난 우리 집을 몇 층 더 올릴 생각이야."

그런데 그런 그들 앞에 아모스가 하는 말이 무엇입니까? 이제 끝이라는 것입니다. 지금 그들이 보기에는 한창 잘나가고 있는 것 같지만 어느 날 갑자기 쓰러져서 망해 버린다는 것입니다.

3절을 보십시오. "주 여호와께서 가라사대 '이스라엘 중에서 1,000명이 나가던 성읍에는 100명만 남고 100명이 나가던 성읍에는 10명만 남으리라' 하셨느니라." 처녀 이스라엘이 쓰러진다는 것은 그들의 인구가 10분의 1로 줄어든다는 뜻입니다. 그들은 10분의 9가 죽임을 당하고 10퍼센트만 살아남을 것입니다. 인구의 90퍼센트가 죽는다는 것은 전멸을 의미합니다. 나머지 10퍼센트는 그 전쟁이 얼마나 참혹했으며 그들이 얼마나 비참하게 멸망했는지를 알릴 증인으로서 일부러 살려 주시는 것입니다. 그 남은 자들은 노예로 팔려 갈 것입니다. 이것은 불과 몇 년 후 이스라엘 백성들의 모습입니다. 이 말이 정말 사실이라면 그들은 결코 가만히 있어서는 안 됩니다.

하나님께서 아무리 비극적인 말씀을 하시고 책망의 말씀을 하신다 해도, 그렇게 말씀하고 계신 동안에는 아직 희망이 있습니다. 즉 그 말씀이 들리고 있는 동안 진정으로 회개하면 구원받을 수 있습니다. 하나님은 회개하는 자에게 무한히 자비로운 분이십니다. "넌 이제 회개하지 마. 넌 끝났어"라고 말씀하셔도, 그 앞에 목숨 걸고 울며 회개하면 또 한 번 자비를 베풀어 주십니다. 그런데 망할 자들은 어떻게 반응합니까? "어차피 망한다는데 죄나 실컷 더 짓자. 그래서 화끈하게 망해 버리자"고 합니다.

이스라엘이 사는 길

하나님께서는 이스라엘 백성들에게 살 수 있는 가능성이 전혀 없는 것은 아니라고 말씀하셨습니다. 그들에게는 아직 살 길이 있었습니다. 그것이 무엇입니까? 하나님을 찾는 것입니다. "여호와께서 이스라엘 족속에게 이르시기를 '너희는 나를 찾으라. 그리하면 살리라'"(5:4).

이스라엘 백성들은 이 말씀 앞에 고개를 갸우뚱했습니다. "참 이상하다! 지금도 우리는 열심히 하나님을 찾고 있는데 이게 대체 무슨 말씀이지?" 그래서 하나님께서는 하나님을 찾는다는 것이 과연 어떤 것인지 연이어 말씀해 주십니다. "'벧엘을 찾지 말며 길갈로 들어가지 말며 브엘세바로도 나아가지 말라. 길갈은 정녕 사로잡히겠고 벧엘은 허무하게 될 것임이라' 하셨나니"(5:5).

이스라엘 백성들은 벧엘과 길갈로 가서 금송아지에게 예배드리는 것이 곧 하나님을 찾는 것이라고 생각했습니다. 특히 신앙이 돈독한 사람은 유다 땅인 브엘세바까지 가서 예배를 드렸습니다. 그러나 아모스 선지자가 말하는 바가 무엇입니까? 그렇게 하는 것은 하나님을 찾는 것이 아니라는 사실입니다. 하나님을 찾는다는 것은 하나님 앞에서 변화되는 것입니다. 말씀이 나의 삶을 바꾸고 나의 생각을 바꾸고 나의 생활방식을 바꾸는 것입니다. 이런 변화가 없는 예배는 기복적인 예배이고 우상 숭배적인 예배입니다. 그것은 죽은 예배입니다.

마음 문을 굳게 닫은 채 예배드리는 것은 하나님을 찾는 것이 아니라 하나님을 우상 취급하는 것입니다. 하나님을 찾는 예배는 하나님의 거룩하심과 자비하심이 나의 마음을 변화시키는 예배입니다. 하나님을 찾는다는 것은 하나님을 참으로 만나기 위해, 하나님의 뜻에 더욱더 일치되기 위해 마음 문을 열어 놓고 움켜쥐고 있던 것을 버리며 무엇을 요구하시든지 순종하는 삶으로 바꾸는 것입니다. "하나님, 저를 바꾸어 주십시오. 제 생각을 하나님의 생각대로 바꾸어 주십시오. 제가 열심히 하고 있는 일 중에 하나님께서 기뻐하시지 않는 것이 있다면 포기하게 해 주십시오. 제가 열심히 만나고 있는 사람 중에 하나님께서 기뻐하시지 않는 사람이 있다면 포기하게 해 주십시오."

왜 우리가 하나님 앞에 마음 문을 열지 못합니까? 하나님이 나보다 더 지혜롭다는 것을 인정하지 못하기 때문입니다. 하나님이 나보다 더 능력 있다, 내가 생각하는 길 말고 다른 길이 있을 수 있다는 것을 인정하지 못하기 때문에 예배는 드리면서도 마음 문은 닫고 있는 것입니다.

오늘날 많은 그리스도인들의 문제는 교회까지는 나오는데 하나님 앞까지는 나아가지 않는다는 데 있습니다. 마치 서울에 간다고 하면서 정작 톨게이트 앞에서 뒤돌아서는 것과 같습니다. 하나님 앞에서 마음 문을 열지 않습니다. 내 생각이나 계획을 전혀 바꾸려 들질 않아요. 오히려 변화되지 않으려고 안간힘을 쓰면서, 영혼에 아무 도움을 주지 못하는 말쟁이들, 귀만 즐겁게 해 주는 말쟁이들을 찾아갑니다. 그것이 바로 바로 벧엘로 가는 것이고 길갈로 가는 것입니다. 하나님께서는 우리가 적극적으로 하나님을 닮아 가기 원하십니다. 나에게 바라시는 사랑과 정의가 실천되기를 원하십니다. 하나님 앞에서 기꺼이 변화되고자 하며 그가 무엇을 원하시든지 따라갈 준비가 되어 있는 사람은 다시 살 길을 찾을 수 있습니다.

하나님께서는 요셉의 집에 불로 임하겠다고 말씀하십니다. "너희는 여호와를 찾으라. 그리하면 살리라. 염려컨대 저가 불같이 요셉의 집에 내리사 멸하시리니 벧엘에서 그 불들을 끌 자가 없을까 하노라"(5:6). 그들 앞에는 엄청난 유황불이 놓여 있습니다. 그러나 벧엘의 예배로는 그 유황불을 끌 수가 없습니다.

사람들은 자기 생활방식을 그대로 유지하면서 종교만 하나 더 추가하려 합니다. 직장생활도 있고 여가생활도 있고 공부도 있는데, 신앙만 하나 더 얹어 놓으려 하는 것입니다. 그러니까 다른 일이 바쁘면 신앙은 얼마든지 포기할 수 있습니다. 그러나 하나님께서는 우리 삶의 한 요소에 국한되기를 원치 않으십니다. 하나님은 많은 생활방편 중에 하나가 아닙니다. 직장도 가고 친구도 만나고 여가도 즐기고, 그 사이에 예배도 드리는 것이 아니에요. 하나님은 나의 모든 것이 되어야 합니다. 일도 주 안에서 해야 하고, 친구도 주 안에서 만나야 하고, 여가 선용도 주 안에서 해야 합니다.

하나님을 진정으로 만나는 예배에는 속에 뭉쳐 있던 응어리들이 풀려 버리는 감격이 있습니다. 세상에 살면서 사람들에게 받은 상처들, 내 기질로 인한 상처들, 해결되지 않을 것 같은 문제들이 다 풀려 버리는 감격이 있습니다. 내 생각이 변합니다. 내 감정이 변합니다. 내 생활방식이 변합니다. 한번 이런 경험을 한 사람은 하나님 만나기를 더욱더 간절히 사모하게 됩니다. 하나님과 나 사이에 다른 것이 끼어드는 것을 원치 않게 됩니다.

성경은 이것을 '의에 주리고 목마른 것'으로 표현합니다. 여기에서 '의'란 하나님이 원하시는 바른 삶을 의미합니다. 하나님을 만나기 전까지는 나의 삶에 그렇게 큰 문제가 있다고 생각하지 않았습니다. 물론 완벽하다고야 말할 수 없지만 그래도 무난하게 살고 있는 것 같았습니다. 그런데 하나님의 뜻을 깨닫고 나니 문제가 보이기 시작합니다. 남의 물건을 그냥 가져온 일도 눈에 보이고, 거짓말해서 수입을 올린 일도 눈에 보이고, 지금 하고 있는 사업의 근본정신이 잘못된 것도 눈에 보입니다. 그리고 그것들을 바로잡지 않으면 도저히 견딜 수가 없을 것 같은 마음이 듭니다. 이것이 하나님의 의에 주리고 목마른 것입니다. 이처럼 의에 주리고 목마른 자는 하나님의 은혜로 채움받게 되어 있습니다.

이스라엘의 구체적인 잘못

하나님을 찾는 사람은 자신의 삶을 하나님의 뜻에 온전히 일치시키기 위해 헌신하는 삶을 삽니다. 여기에서 헌신한다는 것은 하나님을 기쁘시게 하지 않는 것들을 모조리 버리는 것을 의미합니다. 그러나 이스라엘 백성들의 삶은 어떠했습니까?

7절을 보십시오. "공법을 인진으로 변하며 정의를 땅에 던지는 자들아." "인진"은 독초를 가리킵니다. 옻나무처럼 한번 닿으면 온몸에 부스럼이 생기는 아주 고통스러운 풀입니다. 따라서 공법을 인진으로 변하게 했다는 것은 법으로 사람을 아주 괴롭고 귀찮게 했다는 뜻입니다. 공법은 원래 사람을 편하게 하려고 만든 것입니다. 누구든지 법을 통하기만 하면 편리하게 도움을 받을 수 있게 하려는 것이 공법의 원래 의도입니다. 그런데 이스라엘 사람들은 그 법을 까다롭고 골치아프게 만들어서, 법에 호소하면 오히려 오라 가라 불러 대고 심문하고 따지고 위협하고 협박하는 통에 지레 지쳐서 자기 권리를 되찾지 못하게 했습니다.

지독한 사람들의 특징은 남의 약점을 집요하게 공격해서 질리게 만드는 것입니다. 이스라엘에서는 억울한 일을 당해도 입 꾹 다물고 참아야지, 한마디라도 법에 호소를 했다가는 집요하게 약점을 들추어 내고 공격하는 바람에 오히려 큰 상처를 받고 권리를 포기해야 했습니다. 이것이 스스로 하나님을 잘 믿는다고 생각했던 이스라엘의 실상이었습니다. 그들은 "정의를 땅에 던지는 자들"이었습니다. 정의롭게 살려고 하는 사람, 신앙양심에 따라 살려고 하는 사람들을 달달달 볶아서 결국은 정의를 내던지도록, 신앙양심을 포기하도록 만드는 것이 그 사회의 특징이었습니다.

오늘날 사람들이 가장 오해하고 있는 것 중에 하나가 바로 복음이 무엇인가 하는 문제입니다. 사람들은 '복음은 죄에서 해방되는 것이니까 일단 해방되고 나면 아무것에도 매이지 않고 멋대로 살아도 된다'고 생각합니다. 다시 말해서 하나님께서 자유를 주셨으니 어느 누구도 나에게 이래라저래라 할 수 없다는 것입니다. 그러나 그것은 가짜 복음입니다. "언제든지 예수만 믿으면 천국 가는데 벌써부터 믿을 거 뭐 있냐? 십자가에 달린 강도 좀 봐. 죽기 직전에 회개해서 얼마나 영광을 돌려드렸어? 그러니까 지금은 내 마음대로 살다가 죽기 5분 전에만 회개하면 돼"라고 말하는 것은 가짜 복음입니다.

그렇다면 진짜 복음은 무엇입니까? 자진해서 말씀에 전적으로 매이는 것입니다. 진짜 복음을 아는 사람은 하나님께서 주신 자유가 너무 귀한 나머지, 하나도 마음대로 쓰지 못하고 하나님께 반납해 버립니다. 이처럼 하나님께서 주신 자유를 반납해서 오직 그분의 뜻대로만 쓰는 것이 진정한 복음입니다. 물론 하나님께서는 내가 지은 죄를 다 용서해 주셨습니다. 그러나 과거에 하나님의 마음에 상처를 드린 것이 너무나 가슴 아파서 또 죄짓는 것이 두렵습니다. "죽기 5분 전 회개"라는 말이 감히 어디서 나옵니까? 하루라도 빨리 하나님의 뜻대로 살고 싶고, 하나님의 뜻대로 사용되고 싶습니다. 이것이 복음입니다.

이스라엘 백성들이 생각한 것이 무엇입니까? 하나님은 자기들만 축복해 주셔야 한다는 것입니다. 자기들만 잘되게 해 주셔야 한다는 것입니다. 자기들은 하나님의 백성이니까 만사가 잘되고 형통한 것이 당연하다는 거예요. 그러면서 그들은 하나님의 말씀대로 사는 대신 자기중심적으로 살았고, 하나님의 공법을 불편한 것으로 만들어 신앙양심에 따라 살려고 하는 사람들을 괴롭혔습니다. 이것이 이스라엘을 망하게 만든 가짜 신앙이었습니다.

그들은 구체적으로 어떤 짓을 했습니까? "너희가 가난한 자를 밟고 저에게서 밀의 부당한 세를 취하였은즉 너희가 비록 다듬은 돌로 집을 건축하였으나 거기 거하지 못할 것이요 아름다운 포도원을 심었으나 그 포도주를 마시지 못하리라. 너희의 허물이 많고 죄악이 중함을 내가 아노라. 너희는 의인을 학대하며 뇌물을 받고 성문에서 궁핍한 자를 억울하게 하는 자로다"(5:11-12).

이스라엘의 불의는 "밀의 부당한 세", 즉 이자로부터 시작되었습니다. 물론 밀을 빌려 주고 적절한 이자를 받을 수도 있습니다. 그런데 문제는 그 이자가 지나치게 높다는 데 있었습니다. 그들은 가만히 앉아 남의 어려움을 이용하여 부자가 되려고 했습니다. 이자 갚지 못하기를 기다리고 있다가 기한이 지나는 즉시 땅을 빼앗아 버렸습니다. 그리고 땅 주인이 노예로 팔려 갔다가 돌아와도 재판장을 매수해서 땅을 되찾지 못하게 만들었습니다.

여기에서 "의인"은 가난한 자들을 가리키는 말입니다. 또 "성문에서 궁핍한 자를 억울하게 하는 자로다"라는 것은 모든 재판이 성문에서 이루어졌던 당시의 관례에서 나온 표현입니다. 부자들이 부당한 재판을 통해 땅을 차지해 버리는 바람에, 가난한 자들은 자기 땅을 빼앗긴 채 계속 노예로 살아가야만 했습니다.

이스라엘 백성들이 가나안 땅에서 살 수 있는 근거는 그들이 얼마나 하나님의 말씀에 충실하게 사느냐 하는 데 있었습니다. 율법은 이스라엘 사회의 헌법과 같았습니다. 그 율법을 지키지 않으면 이 땅에서 살 권리 자체를 잃게 된다는 사실을 그들은 몰랐습니다. 이스라엘은 하나님의 언약 위에 세워진 나라였습니다. 그 언약이 깨졌을 때, 하나님께서는 이스라엘 사회를 멸망시키겠다고 말씀하셨습니다.

이스라엘 백성들에게는 율법이 가나안 땅에서 살 수 있는 근거였던 것처럼, 오늘 우리에게도 이 세상에서 풍성하게 살 수 있는 근거가 있습니다. 그것은 우리 마음속에 있는 성령의 감격과 기쁨입니다. 그것을 잃어버리면 이 세상에서 살 권리를 잃을 수밖에 없습니다. 그러므로 어떤 일을 해도 이 기쁨을 잃어버릴 정도로 몰두해서 하면 안 됩니다. 어떤 사람과 다툴 일이 있더라도 이 감격을 잃어버릴 정도로 심하게 다투면 안 됩니다. 우리 마음속에 기쁨이 있고 감사가 있고 감격이 있고 눈물이 있는 것은, 이 세상에서 어떤 시험을 당한다 해도 능히 승리할 수 있다는 것을 보증하는 성령의 표지입니다. 그것을 잃는 것은 곧 모든 것을 잃는 것입니다.

그래서 예수님께서는 누가 오른뺨을 때리면 왼뺨도 돌려 대라고 말씀하셨습니다. 그것은 늘 맞으면서 돌아다니라는 말이 아닙니다. 자기를 방어해야 할 때는 방어해야 하지만, 그러다가 성령의 기쁨을 잃어버릴 것 같으면 차라리 손해 보는 편을 택하라는 것입니다. 끝까지 싸워서 이기도록 부추기는 것은 마귀의 술책입니다. 누가 속옷을 달라고 할 때 겉옷까지 주라는 것도 같은 뜻입니다. 사소한 부분에 손해 보지 않으려고 지나치게 철저히 굴다가, 그보다 훨씬 더 중요한 성령의 기쁨을 잃는 어리석은 짓을 하지 말라는 것입니다.

우리에게도 율법이 있습니다. 그런데 우리의 율법은 돌에 새겨져 있지 않고 마음에 새겨져 있습니다. 우리는 매 순간 우리 마음속에서 말씀하시는 성령의 소리를 듣습니다. "저 사람을 도와주자", "저 사람에게 양보하자", "깨끗한 생활을 하자." 물론 우리는 전적으로 그 소리에 따라 살지 못합니다. 만약 전적으로 그 소리에 따라 살 수 있었다면, 벌써 날개 달고 천국에 올라갔을 것입니다. 우리는 100퍼센트 다 순종하지 못합니다. 그러나 그 소리의 10분의 1, 100분의 1만 따라 해도 놀라운 일이 일어납니다.

우리의 율법은 교회에서 정한 규칙이 아닙니다. 주일을 지킨다든지 예배 시간을 지킨다든지 정해진 헌금을 바치는 것은 신앙 훈련을 위해서 최소한으로 약속한 사항으로서, 그것들을 잘 지킨다고 해서 곧 신앙이 좋다고 말할 수 없습니다. 우리의 율법은 성령이 우리 속에 주시는 좋은 생각이며 선한 충동입니다. 그 중에 일부라도 순종할 때 마음에 감격이 오고 뜨거움이 생깁니다.

교회에서 열심히 봉사하고 있는데 마음에 기쁨이 없습니까? 나는 이렇게 열심히 일하고 있는데 나 몰라라 하는 사람들이 밉습니까? 그렇다면 성령을 거스려 자기 의로 봉사하고 있을 가능성이 큽니다. 마음에 새겨진 율법을 따르는 일에는 뜨거움의 요소가 있습니다. 누구를 사랑해도 뜨겁게 사랑합니다. 남의 처지가 내 처지처럼 여겨집니다. 그 뜨거움과 기쁨이 없으면 성령의 인도하심을 받는 것이 아닙니다. 냉소적인 신앙인은 예수를 믿어도 우상숭배 하듯 믿습니다. 그의 마음은 돌같이 딱딱합니다.

감격이 없고 기쁨이 없는 그리스도인은 표류하고 있는 배와 같습니다. 배의 엔진이 꺼져서 바다 위를 표류하고 있다면, 지금 당장은 아무 일이 없다 해도 조만간에 반드시 비극을 맞게 되어 있습니다. 왜냐하면 비상사태가 생길 때 대처할 길이 전혀 없기 때문입니다. 파도에 휩쓸리거나 암초에 부딪치면 대책이 없어요. 지금 당장은 괜찮습니다. 아직까지는 죽지 않았습니다. 그러나 얼마 가지 않아 끔찍한 사태가 닥칠 것이 분명합니다.

신앙생활 잘 하고 있는데 아무런 기쁨도 없고 감격도 없다면, 오히려 마음이 분노로 가득 차 있다면, 지금은 괜찮아 보인다 해도 얼마 가지 않아 큰 어려움에 빠지게 되어 있습니다. 거기에서 벗어나려면 하나님께로 돌아가야 합니다. 예배만 드리고 갈 것이 아니라 하나님을 만나는 자리까지 나아가야 합니다. 나에게서 기쁨을 빼앗아 가는 것들, 눈물을 빼앗아 가는 것들, 너무 철저하게 이기려 했던 것들, 너무 철저하게 시키려 했던 것들, 하나님과 나 사이를 가로막고 있는 것들을 전부 버리고 나의 삶을 근본적으로 뜯어고쳐야 합니다.

하나님은 어떤 분이신가?

하나님은 어떤 분이십니까? "묘성과 삼성을 만드시며 사망의 그늘로 아침에 되게 하시며 백주로 어두운 밤이 되게 하시며 바닷물을 불러 지면에 쏟으시는 자를 찾으라. 그 이름이 여호와시니라"(5:8).

하나님은 묘성과 삼성을 만드신 분입니다. 묘성과 삼성이 어떤 별인지는 분명치 않습니다. 영어성경에서 묘성은 플레이아데스 성단(星團), 삼성은 오리온 자리로 번역되고 있습니다. 그러나 히브리어 뜻을 살펴보면 묘성에 해당하는 '케심'에는 따뜻하다는 뜻이 있고, 삼성에 해당하는 '키마'에는 춥다는 뜻이 있습니다. 아마도 고대인들은 더위와 추위의 변화를 이 별자리들과 연관지어 생각했던 것 같습니다. 이를테면 오리온 자리가 뚜렷하게 보이면 겨울이 오는 것으로, 플레이아데스의 일곱 별이 보이면 날씨가 따뜻해지는 것으로 생각했을지도 모르겠습니다. 그래서 칼빈은 "묘성과 삼성"을 만드신 하나님을 '더위와 추위를 만드시는 하나님'으로 해석할 수 있다고 말했습니다.

하나님은 여름과 겨울을 오게 하시는 분이며, 밤을 낮이 되게 하시고 낮을 밤이 되게 하시는 분이십니다. 무슨 뜻입니까? 이스라엘 백성들은 농사를 많이 지어서 부자가 되려고 했습니다. 그런데 이 모든 자연을 주관하시는 분이 바로 하나님이시라는 것입니다. 낮이 오지 않으면 아무리 땅이 많은들 무슨 소용이 있겠습니까? 비가 오지 않으면 아무리 열심히 밭을 간들 무슨 소용이 있으며, 여름이 오지 않으면 아무리 씨를 많이 뿌린들 무슨 소용이 있겠습니까?

그러나 이 말씀에는 이보다 더 무서운 뜻도 들어 있습니다. 즉 하나님은 한순간에 모든 것을 뒤엎을 수 있는 능력을 가지신 분이라는 것입니다. 하나님께서는 사람들이 낮이라고 좋아해도 한순간에 밤으로 만드실 수 있습니다. 밤이라고 실망해도 한순간에 낮으로 만드실 수 있습니다. 아무리 돈을 잘 벌어서 어려움을 모르는 사람이라도 한순간에 파멸시키실 수 있습니다. 아무리 높은 권력의 자리에 앉은 자라도 한순간에 인생 밑바닥으로 내리치실 수 있습니다. 다시 말해서 이것은 "너희가 남의 어려운 처지를 이용하면서까지 돈을 벌려 하는 것이 무슨 소용이 있느냐? 내가 허락하지 않으면 너희가 어떻게 돈을 벌겠으며 농사를 짓겠느냐?"는 말씀입니다.

하나님은 이스라엘 백성들을 한순간에 망하게 만드실 수 있는 분이십니다. "저가 강한 자에게 홀연히 패망이 임하게 하신즉 그 패망이 산성에 미치느니라"(5:9). "산성"은 사마리아 성을 가리킵니다. 그렇게 견고한 사마리아 성도 한순간에 패망할 것입니다.

이스라엘의 문제가 무엇입니까? 바른 말씀을 듣지 않으려 한 것입니다. "무리가 성문에서 책망하는 자를 미워하며 정직히 말하

는 자를 싫어하는도다"(5:10). 그들은 성문에서 책망하는 자, 정직
히 말하는 자, 하나님의 말씀을 가르치는 자들을 싫어했습니다.
그래서 결국 바른 말씀을 전하는 자들이 없어지게 되었습니다.
"그러므로 이런 때에 지혜자가 잠잠하나니 이는 악한 때임이니라"
(5:13). 바른 말씀을 듣지 않으면 바른 말씀을 하는 사람들이 점점
적어지고, 결국에는 아무도 바른 말을 하지 않는 상황에 이르게
됩니다. 교만한 사람은 이처럼 바른 말 해 주는 사람이 없어서 넘
어지게 되어 있습니다. 말해 주면 싫어하고 미워하고 공격하는데
누가 그런 대접을 받아 가면서 애써 바른 말을 해 주겠습니까?

이스라엘이 살 수 있는 길은 딱 한 가지뿐입니다. "너희는 살기
위하여 선을 구하고 악을 구하지 말지어다. 만군의 하나님 여호와
께서 너희의 말과 같이 너희와 함께 하시리라"(5:14). 그들은 늘
"만군의 하나님이 우리와 함께하신다"고 말했습니다. 그러나 실제
로 하나님은 그들과 함께하지 않으셨습니다. 그들의 말대로 정말
하나님께서 함께하시기를 바란다면 이제라도 악을 버리고 선을
구해야 합니다. 정말 하나님께서 자신들을 기뻐하시고 사랑하시도
록, 마음속에 있는 교만과 악독을 버리고 하나님 앞에 겸손하게
낮아져야 합니다. 이제라도 하나님이 기뻐하시지 않는 것들을 포
기해야 합니다. 전부 포기할 자신이 없으면 일부라도 포기해야 합
니다. 그러면 하나님께서 그들을 긍휼히 여기실 것입니다.

"너희는 악을 미워하고 선을 사랑하며 성문에서 공의를 세울지
어다. 만군의 하나님 여호와께서 혹시 요셉의 남은 자를 긍휼히
여기시리라"(5:15). 아모스는 "혹시" 긍휼히 여기실지 모른다고 합
니다. 우리 입장에서는 "혹시"지만 하나님의 입장에서는 "반드시"
입니다. 하나님께서는 반드시 긍휼을 베풀어 주실 것입니다.

오늘 우리에게 필요한 것은 미래의 내 모습을 볼 수 있는 거울입니다. 지금 아무리 잘나가고 있다 해도 하나님의 말씀을 멸시하는 사람은 한창 때 처녀가 갑자기 쓰러져 죽는 것처럼 쓰러질 것입니다. 그러나 지금 아무리 형편이 어렵고 힘들더라도 하나님의 말씀을 사모하며 그 말씀에서 기쁨을 얻는 사람은 반드시 회복될 것입니다. 그것도 아주 영광스럽게 회복될 것입니다.

하나님께서 말씀하고 계시는 동안에는 아직 기회가 있습니다. 이스라엘 백성들은 귀에 들리는 그 말씀을 무시했기 때문에 멸망했습니다.

사랑하는 성도 여러분, 교회까지만 오면 안 됩니다. 하나님을 만나는 자리까지 나아오십시오. 하나님이 나의 모든 것이 되게 하십시오. 하나님이 나의 기쁨이 되시고 하나님께 은혜받는 것이 나의 가장 큰 즐거움이 되게 하십시오. 그러면 하나님께서 우리의 모든 삶을 축복해 주실 것입니다.

8

거짓된 여호와의 날

미래의 희망

거짓된 여호와의 날

도움이 되지 않는 예배

하나님이 원하시는 것

5:16 그러므로 주 만군의 하나님 여호와께서 말씀하시기를 "사람이 모든
광장에서 울겠고 모든 거리에서 '오호라, 오호라' 하겠으며 농부를
불러다가 애곡하게 하며 울음꾼을 불러다가 울게 할 것이며

17 모든 포도원에서도 울리니 이는 내가 너희 가운데로 지나갈 것임이니라."
이는 여호와의 말씀이니라.

18 "화 있을진저, 여호와의 날을 사모하는 자여! 너희가 어찌하여 여호와의
날을 사모하느뇨? 그날은 어두움이요 빛이 아니라.

19 마치 사람이 사자를 피하다가 곰을 만나거나 혹 집에 들어가서 손을
벽에 대었다가 뱀에게 물림 같도다.

20 여호와의 날이 어찌 어두워서 빛이 없음이 아니며 캄캄하여 빛남이
없음이 아니냐?

21 내가 너희 절기를 미워하여 멸시하며 너희 성회들을 기뻐하지 아니하나니

22 너희가 내게 번제나 소제를 드릴지라도 내가 받지 아니할 것이요 너희
살진 희생의 화목제도 내가 돌아보지 아니하리라.

23 네 노래 소리를 내 앞에서 그칠지어다! 네 비파 소리도 내가 듣지
아니하리라.

24 오직 공법을 물같이, 정의를 하수같이 흘릴지로다!

25 이스라엘 족속아, 너희가 40년 동안 광야에서 희생과 소제물을 내게
드렸느냐?

26 너희가 너희 왕 식굿과 너희 우상 기윤 곧 너희가 너희를 위하여 만들어서
신으로 삼은 별 형상을 지고 가리라.

27 내가 너희를 다메섹 밖으로 사로잡혀 가게 하리라." 이는 만군의
하나님이라 일컫는 여호와의 말씀이니라.

5:16-27

어떤 사람이 시골에서 도회지로 나와 온갖 고생을 하면서 돈을 모았습니다. 그동안 큰일도 여러 번 있었습니다. 사기꾼에게 속아 돈을 날리기도 했고 공장에 불이 나 물건이 몽땅 타기도 했습니다. 그런데 이제는 사업이 어느 정도 안정되어 제법 밥 먹고 살 수 있는 정도가 되었습니다. 그러던 어느 날, 몸이 좋지 않아 병원에 갔더니 온몸에 암이 퍼졌다는 진단이 나왔습니다. 이제 겨우 다리 뻗고 살 만한데 암에 걸린 것입니다. 이런 경우를 놓고 흔히 뭐라고들 합니까? "억세게 재수 없다"고 합니다. 고생이란 고생은 다 하다가 이제 겨우 행복을 누리려는 찰나에 갑작스레 인생의 종말이 찾아왔기 때문입니다.

하나님께서는 오늘 본문에서 바로 이스라엘 백성이 그런 처지가 될 것이라고 말씀하십니다. "마치 사람이 사자를 피하다가 곰을 만나거나 혹 집에 들어가서 손을 벽에 대었다가 뱀에게 물림 같도다"(5:19). 어떤 사람이 혼자 길을 가다가 사자를 만났습니다.

가진 것 다 버리고 여기저기 찢긴 채 간신히 도망을 쳤는데, 이번에는 곰이 앞을 가로막았습니다. 그나마 남은 것까지 전부 잃고 구사일생으로 목숨만 건져 집으로 도망왔습니다. "이제 살았구나!" 하면서 가쁜 숨을 몰아쉬며 벽을 탁 짚는데, 독사가 혀를 날름거리는 모습이 보였습니다. 결국 그는 독사에 물려 죽고 말았습니다. 그야말로 억세게 재수 없는 사람입니다. 그런데 하나님께서는 이스라엘 백성이 바로 그와 같이 된다는 것입니다.

여러 차례의 어려움을 겪은 이스라엘은 여로보암 2세 때에 이르러 대단히 희망적인 미래를 내다보게 되었습니다. 주변의 강대국들이 힘을 잃는 바람에 자동적으로 국력이 안정됨으로써 솔로몬 이후 최대의 부귀와 영화를 누리게 되었고, 그 밖의 상황도 희망적으로 전개되고 있었습니다. 전에 사자를 만났지만 살아남았습니다. 설상가상으로 곰도 만났지만 피할 수 있었습니다. 이제야말로 집에서 편히 쉴 수 있을 것 같았습니다. 그러나 그들이 벽에 기대어 눈을 감고 숨을 몰아쉬면서 "우린 참 운이 좋은 사람들이야. 사자와 곰을 만나고도 살아남았잖아?"라고 말하는 그 순간, 벽에 붙어 있던 독사가 그들을 물어 버릴 것입니다.

미래의 희망

경기가 다소 풀리고 있는 요즘, 미래에 대해 희망을 품고 있는 사람들을 많이 만날 수 있습니다. 이런 경향은 신앙 없는 사람들보다 신앙 있는 사람들에게 더 강하게 나타나는 것 같습니다. 그들은 '지금은 비록 보잘것없이 살고 있지만, 언젠가 좋은 기회가 오면 반드시 남부럽지 않게 살 수 있을 것'을 믿습니다.

이런 희망은 개방사회가 가져다 준 선물이라고 할 수 있습니다. 폐쇄사회에서는 태어날 때의 처지와 신분이 죽는 날까지 고정되기 때문에 미래에 대해 희망을 품을 여지가 없습니다. 계급사회가 그 대표적인 예입니다. 계급사회에서는 신분에 따라 모든 것이 결정됩니다. 아무리 재주가 뛰어나고 노력을 많이 한다 해도 노예가 귀족이 될 수는 없습니다. 그럴 때는 미래에 대해 꿈을 품을 수가 없습니다. 반면에 개방사회에서는 누구든지 기회만 얻으면 높은 자리에 올라갈 수도 있고 부자가 될 수도 있습니다. 그렇기 때문에 미래에 대해 꿈을 품을 수 있는 여지가 훨씬 많습니다. 더욱이 하나님을 믿는 사람들은 '하나님은 살아 계시며 악인을 심판하시고 자기 백성들을 축복하신다'는 믿음을 가지고 있기 때문에, 훨씬 더 낙관적인 미래관을 가지고 언젠가 자신의 형편과 처지가 바뀔 것을 희구하며 살아갑니다.

그런데 오늘 본문에는 이런 희망에 찬물을 끼얹는, 너무나도 불길한 예언이 나오고 있습니다. "그러므로 주 만군의 하나님 여호와께서 말씀하시기를 '사람이 모든 광장에서 울겠고 모든 거리에서 오호라 오호라 하겠으며 농부를 불러다가 애곡하게 하며 울음꾼을 불러다가 울게 할 것이며 모든 포도원에서도 울리니 이는 내가 너희 가운데로 지나갈 것임이니라.' 이는 여호와의 말씀이니라"(5:16-17).

먼저 하나님께서는 자신의 이름을 정식으로 소개하십니다. 하나님께서 이런 식으로 자신의 이름을 정식으로 소개하시는 것은 결코 좋은 일이 아닙니다. "주 만군의 하나님 여호와"는 하나님께서 원수들과 싸울 때 사용하시는 이름입니다. 지금 하나님께서는 전쟁을 시작하겠다고 선포하고 계십니다. 그런데 그 대상이 누구입니까? 바로 이스라엘 백성들입니다. 하나님께서는 자기 백성을 적으로 삼아 싸우시려고 지금 정식으로 자신의 이름을 소개하고 계시는 것입니다.

하나님께서는 이스라엘 안에 큰 애통이 있을 것이라고 말씀하십니다. 얼마나 큰 애통인지 모든 광장에서 사람들이 울부짖으며, 모든 거리에서 사람들이 애통해할 것입니다. 그 애통함이 얼마나 심한지 농부들을 불러다가 곡을 시키고 전문적인 울음꾼들을 고용하여 울게 할 정도입니다. 대개는 왕이나 왕비가 죽었을 때 이런 식으로 슬퍼합니다. 그러나 이번에 이스라엘 백성들이 광장과 거리에서 애통해하며 울음꾼들까지 고용해서 우는 것은 왕이나 왕비가 죽었기 때문이 아닙니다. 하나님께서 그들 가운데로 지나가셨기 때문입니다.

"너희 가운데로 지나갈 것"이라는 개념은 출애굽기에서 나온 것입니다. 하나님께서 애굽인들 가운데로 지나가셨을 때, 왕으로부터 시작해서 평민과 가축에 이르기까지 장자란 장자는 전부 죽임을 당함으로써 애굽 전체에 큰 애통이 있었습니다. 그런데 바로 그러한 애통이 이스라엘에도 있을 것입니다.

"모든 포도원에서도 울리니"라고 했는데, 원래 포도원은 기쁨의 상징입니다. 팔레스타인에서는 기쁜 일이 있을 때 항상 포도주를 마셨습니다. 포도주 없는 잔치는 잔치가 아니었습니다. 포도원은 그런 포도주를 만들어 낼 수 있는 곳으로서, 기쁨의 근원을 상징했습니다. 그런데 그런 포도원에서도 애통한다는 것은 기쁨의 근원 자체가 없어진다는 뜻입니다.

이스라엘 백성들에게 기쁨의 근원은 무엇이었습니까? 바로 가나안 땅이었습니다. 가나안 땅이 주는 풍성한 삶이야말로 큰 기쁨의 근원이었습니다. 그런데 이제 그 기쁨의 근원이 사라지게 되었습니다. 그들은 다시 기뻐할 일이 없을 것입니다.

하나님께서 이처럼 땅을 주었다가 도로 빼앗아 가시는 이유는 무엇입니까? 그것은 가나안 땅이 조건부로 주어진 것이기 때문입니다. 가나안 땅의 축복은 조건이 붙어 있는 축복이었습니다. 이 땅은 이스라엘 백성들이 여호와의 말씀을 사랑할 것을 전제로 주어졌습니다. 여호와의 말씀을 사랑하지 않으면 이 땅을 차지할 수 없었습니다.

하나님께서 이스라엘 백성들에게 요구하신 것은 율법을 기계적으로 지키는 것이 아니라 포용하는 것이었습니다. 포용한다는 것은 지극히 사랑한다는 뜻입니다. 하나님께서 이스라엘 백성들에게 요구하신 것은 칼과 창을 들고 가나안 땅을 지키는 것이 아니었습니다. 하나님의 법을 사랑하고 포용하는 것이었습니다. 그러면 아무리 약하고 군사력이 부족하다 해도 영원히 가나안 땅을 빼앗기지 않도록 지켜 주신다는 것이 하나님의 언약이었습니다.

그런데 이스라엘 백성들의 고민거리가 무엇입니까? '인간이 어떻게 하나님의 율법을 온전히 지킬 수 있느냐?' 하는 것입니다. '우리는 어차피 죄를 지을 수밖에 없다. 그런데 죄를 지을 때마다 징계하시고 그때마다 이 땅이 위협을 당한다면 사람이 불안해서 어떻게 살 수 있겠느냐?' 는 것입니다. 이미 살펴보았듯이 이에 대한 하나님의 대답은 그들이 완벽할 것을 기대하고 이 언약을 세운 것이 아니라는 것입니다. 수없이 넘어지고 수없이 범죄해도 하나님 앞에 정직하게 나아가기만 하면 이 땅을 지켜 주신다는 것입니다. 때로는 징계를 받을 수도 있습니다. 깜부기 재앙이 올 수도 있고 이방인들의 약탈을 당할 수도 있습니다. 그러나 가나안 땅은 빼앗기지 않을 것입니다.

이스라엘 백성들의 전쟁은 이민족과의 전쟁이 아니었습니다. 자기들 안에서 끊임없이 고개를 쳐드는 죄와의 전쟁이었습니다. 하나님께서는 "이방인들과 싸울 것이 아니라 너희 안에 일어나는 교만과 싸우고 위선과 싸우고 거짓과 싸워라. 그러면 이방인들을 이길 수 있다"고 하셨습니다. 이것은 이론적으로는 쉬워 보여도 실제로는 너무나 어려운 일입니다. 적이 당장 눈앞에서 내 뺨을 치고 있는데, 어떻게 내 속에 있는 교만과 싸우고 분노와 싸우겠습니까?

우리를 이 세상에 살게 하신 분은 하나님이십니다. 하나님께서 우리에게 직장을 주셨고 가정을 주셨습니다. 경쟁적인 사회에서 살다 보면 직장에서 밀려날까 봐 두렵고 사업이 실패할까 봐 두려울 때가 있습니다. 그러나 하나님께서 하시는 말씀이 무엇입니까? 그런 것들을 겁내지 말라는 것입니다. "너희를 이 땅에 심은 것은 나 여호와, 주 만군의 하나님 여호와"라는 것입니다.

오늘날 우리가 하나님께 받은 것은 땅이 아니라 성령입니다. 하나님께서는 이스라엘에게 가나안 땅을 언약의 보증으로 주신 것처럼, 옛사람을 십자가에서 장사지내고 그리스도의 사람으로 다시 태어난 우리들에게 성령을 보증으로 주셨습니다. 이것은 가나안 땅과는 비교도 할 수 없는 엄청나게 값진 선물입니다. 이처럼 우리에게 성령을 선물로 주셨다는 것은, 성령이 우리와 특별한 관계를 맺으실 뿐 아니라 그 은혜로 우리를 떠나지 않고 지켜 주시며 우리의 삶을 이끌어 주신다는 뜻입니다. 그래서 성령이 그 안에 계신 사람은 항상 기쁩니다. 이 기쁨은 그리스도인의 양식입니다.

그런데 우리는 마음속에 잔잔히 일어나는 이 기쁨을 무시할 때가 너무나 많습니다. 그래서 약간의 돈 때문에, 약간의 자존심 때문에 속에 있는 기쁨을 잃어 가면서까지 싸우려 들고 이기려 듭니다. 그러나 그리스도인에게 가장 위험한 것은 기쁨과 감동 없이 신앙생활 하는 것입니다. 경쟁사회에서 살아남으려고 과도하게 애를 쓰다가 기쁨과 감동을 잃는 것은, 사소한 것을 얻으려다가 가장 중요한 것을 놓치는 어리석은 짓입니다. 이스라엘 백성들이 하나님의 율법을 사랑하는 대신 가나안 땅 자체에 집착하여 관개수로를 만들고 새로운 종자를 개발하고 농법을 개발하다가 오히려 그 땅을 잃고 만 것처럼, 세상 것을 지키고 차지하기 위해 말씀을 버리고 과도하게 욕심을 부리면 오히려 우리 마음속에 있는 기쁨과 감동을 잃게 됩니다.

주 안에서 기뻐하면 기적이 일어납니다. 이것이 하나님의 약속입니다. 지금 우리 안에서는 굉장히 치열한 전쟁이 벌어지고 있습니다. 먹고 살기 위한 전쟁이 아닙니다. 다른 사람들과의 경쟁에서 살아남기 위한 전쟁이 아닙니다. 내 속에 있는 기쁨과 감동을 빼앗기지 않으려는 전쟁입니다. 우리에게는 하루에도 몇 번씩 원치 않는 불청객들이 찾아옵니다. 하루에도 몇 번씩 분노할 일이 생기고 ,하루에도 몇 번씩 하나님을 원망할 일이 생겨요. 그럴 때 우리는 이 기쁨과 감동을 빼앗기지 않기 위해 싸워야 합니다. 그것만 지키면 나머지 것들은 하나님께서 다 챙겨 주시게 되어 있습니다. 하나님께서는 사랑하는 자녀들에게 필요한 모든 것을 채워 주십니다. 다만 조금 늦게 주시는 것이 문제인데, 우리는 그동안 잘 참으면서 기쁨을 지켜야 합니다. 기쁨을 잃지 않는 것이야말로 진정한 능력입니다. 너무너무 속이 상한데도 "에구, 모르겠다, 그냥 기뻐하자" 하면서 자 버리는 것이 진짜 능력입니다.

이스라엘 백성들이 아모스의 설교를 듣고 미리 애곡했더라면 다시 살아날 수 있었을 것입니다. 아무리 징계의 말씀이라 하더라도 말씀이 들리고 있는 동안에는 구원의 기회가 있기 때문입니다. 아모스의 저주 속에는 해결방법이 들어 있었습니다. 그런데 망하는 자들의 특징은 끝까지 자기 삶을 바꾸지 않는다는 데 있습니다. 지혜로운 사람은 아무리 자기 계획이 좋아 보이고 이미 수백 번의 검토를 마쳤다 해도, 하나님의 말씀이 들릴 때 또 한 번 머뭇거리며 망설입니다. 아무리 확신이 드는 일이라 해도 말씀에 비추어 생각해 볼 점이 있고 주변 사람들이 다른 의견을 내놓을 때 "그래요? 그러면 한번 더 생각해 보지요" 하고 한 박자 늦출 줄 압니다. 그러나 망하는 사람들은 누구의 권면에도 아랑곳없이 전쟁터를 향해 내달리는 말처럼 일사천리로 달려 나갑니다. 우리의 삶에는 탄력성이 있고 가속도가 있기 때문에 급정거를 하지 않으면 방향 수정이 되지 않습니다. 경고의 말씀이 들릴 때 급제동을 걸지 않는 사람은 살아날 길이 없습니다.

거짓된 여호와의 날

언제부터인가 이스라엘 백성들 안에는 여호와의 날에 대한 기대가 강하게 대두되고 있었습니다. 그러나 그 기대는 하나님의 말씀에 근거한 것이 아니었습니다. "화 있을진저, 여호와의 날을 사모하는 자여! 너희가 어찌하여 여호와의 날을 사모하느뇨? 그날은 어두움이요 빛이 아니라"(5:18).

여기에서 사모한다는 것은 뜨겁게 갈망한다는 뜻입니다. 사실 '여호와의 날'의 기원은 출애굽 당시 애굽의 모든 장자를 죽이시고 이스라엘을 구원하신 날에 있습니다. 그런데 이스라엘 백성들은 어떻게 해서 그 기원과 별 상관도 없고, 여호와께서 말씀하시지도 않은 '여호와의 날'에 대한 메시지를 이처럼 굳게 믿고 갈망하게 된 것일까요? 그것은 바로 거짓 선지자들 때문입니다. 거짓 선지자들이 성경에 없는 이야기를 하는 경우는 거의 없습니다. 그들은 성경에서 가장 중요한 내용을 설교하되, 그 의미를 완전히 바꾸어 버림으로써 사람들을 만족시킵니다.

하나님의 선지자들이 끊임없이 하는 일이 무엇입니까? 죄를 지적하고 책망하는 것입니다. 왜냐하면 죄야말로 이스라엘 백성들을 망하게 하는 영혼의 바이러스이기 때문입니다. 그러나 상황이 어려울 때에는 이런 설교에 귀를 기울이다가도 생활수준이 어느 정도 올라가고 나면 듣고 싶어하지 않는 것이 인간의 본성입니다. 사회적으로 어느 정도 신분과 직책을 얻은 사람들이 책망하는 소리를 기꺼이 듣는 것 봤습니까? "내가 지금 어떤 자리에 있는 사람인데 애들처럼 이런 야단을 맞아야 하나?", "내 나이가 지금 몇인데 저 새파란 목사한테 이런 소리를 들어야 하나?" 하면서 책망하는 말을 듣기 싫어합니다. 그들이 듣고 싶어하는 것은 이런 수준에 도달하기까지 얼마나 수고하고 애썼는지 인정해 주고 위로해 주며 축복해 주는 말입니다. 그럴 때 등장하는 사람들이 바로 이런 거짓 선지자, 축복의 선지자들입니다.

물론 우리에게는 죄에 대한 경고뿐 아니라 격려도 필요합니다. 그런데 거짓 선지자들의 특징은 죄 이야기는 싹 빼 버리고 은혜와 축복만 설교한다는 데 있습니다. "여러분은 잘될 수밖에 없습니다. 왜냐하면 하나님께서 여러분을 사랑하시기 때문입니다. 하나님은 여러분이 아픈 것을 싫어하십니다. 여러분이 가난한 것을 견디지 못하십니다. 이제 어느 한 날이 올 텐데 그날은 태양처럼 밝은 날이 될 것입니다. 그날이 오면 세상 나라들은 멸망하고 우리 하나님의 백성들이 온 세상을 차지하게 될 것입니다." 이런 거짓 선지자들의 메시지가 '여호와의 날'에 대한 잘못된 기대를 부추겼습니다.

때마침 이스라엘의 형편도 풀리기 시작했습니다. 앗수르는 약화되고 있었고 이스라엘은 요단 동편을 차지했습니다. 무역량이 늘기 시작했고 백성들의 생활이 윤택해지기 시작했습니다. 그러다 보니 '이제야말로 여호와의 날이 온 것 아니야?' 하는 기대감이 팽배해 있었습니다.

그때 아모스가 한 말이 무엇입니까? "그날은 어두움이요 빛이 아니라!" 그들이 좋은 기회라고 생각하고 있는 지금 이 시기의 번영은 멸망 직전의 안식이며 태풍 전야의 고요함이라는 것입니다. 그들은 지금 태풍의 눈에 들어와 있다는 것입니다.

오늘 우리들에게는 '주의 날'에 대한 기대가 있습니다. 이것은 '여호와의 날'과 달리 성경에 분명히 약속되어 있는 날입니다. 우리 모두 주님 앞에 서서 자신에게 주어진 삶을 어떻게 살았는지 설명해야 할 날이 올 것입니다. 현명한 그리스도인들은 지혜로운 다섯 처녀처럼 그 보좌의 심판이 코앞에 닥친 것처럼 삽니다. 아무리 많은 사람이 칭찬하는 일이라도 심판대 앞에서 인정받지 못할 일이라면 포기해 버립니다. 사람들에게 욕먹는 것이 심판대 앞에서 책망받는 것보다 낫다는 사실을 알기 때문입니다. 그리스도인은 '지금 내가 하고 있는 이 일이 주님께 인정받겠는가?'를 항상 생각합니다. 그래서 그 삶이 굉장히 역동적입니다. 그는 주님 앞에서 자기의 행동 하나하나에 대해 전부 설명하고 책임져야 할 사람은 바로 자기 자신이라는 것을 알기 때문에, 아무리 다른 사람이 괜찮다고 해도 자기가 생각하기에 괜찮을 것 같지 않은 일은 하지 않습니다. 또 아무리 다른 사람들이 안 된다고 해도 자기가 생각하기에 될 것 같은 일은 과감하게 합니다.

'주의 날'을 현실 도피적으로 생각해서 공부도 하지 않고 일도 하지 않고 가정까지 내팽개친 채 오직 그날이 오기만을 기다리는 사람들도 있습니다. 그러나 성경적으로 '주의 날'을 기다리는 올바른 자세는 앞으로 올 '주의 날'을 현재로 끌고 오는 것입니다. 주님 앞에 설 순간을 항상 생각하면서 오늘의 삶을 사는 것입니다. 그래서 '주의 날'은 오히려 우리를 더 긴장하게 하고 더 깨어 있게 합니다.

도움이 되지 않는 예배

하나님께서는 이스라엘 백성들의 예배가 그들의 문제를 해결하는 데 전혀 도움이 되지 않는다고 말씀하십니다. "내가 너희 절기를 미워하여 멸시하며 너희 성회들을 기뻐하지 아니하나니 너희가 내게 번제나 소제를 드릴지라도 내가 받지 아니할 것이요 너희 살진 희생의 화목제도 내가 돌아보지 아니하리라. 네 노래 소리를 내 앞에서 그칠지어다! 네 비파 소리도 내가 듣지 아니하리라"(5:21-23).

이스라엘 백성들은 완벽한 예배를 드리면 하나님께서 기뻐할 줄 알았습니다. 그러나 하나님께서 원하신 것은 완벽하게 연출된 형식적인 예배, 훌륭한 음악과 함께 정해진 순서에 따라 일분의 오차도 없이 진행되는 매끄러운 예배가 아니었습니다. 좀 시끄럽고 소란스럽다 하더라도 자기 속에 있는 고질적인 문제들과 상한 심령을 내놓고 울며 매달리는 예배, 전심으로 말씀에 귀를 기울이며 작은 것이라도 결단하고 실천하는 역동적인 예배를 하나님은 원하셨습니다.

예배는 하나님의 은혜에 감격해서 드리는 것이어야 하며, 하나님의 거룩하심 앞에 내 죄를 쏟아 놓고 치료받기 위해 드리는 것이어야 합니다. 그러나 이스라엘 백성들은 '우리가 이 정도로 정성을 다해 예배를 드리면 하나님도 이만큼의 복은 주실 것이다' 라는 계산으로 예배를 드렸습니다.

이처럼 이들의 예배가 거래로 전락해 버린 것은 하나님이 어떤 분이신지 전혀 몰랐기 때문입니다. 하나님은 우리가 도저히 섬길 수 없을 만큼 거룩한 분이십니다. 천사들도 그 거룩하심을 감당할 수 없는데, 하물며 하루 종일 화내고 악한 생각만 하는 우리가 어떻게 감히 하나님의 이름에 맞는 예배를 드릴 수 있겠습니까? 그것은 불가능합니다. 우리가 할 수 있는 일은 다만 상한 마음을 내놓고 긍휼히 여기심을 간구하는 것뿐입니다.

우리는 하나님과 거래할 수 없습니다. 더욱이 하나님의 존전에 누더기 같은 자랑거리들을 늘어놓을 수 없습니다. 우리가 할 수 있는 일은 오직 하나님을 더 알기 원하는 것입니다. 이 부족한 몸과 마음을 사용하여 하나님을 기쁘시게 해 드리는 것입니다. 이 부족한 입술로 찬양드리는 것입니다. 하나님은 그런 예배를 기뻐하십니다.

하나님이 원하시는 것

하나님께서 이스라엘 백성들에게 진정으로 원하시는 것은 무엇입니까? "오직 공법을 물같이 정의를 하수같이 흘릴지로다!" (5:24).

이것이 아모스 전체의 주제입니다. 팔레스타인에는 비가 일 년에 두 번 오는데, 특히 늦은 비가 올 때는 천둥과 번개를 동반한 엄청난 양의 비가 쏟아집니다. 이렇게 늦은 비가 한번 쏟아지면 말랐던 강에 물이 흐르기 시작합니다. 어떤 장애물도 그 성난 물결을 막을 수가 없습니다.

하나님께서 이스라엘 백성들에게 진노하신 것은 그들이 공법과 정의의 물줄기를 막아 버렸기 때문입니다. 누군가 이웃을 사랑하려고 해도 오해와 편견이 그 길을 가로막고 있었습니다. 누군가 하나님의 말씀을 전하려 해도 까다로운 의식과 전통과 이런저런 장애물들이 그 길을 가로막고 있었습니다. 하나님께서는 완벽한 예배 다 관두고 공법과 정의를 가로막고 있는 그 장애물부터 무너뜨리라고 하십니다. 그리하여 사랑의 물결이 오해와 수군거림을 밀어내고 콸콸콸 흘러가게 하며, 하나님의 말씀이 댐에서 터져 나온 물처럼 이스라엘 전체를 휩쓸게 하라고 하십니다. 그것만이 그들이 살아날 수 있는 길입니다.

단번에 모든 사람이 의롭게 행동하는 사회를 만들 수는 없습니다. 누군가 물꼬를 터야 합니다. 댐이 무너지는 역사는 조그만 균열에서 시작됩니다. 아무도 그 균열을 일으키려 하지 않을 때 미친 척하고 일을 저질러 버리는 사람이 필요합니다. 아무리 남들이 수군거리고 욕을 해도, 아무리 많은 장애물이 있어도 모른 척하고 하나님의 일을 저질러 버리는 사람이 필요합니다. 그 한 사람이 만들어 낸 작은 균열에서부터 온 사회를 휩쓰는 놀라운 역사가 시작됩니다.

우리는 완전하지 못합니다. 또 엄청난 것을 희생할 능력도 없습니다. 그러나 하나님께서 기뻐하시지 않는 것들을 청산하기 위해 작은 것을 희생할 수는 있습니다. 그 희생이 경제적인 손실이든 인간관계에서 소외되는 것이든, 미친 척하고 결단을 내려 보십시오. 그러면 그만큼 힘이 생기는 것을 경험하게 될 것입니다. 단지 듣는 것만으로는 아무 일도 할 수 없습니다. 작은 것이라도 실천하십시오. 그러면 정의의 물줄기가 점점 더 거세지는 것을 보게 될 것입니다. 지금까지 하나님의 공법을 비웃으며 정의의 강이 흐르지 못하도록 가로막고 있던 자들이 그 거센 물줄기 앞에 흔적도 없이 사라지는 광경을 보게 될 것입니다.

이스라엘이 왜 망했습니까? 다른 사람들에게 욕먹기를 각오하고 정의를 실천하는 미친 한 사람이 없었기 때문입니다. 지금 우리 한국 교회에 필요한 사람은 숨어서 큰소리치는 수많은 잘난 사람이 아니라 이 미친 한 사람입니다. 인간적인 방법과 성공이 하나님의 정의를 가로막고 있을 때, 누군가 나서서 균열을 일으켜야 합니다. 나중 일은 염려할 필요가 없습니다. 내가 먼저 나서면 또 다른 사람들이 따라 일어날 것입니다.

하나님께서 우리에게 원하시는 것은 형식적으로 완벽한 예배가 아닙니다. 있는 모습 그대로, 상한 모습 그대로 나아가는 것이며, 하나님의 말씀을 따르기 위해 내 수준에서 작은 결단을 내리는 것입니다. 그러면 균열이 일어나기 시작합니다. 물론 내 행동 하나만 놓고 보면 너무나 우습고 보잘것없습니다. 그러나 그 작은 행동이 댐에 금이 가게 만들고, 결국 댐을 터뜨려 말씀의 물줄기가 세차게 흘러가게 만듭니다.

하나님께서는 "이스라엘 족속들아, 너희가 40년 동안 광야에서 희생과 소제물을 내게 드렸느냐?"(5:25)고 물으십니다. 이 말씀은 약간 이상하게 들립니다. 이스라엘 백성들은 광야에서도 제사를 드렸기 때문입니다. 그러나 그것은 전체적으로 드린 제사였고, 백성들 개개인은 가진 것이 풍족치 못한 탓에 개별적인 제사를 드리지 못했습니다. 그럼에도 불구하고 하나님께서는 그들과 동행하셨습니다. 비록 희생제사는 드리지 못했고 완벽한 예배는 드리지 못했지만, 여호와의 율법을 들으며 광야를 걸었던 그들을 하나님은 사랑하셨습니다. 그러나 완벽한 제사로 하나님의 말씀 듣는 일을 대체한 지금의 백성들, 형식적인 제사에 만족하고 있는 지금의 백성들은 가나안 땅에서 광야로 다시 쫓겨 가게 될 것입니다.

하나님께서는 26절과 27절에서 이렇게 말씀하십니다. "'너희가 너희 왕 식굿과 너희 우상 기윤 곧 너희가 너희를 위하여 만들어서 신으로 삼은 별 형상을 지고 가리라. 내가 너희를 다메섹 밖으로 사로잡혀 가게 하리라.' 이는 만군의 하나님이라 일컫는 여호와의 말씀이니라."

초대 교회의 집사 스데반은 이 부분을 사도행전 7장에서 약간 다르게 인용하고 있습니다. "'몰록의 장막과 신 레판의 별을 받들었음이여, 이것은 너희가 절하고자 하여 만든 형상이로다. 내가 너희를 바벨론 밖에 옮기리라' 함과 같으니라"(행 7:43).

스데반은 "왕 식굿"을 "몰록"으로 바꾸어 말하고 있습니다. "왕"에 해당하는 히브리어는 '멜렉'으로서, "몰록"과 발음이 비슷합니다. 또 히브리어 성경에서는 "식굿"을 고유명사, 즉 왕의 이름으로 본 반면, 스데반은 "장막"으로 번역하고 있습니다. "기윤"이라는 별 신도 "레판의 별"로 그 발음이 달라져 있고, "다메섹 밖"도 "바벨론 밖"으로 바뀌어 있습니다. 이런 변화가 있는 것은 스데반 당시 사람들이 즐겨 읽던 70인경 때문입니다. 70인경은 요즘으로 치면 〈현대인의 성경〉과 비슷한 것으로서, 어떤 부분은 의역을 하기도 했고 어떤 부분은 발음을 다르게 쓰기도 했습니다.

그러나 표현은 약간씩 달라도 말하려는 핵심은 똑같습니다. 이스라엘 백성들은 말로는 하나님을 섬긴다고 했지만 실제로는 레판의 별 신을 섬겼습니다. 그들은 현실에 약한 사람들이었습니다. 그래서 다른 사람들이 농사를 잘 지으려면 별 신을 섬겨야 한다고 하니까, 한편으로는 하나님을 섬기면서 다른 한편으로는 별 신을 섬겼습니다. 하나님께서는 그들이 그 별 신을 짊어지고 다메섹 밖으로 잡혀갈 것이라고 말씀하십니다.

하나님을 섬기려면 고집이 필요합니다. 다시 말해서 신앙 때문에 위기가 생기더라도 끝까지 밀고 나가는 배짱이 있어야 합니다. 사람들이 전부 별 신을 섬겨야 농사가 잘 된다고 해도 "좋다, 나는 별 신을 섬기지 않고서도 농사가 잘된다는 것을 보여 주겠다" 하면서 밀고 나갈 수 있어야 합니다. 그렇게 할 때 과연 누가 진짜 비를 내리는 신인지가 드러납니다. "하나님의 자녀는 떡으로 사는 것이 아니라 말씀으로 산다고 했지. 좋다, 나는 말씀 하나만 붙들고 살아 보겠다. 다른 사람들이 뭐라고 하든지 나는 하나님의 말씀에 정말 능력이 있는지 직접 확인해 보겠다." 이런 사람이 하나 굶고 있으면 천국에 비상이 걸립니다. 천사들이 그 사람 하나를 살리기 위해 동분서주합니다. 그래서 생전 듣도 보도 못한 사람이 온라인으로 돈을 넣어 주고, 잘 알지도 못하는 집사님이 쌀자루를

지고 찾아옵니다. 모름지기 하나님의 백성이라면 이처럼 천국을 긴장시키고, 천사들을 바쁘게 만들어야 하지 않겠습니까? 그런데 이스라엘 백성들에게는 이런 고집이 없었습니다. 하나님 앞에 가서는 하나님 이름을 부르고, 별 신 앞에 가서는 별 신의 이름을 불렀습니다.

우리는 스데반의 이야기를 귀담아 들을 필요가 있습니다. 그는 성전모독죄로 붙잡혀 온 자리에서 이 설교를 했습니다. 그 당시 유대인들은 눈에 보이는 성전 건물을 이용해서 엄청난 수입을 올리고 있었습니다. 그러나 스데반은 이 성전은 건물에 불과한 것이며, 그나마 거짓된 용도로 사용되고 있다는 사실을 지적했습니다. 스데반이 말하고 있는 바가 무엇입니까? 하나님께서 원하시는 것은 형식적인 건물이나 제사가 아니라는 것입니다. 하나님께서 정말 원하시는 것은 그의 말씀에 순종하는 일이라는 것입니다.

오늘 우리도 이스라엘 백성들과 같은 문제를 가지고 있습니다. 우리가 아무리 행복하게 살려고 애써도, 실제로 우리 삶을 지켜 주시는 분은 하나님이십니다. 그런데 하나님은 어떤 사람을 지켜 주십니까? 성령의 감동과 기쁨을 빼앗기지 않는 사람을 지켜 주십니다.

오늘 하나님께서 우리에게 원하시는 것은 고상한 신앙이 아닙니다. 하나님께서 기뻐하신다는 생각이 들면, 그 일이 좀 엉뚱하게 보이더라도 밀어붙여서 순종하는 신앙을 갖기 원하십니다. 그러면 어떻게 됩니까? 댐에 균열이 생깁니다. 댐이 터집니다. 부흥과 능력과 회개의 역사가 일어납니다. 하나님이 우리에게 원하시는 것은 완벽함이 아닙니다. 진정한 작은 회개, 작은 결단, 작은 순종입니다. 그것이야말로 이 땅에 성령의 큰 역사를 몰고 올 첫 걸음이라는 것을 잊지 마십시오.

이스라엘의 교만

이스라엘의 자기만족

자기만족의 증상

하나님의 반응

이 비극의 원인

6:1 화 있을진저, 시온에서 안일한 자와 사마리아 산에서 마음이 든든한 자
곧 열국 중 우승하여 유명하므로 이스라엘 족속이 따르는 자들이여!

2 너희는 갈레에 건너가고 거기서 대 하맛으로 가고 또 블레셋 사람의
가드로 내려가 보라. 그곳들이 이 나라들보다 나으냐? 그 토지가 너희
토지보다 넓으냐?

3 너희는 흉한 날이 멀다 하여 강포한 자리로 가까워지게 하고

4 상아상에 누우며 침상에서 기지개 켜며 양 떼에서 어린양과 우리에서
송아지를 취하여 먹고

5 비파에 맞추어 헛된 노래를 지절거리며 다윗처럼 자기를 위하여 악기를
제조하며

6 대접으로 포도주를 마시며 귀한 기름을 몸에 바르면서 요셉의 환난을
인하여는 근심치 아니하는 자로다.

7 그러므로 저희가 이제는 사로잡히는 자 중에 앞서 사로잡히리니 기지개
켜는 자의 떠드는 소리가 그치리라.

8 만군의 하나님 여호와께서 가라사대 "주 여호와가 자기를 가리켜
맹세하였노라. 내가 야곱의 영광을 싫어하며 그 궁궐들을 미워하므로
이 성읍과 거기 가득한 것을 대적에게 붙이리라" 하셨느니라.

9 한 집에 열 사람이 남는다 하여도 다 죽을 것이라.

10 죽은 사람의 친척 곧 그 시체를 불사를 자가 그 뼈를 집 밖으로 가져갈
때에 그 집 내실에 있는 자에게 묻기를 "아직 너와 함께한 자가 있느냐?"
하여 대답하기를 "아주 없다" 하면 저가 또 말하기를 "잠잠하라! 우리가
여호와의 이름을 일컫지 못할 것이라" 하리라.

11 보라, 여호와께서 명하시므로 큰 집이 침을 받아 갈라지며 작은 집이
침을 받아 터지리라.

12 말들이 어찌 바위 위에서 달리겠으며 소가 어찌 거기 밭 갈겠느냐?
그런데 너희는 공법을 쓸개로 변하며 정의의 열매를 인진으로 변하며

13 허무한 것을 기뻐하며 이르기를 "우리의 뿔은 우리 힘으로 취하지
아니하였느냐?" 하는 자로다.

14 만군의 하나님 여호와께서 가라사대 "이스라엘 족속아, 내가 한 나라를
일으켜 너희를 치리니 저희가 하맛 어귀에서부터 아라바 시내까지
너희를 학대하리라" 하셨느니라.

6:1-14

한 아이가 먹을 것을 앞에 잔뜩 놓고 울고 있었습니다. 그래서 "먹을 것이 이렇게 많은데 왜 우니?" 하고 물었더니, 자기는 너무 먹고 싶은데 엄마가 절대 먹으면 안 된다고 했기 때문에 운다는 것입니다. 먹고 싶은 욕망과 엄마의 명령 사이에서 갈등하느라 그렇게 울고 있는 아이를 보면서, 저는 어른보다 낫다는 생각을 했습니다. 나중에야 어떻게 되든 일단 눈앞에 먹을 것이 있는 상황에서 어떻게 참을 수 있겠습니까? 그런데도 그 아이는 엄마가 먹지 말라고 했다는 이유로, 울면서도 참고 있었습니다.

예수님께서 40일 간 주리셨을 때 마귀가 시험한 것은 "왜 이렇게 쓸데없이 고생하느냐? 너 하고 싶은 대로 다 하라"는 것이었습니다. 고통 없는 하나님 나라, 십자가 없는 구원은 마귀의 가장 큰 유혹입니다. 오늘 우리 그리스도인들에게 가장 억울한 일이 무엇입니까? 이유 없이 고생하고 이유 없이 욕 얻어먹고 이유 없이 어려움 당하는 것입니다. 구약에서 이유 없이 고난당한 대표적인 인물이 요셉입니다. 하나님께서는 그의 이유 없는 고난을 통해 가족들뿐 아니라 많은 이방인들까지 구원해 주셨습니다.

우리는 불안정하게 살기를 원치 않습니다. 그러나 하나님을 의지한다는 것은 불안정한 삶의 연속입니다. 이스라엘 백성들은 그 불안정한 삶이 지긋지긋하고 싫어서 세상적인 방법을 택했습니다. 북쪽 이스라엘은 돈을 많이 모았습니다. 물론 돈을 많이 모으는 것 자체가 죄는 아닙니다. 그러나 그들은 하나님과의 관계가 변할 정도로, 하나님에 대한 태도가 바뀔 정도로 돈에 집착했습니다. 남쪽 유다는 주위 여러 나라들과 군사동맹을 맺었습니다. 하나님께서는 무조건 군사동맹을 맺지 말라고 막지 않으셨습니다. 그러나 그들은 하나님과의 관계가 변할 정도로, 하나님에 대한 태도가 바뀔 정도로 다른 나라의 군사력을 의지했습니다.

오늘 우리는 그들과 똑같은 상황에 처해 있습니다. 우리는 고난 없는 영광을 택하고 싶습니다. 아무 고생 없이 형통하게 살고 싶습니다. 이유 없이 고생하고 욕먹는 것이 억울합니다. 이 불안정한 삶이 너무 지긋지긋해서 인간적인 방법을 써서라도 안정되게 살고 싶습니다. 그런데 하나님께서 가장 싫어하시는 것이 바로 고생 없이 잘살려고 하는 것입니다. 하나님께서는 이스라엘 백성들과 유다 백성들에게 이유 없이 고생하고 이유 없이 욕먹으라고 하셨습니다. 그것을 통해 그들의 가족과 주위 여러 민족들을 구원하겠다고 하셨습니다.

가나안 땅은 원래 불안정한 땅이었습니다. 이스라엘과 유다는 강대국들에 에워싸여 살고 있었습니다. 하나님께서는 그럼에도 불구하고 하나님의 말씀만 붙들면 그들을 지켜 주겠다고 약속하셨습니다. 말이 없고 무기가 없어도, 사나운 맹수들이 도처에 우글

거려도, 말씀만 붙들고 있으면 살아남게 해 주겠다고 약속하셨습니다.

그러나 전에 말한 것처럼 이것은 이론적으로는 쉬워 보여도 실천하기는 굉장히 어려운 일입니다. 당장 오늘 저녁 끼니거리가 없는데, 당장 내일 이자 갚을 날이 돌아오는데, 어떻게 말씀만 붙들 수 있겠습니까? 이스라엘이 성령 충만했을 때에는 그 어려운 일을 해낼 수 있었습니다. 그러나 성령 충만하지 못했을 때에는 현실과 타협하는 쉬운 길을 택했습니다.

머리 나쁜 것은 죄가 아닙니다. 장사 잘하는 재주가 없는 것도 죄가 아닙니다. 그러나 성령 충만하지 않은 것은 죄입니다. 성령 충만하면 불안을 이길 수 있습니다. 아무리 현실적으로 빠져 나올 길이 없는 상황이라도 말씀으로 능히 이길 수 있습니다. 그러나 성령 충만하지 않으면 절대로 못 견딥니다. 그래서 세상적인 방법을 택하게 되고, 결국 하나님의 은혜를 잃기에 이릅니다.

오늘 성경이 이스라엘 백성에게 말하고 있는 것이 무엇입니까? "왜 그렇게 악착같이 돈을 모았느냐? 왜 그렇게 쉽게 군사동맹으로 안정을 취하려 했느냐? 믿음으로 좀 불안정하게 살 수는 없었느냐? 좀 고집스럽게 말씀만 붙들고 살 수는 없었느냐?" 하는 것입니다. 신앙은 모험입니다. 신앙만큼 무모한 것이 없습니다. 하나님께서 이스라엘 백성들에게 말씀하신 것은 그 무모한 모험을 한번 해 보라는 것입니다. 아무리 불안정하고 인간적인 생각으로 안 될 것 같다 하더라도 한번 밀어붙여 보라는 것입니다. 그러나 성령 충만하지 못했던 이스라엘 백성들은 그 믿음의 모험을 감히 감행하지 못했습니다. 그 대신 인간적인 방법으로 안정을 추구함으로써 하나님의 진노를 불러일으켰습니다.

이스라엘의 자기만족

하나님의 말씀만 붙들고 있는 동안에는 결코 자기만족에 빠질수 없습니다. 실제로 남의 눈에 뜨이게 자랑할 만한 것이 하나도 없기 때문입니다. 그러나 지금 이스라엘 백성들의 마음은 그렇게 든든할 수가 없습니다. 하나님의 말씀 외에 다른 것을 붙들고 있었던 탓입니다.

"화 있을진저, 시온에서 안일한 자와 사마리아에서 마음이 든든한 자 곧 열국 중 우승하여 유명하므로 이스라엘 족속이 따르는 자들이여!"(6:1) 여기에서 "시온"은 예루살렘을 가리킵니다. 예루살렘 사람들은 예전과 달리 자신감에 차 있었습니다. 그들이 안일했다는 것은 여유가 있었고 자신감에 차 있었다는 뜻입니다. 그들은 얼마 전까지만 해도 얼굴에 수심이 가득했고 불안한 마음을 감추지 못했습니다. 그런데 이제는 아주 자신만만한 표정을 짓고 있습니다. 그렇게 당당할 수가 없습니다. 그것은 사마리아 사람들도 마찬가지였습니다. 그들은 무언가 믿는 것이 있었습니다. 그래서 마음이 든든했습니다.

"열국 중 우승하여"라는 것은 주위 여러 나라들 중에 가장 뛰어나다는 뜻입니다. 학생이 수학경시대회에서 우승하면 어떻게 됩니까? 학교에서도 인정해 주고 친구들도 인정해 주고 신문사에서도 찾아와 인터뷰를 합니다. 그럴 때 그 학생은 아주 자신만만하게 행동할 것입니다. 그처럼 예루살렘 사람들과 사마리아 사람들 또한 예전에 찾아볼 수 없었던 자신만만함을 내보이고 있었습니다.

2절을 보십시오. "너희는 갈레에 건너가고 거기서 대 하맛으로 가고 또 블레셋 사람의 가드로 내려가 보라. 그곳들이 이 나라들보다 나으냐? 그 토지가 너희 토지보다 넓으냐?” “갈레”가 구체적으로 어디인지는 분명치 않습니다. 아마도 북동쪽 앗수르의 어느 도시가 아니었나 싶습니다. 갈레는 한때 번창하던 도시였습니다. 그러나 지금은 예루살렘이나 사마리아에 비해 형편없이 작은 도시가 되었습니다. 또 “대 하맛”은 수리아에 있는 도시로서, 앞에 “대”(大) 자가 붙을 정도로 번영했습니다. 그러나 지금은 사마리아와 비교할 수 없을 정도로 보잘것없어졌습니다. 블레셋의 대표적인 성읍 가운데 하나였던 “가드”도 마찬가지였습니다. 사마리아와 예루살렘은 한때 번성했던 앗수르나 수리아나 블레셋의 도시들과 비교가 되지 않을 정도로 번창하고 있었고 확장되고 있었습니다.

하나님의 백성들이 이처럼 번창하고 확장된다는 것은 좋은 일 아닙니까? 그런데 왜 하나님께서는 그들에게 “화 있을진저”라고 하시면서 저주를 선포하시는 것입니까? 그 이유는 그들의 번창함이 하나님의 말씀을 버리고 세상적인 방법을 취한 데서 비롯된 결과라는 데 있습니다.

하나님의 말씀이 주는 안정은 물질적인 안정이 아니라 심리적인 안정입니다. 큰 집을 사거나 돈을 많이 벌어서 마음이 든든한 것이 아니라, 하나님께서 날마다 나와 함께하심을 체험하기 때문에 마음이 든든한 것입니다. 겉으로 보기에는 생활도 불안하고 그런 생활에서 벗어날 길도 없는 것 같습니다. 그럼에도 불구하고 하나님의 말씀이 내 귀에 들리고 있고 하나님의 은혜가 내 마음속에 있을 때, ‘내가 아무리 부족해도 하나님은 나를 버리지 않으신다. 내가 교만해지지만 않으면 나를 떠나지 않으신다’는 확신과 함께 심리적인 안정을 누리는 것이 하나님 백성들의 특징입니다.

사도 바울은 데살로니가 교인들에게 무엇이라고 인사했습니까?

"평강의 주께서 친히 때마다 일마다 너희에게 평강을 주시기를 원하노라. 주는 너희 모든 사람과 함께하실지어다"(살후 3:16). 그리스도인들이 평강을 누리는 것은 아무 문제나 어려움이 없기 때문이 아닙니다. 오히려 눈에 보이는 것만 생각한다면 걱정이 되어 견딜 수가 없을 정도로 문제도 많고 어려움도 많습니다. 그럼에도 불구하고 평강을 누릴 수 있는 것은, 하나님께서 이 모든 사정을 알고 계시며 나와 함께하신다는 그 한 가지 사실 때문입니다. "아무것도 염려하지 말고 오직 모든 일에 기도와 간구로, 너희 구할 것을 감사함으로 하나님께 아뢰라. 그리하면 모든 지각에 뛰어난 하나님의 평강이 그리스도 예수 안에서 너희 마음과 생각을 지키시리라"(빌 4:6-7).

그러나 이스라엘 백성들의 마음이 평안하고 든든했던 것은 이처럼 하나님께서 함께하심을 믿었기 때문이 아니었습니다. 그들은 따로 믿는 구석이 있었습니다. 북쪽 사마리아 사람들에게는 모아 놓은 돈이 있었고, 남쪽 예루살렘 사람들에게는 군사동맹을 맺은 이웃 나라들이 있었습니다.

하나님의 백성들이 절대 놓치지 말아야 할 것이 있습니다. 그것은 긴장입니다. 밖에서는 계속해서 어려움이 다가오지만, 속에서 하나님의 말씀과 신실하심을 붙듦으로써 매 순간 그 도전들을 이겨 내는 긴장, 마치 고무줄을 한껏 잡아당기고 있는 듯한 팽팽한 긴장이 하나님의 백성들을 신선하게 지켜 줍니다. 그러나 북쪽 이스라엘과 남쪽 유다 백성들은 그 긴장이 싫어서 인간적으로 편안한 길을 택했습니다.

자기만족의 증상

하나님의 백성들이 말씀으로 평안을 얻지 못하고, 세상적인 것을 의지함으로써 평안을 얻었을 때 나타난 증상이 무엇입니까? 그것은 교만과 사치였습니다. "너희는 흉한 날이 멀다 하여 강포한 자리로 가까워지게 하고 상아상에 누우며 침상에서 기지개 켜며 양 떼에서 어린양과 우리에서 송아지를 취하여 먹고 비파에 맞추어 헛된 노래를 지절거리며 다윗처럼 자기를 위하여 악기를 제조하며 대접으로 포도주를 마시며 귀한 기름을 몸에 바르면서 요셉의 환난을 인하여는 근심치 아니하는 자로다"(6:3-6).

부자로 태어나서 부유함이 몸에 밴 사람과 가난하게 살다가 갑자기 부자가 된 사람 사이에는 차이가 있습니다. 원래 부자로 태어난 사람은 어렵고 가난한 사람들의 형편을 잘 이해하지 못한다는 단점을 가지고 있지만, 돈 많은 표시는 잘 내지 않습니다. 그들은 삶의 질을 높이는 쪽에 관심을 많이 기울입니다. 그래서 오페라를 감상한다든지 예술 작품을 수집한다든지 문화적인 방면에 돈을 많이 씁니다. 그런데 가난한 사람이 갑자기 부자가 되면 꼭 부자 된 표시를 냅니다. 우선 그동안 먹지 못했던 비싼 음식들을 전부 먹어 보려 합니다. 그리고 가구나 장식품처럼 눈에 보이는 물건들을 사는 데 돈을 많이 쓰고, 몸에 좋다는 것은 무엇이든지 먹거나 바르거나 쓰려고 합니다. 돈만 많이 벌었지 그것을 어떻게 사용해야 하는가에 대해서는 배울 기회가 없었기 때문입니다.

이스라엘 백성들이 그러했습니다. 그들은 가난하게 살다가 여로보암 2세 때에 이르러 갑자기 돈을 벌기 시작했습니다. 그들은 "흉한 날이 멀다"고 생각했습니다. 다시 말해서 이제 고생은 끝났다는 것입니다. 이제부터는 마음껏 먹고 마시고 즐기면 된다는 것입니다. 그들은 "강포한 자리"로 나아갔습니다. 아무 두려움 없이 폭언을 하고 폭력을 쓰면서 자기 권리를 주장했습니다. 원래 하나님의 백성에게는 자기 권리라는 것이 없습니다. 애굽에서 노예로 있다가 빈손으로 나온 민족이었기 때문에 모든 것이 하나님의 은혜요 하나님의 선물이었습니다. 그런데 지금 이스라엘 백성들은 강포를 행하고 있습니다. 아무 거리낌 없이 가난한 자들에게 폭력을 행사하면서 자기 것을 챙기고 있습니다.

또 그들은 얼마나 게을러졌는지 상아상에 누워서 뒹굴었고 침상에서 기지개를 켰습니다. 이것은 지금까지 이스라엘 백성들이 살아온 생활방식이 아닙니다. 양 치는 사람들에게 상아상이나 침상이 어디 있습니까? 농사짓는 사람들이 어떻게 실컷 자고 기지개를 켜면서 일어납니까? 군대에서 기상나팔이 울릴 때처럼 재빨리 일어나 밭으로 가야지요. 이스라엘 백성들이 이처럼 실컷 자고 늦게 일어날 수 있었다는 것은, 이제 더 이상 고생스럽게 목축을 하거나 농사를 지을 필요가 없어졌다는 것을 보여 줍니다. 지금까지 이들은 긴장하며 살았습니다. 혹시라도 하나님의 말씀을 어기게 되지는 않을까, 혹시라도 하나님의 은혜에서 떨어져 나가는 것은 아닐까 긴장하며 살았습니다. 그런데 인간적인 방법으로 행복해지는 길을 택하면서, 가장 먼저 그 긴장이 사라져 버렸습니다. 긴장할 필요 없이 실컷 자고 기지개를 켜면서 느지막이 일어나니까 그렇게 편하고 좋을 수가 없었습니다.

그들은 "양 떼에서 어린양과 우리에서 송아지를 취하여" 먹었습니다. 영적인 긴장을 잃고 나니 관심이 온통 먹는 데로 쏠려 버렸습니다. 그들은 최고로 맛있는 것만 골라서 먹었습니다. 혀가 즐겁지 않으면 기분이 안 좋아요. 어린양과 송아지도 그냥 먹는 것이 아니라 가장 맛있는 부위로 골라서 먹었습니다. 이들에게는 혀가 우상이었습니다.

"비파에 맞추어 헛된 노래를 지절거리며"라는 것은 술에 취해서 아무 의미 없이 흥얼거리는 것을 가리킵니다. 요즘 식으로 말하자면 랩 비슷한 것을 알아듣지도 못하게 지껄여 대는 것입니다. 하나님께 드리는 노래는 지절거릴 수가 없습니다. 이들이 부른 노래는 하나님께 드리는 찬양이나 경배가 아니라, 퇴폐적이고 경박한 노래였습니다. 실컷 먹고 마시고 나서 기분이 좋으니까 아무 노래나 흥얼거린 것입니다.

이들은 "다윗처럼 자기를 위하여 악기를 제조"했습니다. 그 당시에는 자기 악기를 만드는 데 돈이 많이 들었던 것 같습니다. 그러나 그들은 돈이 많았기 때문에 유행처럼 자기 악기를 만들었습니다. 다윗도 자기 악기가 있었습니다. 그러나 다윗이 자기 악기를 가진 것과 이들이 자기 악기를 가진 것에는 큰 차이가 있습니다. 다윗은 전문 음악가였습니다. 그는 하나님을 찬양하기 위해 항상 연주할 준비를 하고 있었습니다. 그래서 비싼 대가를 지불하고 악기를 만들어 하나님을 찬양했습니다. 그러나 이들은 잔치 때마다 흥나는 대로 춤추고 놀기 위해 악기를 만들었습니다. 돈이 생기면 비싼 가구부터 사 놓고, 혀를 즐겁게 하고, 가라오케 틀어 놓고 술 마시면서 노래 부르는 것은 예나 지금이나 똑같은 것 같습니다.

가장 중요한 말씀이 6절에 나옵니다. "대접으로 포도주를 마시며 귀한 기름을 몸에 바르면서 요셉의 환난을 인하여는 근심치 아니하는 자로다." 그들은 몸에 좋은 것은 다 마시고 바르면서도 요셉의 환난은 생각지 않았습니다. "요셉의 환난"이 무엇입니까? 의로운 자의 환난입니다. 요셉은 형들의 시기심 때문에 이방 나라로 팔려 가 노예생활을 했습니다. 그처럼 이스라엘 백성들이 흥청망청 잘살고 있는 동안 그들에게 진 빚을 갚지 못해 이방 나라로 끌려가 고통스럽게 살고 있는 이들의 고통이 바로 요셉의 환난입니다. 이스라엘 백성들은 자기 몸에 좋다는 것은 무엇이든 하면서도, 바로 자기들 때문에 다른 나라로 팔려 가 고생하고 있는 이웃의 고통에 대해서는 아무 생각도 하지 않았습니다.

이스라엘 백성들이 가지고 있었던 신학의 특징이 무엇입니까? 고난이 없다는 것입니다. 흉한 날은 멀고 요셉의 환난은 자기들과 아무 상관이 없다는 것입니다. 그러나 하나님 백성의 비밀은 요셉의 환난 속에 있습니다. 하나님 백성의 모든 좋은 특징은 환난을 통해 만들어집니다. 하나님의 백성은 환난을 통해 겸손을 배우고 인내를 배우며 하나님의 위대하심을 배웁니다. 물론 환난을 자청해서 겪는 사람은 없습니다. 그러나 말씀대로 살다 보면 환난을 겪지 않을 수 없습니다. 요셉도 꿈만 꾸지 않았더라면 환난을 겪지 않았을 것입니다. 그러나 그는 하나님의 구원 계획이 담긴 꿈 때문에 엄청난 환난을 겪어야 했습니다. 하나님께서는 그 환난을 통해 가족들의 죄를 그에게 전가시키셨습니다. 요셉 자신이 그 사실을 얼마나 인식하고 있었는지는 모르겠지만, 하나님께서는 그의 환난을 통해 그 형들의 죄를 용서하기 원하셨고 수많은 애굽 사람들과 가나안 사람들을 구원하기 원하셨습니다.

하나님께서는 이유 없이 고통당하고 이유 없이 오해받고 이유 없이 욕먹는 사람들의 고난을 통해, 그 가족들의 죄를 참으시고 그들을 기다려 주시며 구원하기를 기뻐하십니다. 우리나라가 이렇게 유지되고 있는 것은 이유 없이 고난당하는 그리스도인들 덕분입니다. 본인들은 자기가 왜 이렇게 고생을 해야 하고 왜 이렇게 눈물을 흘려야 하는지 모릅니다. 그러나 하나님께서는 그들의 고난을 통해 더 많은 사람들을 구원하려는 계획을 가지고 계십니다.

우리는 종종 정반대로 생각합니다. '안 믿는 친척들보다 잘살아서 돈도 보태 주고 집도 사 주고 차도 사 주어야 믿는다는 것이 부끄럽지 않을 텐데, 나는 왜 이렇게 지지리 궁상으로 살아야 하나' 하면서 속상해합니다. 그러나 하나님께서는 나의 이러한 환난 때문에 그들에 대해 참아 주고 계십니다. 그리고 나의 이러한 환난을 통해 그들을 구원할 계획을 세워 놓고 계십니다.

오늘 하나님께서 우리에게 원하시는 것이 무엇입니까? 절대 고난 없는 행복을 택하지 말라는 것입니다. 절대 십자가 없는 영광을 붙잡지 말라는 것입니다. 그것을 붙잡으면 긴장이 사라집니다. 예수 믿는 사람이 푹 퍼진 라면처럼 늘어져 사는 것은 재앙입니다. 상아침대에 자는 것 자체가 죄는 아닙니다. 스프링침대가 없으면 상아침대에서 잘 수도 있지요. 그보다 근본적인 문제는 영적인 긴장을 잃어버리는 데 있습니다. 그러면 급격하게 부패해 버립니다. 팍 퍼진 행복보다는 좀 살기 힘들어도 긴장하는 삶을 추구하십시오. 그리고 늘 나에게 어려움을 주심으로써 기도하게 하시고 긴장하게 하시는 것에 감사하십시오. 하나님께서는 우리가 이유를 알 수 없는 어려움과 고난을 통해 요셉의 비밀을 알게 되기를 원하십니다.

하나님의 반응

하나님께서는 이처럼 자기만족에 빠져 고난 없는 행복을 택한 이스라엘 백성들에게 어떤 반응을 보이십니까? "그러므로 저희가 이제는 사로잡히는 자 중에 앞서 사로잡히리니 기지개 켜는 자의 떠드는 소리가 그치리라"(6:7). 하나님께서 가장 듣기 싫어하신 소리는 이 집 저 집에서 기지개 켜는 소리였습니다. 지금은 기지개 켤 때가 아닙니다. 바짝 긴장하면서 하나님을 붙들어야 할 때입니다. 그런데 팍 퍼져서 기지개나 켜고 하품이나 했을 때, 하나님께서는 그들을 가장 먼저 사로잡혀 가게 하심으로써 그 소리를 내지 못하게 하겠다고 말씀하셨습니다.

다윗 시대에는 여부스 족속들이 예루살렘을 차지하고 있었습니다. 그들은 다윗의 공격에 "절름발이나 소경이라도 너희를 물리칠 것"이라고 조롱했습니다. 그만큼 예루살렘은 견고한 성이었습니다. 다윗은 나중에 예루살렘을 점령한 후 소경과 절름발이들부터 죽입니다. 이것은 그가 장애인을 업신여겼기 때문이 아닙니다. 대개의 경우에 장애인들은 건강한 사람들보다 겸손합니다. 그런데 어찌 된 일인지 여부스 족속은 장애인들까지 교만하여 자신의 힘을 믿고 다윗을 경멸했습니다. 다윗은 거기에 참을 수 없는 분노를 느꼈던 것입니다.

하나님께서는 이스라엘 백성들이 하나님과 사람들 앞에서 참으로 겸손하기를 원하셨습니다. '나는 하나님의 도움 없이는 단 한순간도 살 수 없는 부족한 사람'이라는 마음으로 항상 긴장하며 살기를 원하셨습니다. 그런데 그들이 겸손할 줄 모르고 매일 늦잠 자고 일어나면서 기지개 켜는 소리나 냈을 때, 하나님께서는 그들을 치겠다고 말씀하셨습니다. 오해하지 마시기 바랍니다. 기지개 켜는 것이 죄라거나, 피곤해서 늦게까지 숙면을 취하는 것이 죄라는 말이 아닙니다. 긴장을 잃고 인간적인 방법으로 편하게 사는 것이 죄라는 것입니다. 그 결과는 진노의 심판입니다.

8절을 보십시오. "만군의 하나님 여호와께서 가라사대 '주 여호와가 자기를 가리켜 맹세하였노라. 내가 야곱의 영광을 싫어하며 그 궁궐들을 미워하므로 이 성읍과 거기 가득한 것을 대적에게 붙이리라' 하셨느니라." 하나님께서는 여기에서도 자신의 정식 이름을 사용하고 계십니다. 이것은 엄숙한 판정을 내릴 때 사용하는 이름입니다. 하나님께서는 자기 자신을 가리켜 맹세하셨습니다. 왜냐하면 하나님보다 더 크신 분이 없기 때문입니다. 하나님께서 맹세하고 계시는 내용이 무엇입니까? 그분은 야곱의 영광을 싫어하신다는 것입니다. 눈물 없는 영광, 십자가 없는 영광, 고난 없는 영광을 싫어하신다는 것입니다. 그래서 그 성읍과 그 안에 있는 모든 것을 멸망시키시겠다는 것입니다.

오늘날 한국 교회가 한 사람 한 사람 진정으로 회개하고 죄된 생활에서 돌이킴으로써 부흥했다면, 하나님께서 그 부흥을 기뻐하실 것입니다. 그러나 진정한 회개 없이, 십자가 없이, 죄에 대한 애통함 없이 인간적인 방법으로 부흥했다면, 그것은 야곱의 헛된 영광에 불과합니다. 하나님께서는 그런 부흥을 절대 기뻐하시지 않습니다.

죄를 해결하지 않은 축복은 부실공사로 지은 건물 같습니다. 아무리 높은 빌딩을 짓고 행복하게 살아도 얼마 가지 않아 무너지게 되어 있습니다. 성경이 우리에게 거듭거듭 이야기하는 것이 무엇입니까? 죄 문제를 해결해야 행복이 있다는 것입니다. 죄 문제를 해결하지 않은 채 결혼하고 유학 다녀오고 교수 되고 판사 되고 국회의원 되는 것은 부실공사를 하는 것과 같습니다. 그 모습이 아무리 화려해도 야곱의 헛된 영광에 지나지 않습니다.

하나님께서는 야곱의 영광을 싫어하시며 그 궁궐들을 미워하여 그 안에 가득한 깃들을 대적에게 붙이겠다고 말씀하십니다. 하나님께서 원하시는 것이 무엇입니까? 그렇게 인간적인 방법으로 성공하지 말라는 것입니다. 인간적인 방법으로 부흥하지 말라는 것입니다. 한 사람 한 사람 하나님의 방법대로, 하나님의 인도에 따라 고난을 통과해서 영광으로 나아오라는 것입니다. 한 사람 한 사람 복음으로 깨우치고 눈물로 회개시킴으로써 부흥하라는 것입니다. 그렇게 하지 않을 때 하나님께서는 그 궁궐을 태워 버리고 그 안에 있는 것들을 대적에게 넘겨주실 것입니다.

"한 집에 열 사람이 남는다 하여도 다 죽을 것이라. 죽은 사람의 친척 곧 그 시체를 불사를 자가 그 뼈를 집 밖으로 가져갈 때에 그 집 내실에 있는 자에게 묻기를 '아직 너와 함께한 자가 있느냐?' 하여 대답하기를 '아주 없다' 하면 저가 또 말하기를 '잠잠하라! 우리가 여호와의 이름을 일컫지 못할 것이라' 하리라"(6:9-10). 우리 생각에 한 집에 열 사람이 남으면 많이 남은 것 같습니다. 그러나 여기 나오는 "한 집"은 한 씨족을 의미합니다. 한 씨족 전체에서 열 명 정도가 남을 텐데, 결국 그 열 명도 다 죽게 된다는 것입니다. 왜냐하면 재앙이 한 번으로 끝나지 않을 것이기 때문입니다. 전쟁에서 살아남은 자는 전염병에 죽고, 전염병에서 살아남은 자는 굶어 죽고, 거기에서 살아남은 자는 포로로 끌려가다가 길에서 지쳐 죽을 것입니다.

여기 보면 시체를 치우러 온 친척과 집 안에 있던 사람의 대화가 나옵니다. 시체를 치우러 온 친척이 안에 남은 사람이 있느냐고 묻습니다. 그러자 안에 있던 사람이 "아파쓰"라고 대답합니다. 한 명도 없다는 뜻입니다. 그러니까 처음에 물었던 사람이 "하쓰!"라고 말합니다. 이것은 '쉿!' 이라는 뜻입니다. "쉿! 소리 내지 마! 우리가 살아 있다는 걸 아시면 하나님이 또 심판하신다"는 거예요. 하나님께서 야곱의 영광을 얼마나 싫어하시는지 바스락 소리만 나도 불을 보내고 전염병을 보내고 적군을 보내시니까, 아무 소리 내지 말고 조용히 있으라는 것입니다.

"보라, 여호와께서 명하시므로 큰 집이 침을 받아 갈라지며 작은 집이 침을 받아 터지리라"(6:11). 그 원한의 집들, 하나님께서 기뻐하시지 않는 집들은 전부 터지고 깨질 것입니다. 그리고 그것으로 모든 이야기는 끝이 나 버릴 것입니다.

이 비극의 원인

이 모든 비극의 원인은 어디에 있습니까? "말들이 어찌 바위 위에서 달리겠으며 소가 어찌 거기 밭 갈겠느냐? 그런데 너희는 공법을 쓸개로 변하며 정의의 열매를 인진으로 변하며 허무한 것을 기뻐하며 이르기를 '우리의 뿔은 우리 힘으로 취하지 아니하였느냐?' 하는 자로다"(6:12-13).

말을 타고 바위 위를 달리는 것은 자살행위와 같습니다. 특히 여기에 나오는 바위는 절벽입니다. 말을 타고 절벽을 내려오는 것은 자살행위입니다. 또 소로 아무리 바위를 간다 한들 농사를 지을 수 없습니다. 이것은 헛된 짓입니다. 이스라엘 백성들이 한 것이 바로 이런 헛된 짓이었습니다. 말씀을 붙들지 않고 행복해지려

하는 것은 말을 타고 절벽을 뛰어내리는 것처럼 위험한 짓이며, 소를 몰고 바위 위에 쟁기질을 하는 것처럼 헛된 짓입니다.

하나님의 백성은 하나님의 말씀으로 살아야 합니다. 하나님의 말씀이 물같이, 하수같이 흐르게 해야 합니다. 그 말씀이 아무리 나를 고통스럽게 하고 힘들게 한다 해도 막힘없이 신포되게 해야 합니다. 그런데 이스라엘 백성들은 공법을 쓸개로, 정의를 독초로 만들어 버렸습니다. 말씀이 선포되면 자기 욕심대로 살 수 없으니까 말씀을 무력하게 만들어 버렸습니다. 말씀이 없으면 예수 믿는 것이 쉬워집니다. 취미생활 하듯이 즐겁고 여유 있게 신앙생활 할 수 있습니다. 그러나 그것은 말을 타고 절벽을 달리는 것처럼 위험한 짓이며, 바위를 쟁기질하는 것처럼 헛된 짓입니다. 말씀을 막으면 안 됩니다. 말씀을 막으면 망하게 되어 있습니다.

우리가 평생을 두고 찾아야 할 것은 바로 말씀입니다. 예수님께서는 마리아가 말씀 듣느라 자기를 도와주지 않는다고 불평하는 마르다에게 "마리아는 이 좋은 편을 택하였으니 빼앗기지 아니하리라"(눅 10:42 하)고 말씀하셨습니다. 말씀이 없으면 기복적인 신앙으로 나아가게 되어 있고, 기복적인 신앙은 미신적인 신앙으로 나타나게 되어 있습니다. 그런 신앙으로는 죄를 이길 수 없습니다.

13절의 "허무한 것"은 히브리어로 '로-데바르'로서, 영어의 'nothing'과 같습니다. 즉 그들이 아무리 열심히 추구해도 남는 것이 하나도 없으리라는 뜻입니다.

하나님께서 우리에게 주시고자 하는 것은 십자가를 통과한 영광이며 고난을 통과한 행복입니다. 사마리아 사람들은 돈을 통해 안정을 찾으려 했고, 예루살렘 사람들은 군사동맹을 통해서 안정을 찾으려 했습니다. 그러나 하나님께서 그들에게 원하신 것은 말씀을 붙들고 모험하는 것이었습니다.

유다에 가장 나쁜 선례를 남긴 왕은 솔로몬이었습니다. 솔로몬은 하나님께서 굉장한 말씀을 주셨음에도 불구하고 군사동맹과 결혼동맹을 수없이 맺음으로써, 하나님의 말씀에 세상적인 방법들을 뒤섞었습니다. 말씀도 있었고 동맹도 했으니 얼마나 마음이 든든했겠습니까? 그러나 그것은 부패의 시작이었습니다.

하나님의 말씀을 붙들고 살아가는 삶은 불안정의 연속입니다. 그러나 거기에는 영적인 긴장이 있습니다. 긴장하는 사람은 죄에 예민합니다. 그리스도인에게 가장 중요한 것이 바로 죄에 대해 예민한 감각입니다. 그 감각을 놓치면 죄에 삼키운 바 되어 결국 망하게 되어 있습니다. 아무리 성공한 것처럼 보여도 그 성공은 '로-데바르'에 불과합니다.

예수님께서는 십자가 없는 영광을 거절하셨습니다. 하나님께서 오늘 우리에게 바라시는 것도 그것입니다. 이유 없이 고난당하라는 것입니다. 이유 없이 욕먹으라는 것입니다. 그러면 그 고난을 통해 불신에 빠져 있는 우리의 가족들을 구원해 주실 것입니다. 우리 민족을 긍휼히 여기시며, 북한에 있는 동포들까지 구원해 주실 것입니다.

10

세 가지 환상

메뚜기 재앙의 환상

불 재앙의 환상

다림줄 환상

7:1 주 여호와께서 내게 보이신 것이 이러하니라. 왕이 풀을 벤 후 풀이 다시
움돋기 시작할 때에 주께서 황충을 지으시매

2 황충이 땅의 풀을 다 먹은지라. 내가 가로되 "주 여호와여, 청컨대
사하소서! 야곱이 미약하오니 어떻게 서리이까?" 하매

3 여호와께서 이에 대하여 뜻을 돌이켜 가라사대 "이것이 이루지
아니하리라" 하시니라.

4 주 여호와께서 또 내게 보이신 것이 이러하니라. 주 여호와께서 명하여
불로 징벌하게 하시니 불이 큰 바다를 삼키고 육지까지 먹으려 하는지라.

5 이에 내가 가로되 "주 여호와여, 청컨대 그치소서! 야곱이 미약하오니
어떻게 서리이까?" 하매

6 주 여호와께서 이에 대하여 뜻을 돌이켜 가라사대 "이것도 이루지
아니하리라" 하시니라.

7 또 내게 보이신 것이 이러하니라. 다림줄을 띄우고 쌓은 담 곁에 주께서
손에 다림줄을 잡고 서셨더니

8 내게 이르시되 "아모스야, 네가 무엇을 보느냐?" 내가 대답하되
"다림줄이니이다." 주께서 가라사대 "내가 다림줄을 내 백성 이스라엘
가운데 베풀고 다시는 용서치 아니하리니

9 이삭의 산당들이 황폐되며 이스라엘의 성소들이 훼파될 것이라.
내가 일어나 칼로 여로보암의 집을 치리라" 하시니라.

7:1-9

남의 집에 세들어 사는 사람들은 불안할 때가 많습니다. 계약기간이 지나면 주인이 어떻게 나올지 모르기 때문입니다. 때로는 계약기간이 끝나지 않았는데도 집이 팔렸다고 하면서 집을 비워 달라고 하는 경우도 있습니다. 그래서 우리나라 사람들은 어떻게 해서든지 자기 집을 장만하려고 합니다. 그러나 만약 세든 사람이 주인의 뜻을 정확하게 알 수만 있다면 그렇게 불안해할 필요가 없을 것입니다. 예를 들어 그 집을 팔지 않을 것이 분명하거나 집세를 올리지 않을 것이 분명하다면, 아무 걱정 없이 자기 집처럼 살 수 있을 것입니다.

이스라엘 백성들에게 가장 중요한 것은 그들에 대한 하나님의 뜻이었습니다. 왜냐하면 그들이 살고 있는 땅의 주인이 바로 하나님이셨고, 그분의 뜻에 따라 모든 일이 결정되었기 때문입니다. 지금까지 그들이 가나안 땅을 자기 땅처럼 마음껏 사용할 수 있었던 것은, 하나님께서 한 번도 땅을 팔거나 집세를 올리지 않으신 덕분이었습니다.

하나님께서 이처럼 이스라엘 백성들에게 가나안 땅을 주시면서 요구하신 것은 딱 한 가지, 율법을 지키는 것이었습니다. 다시 말해서 공의를 물같이 정의를 하수같이 흘러가게 하는 것, 사회 전체에 하나님의 말씀이 막힘없이 충만하게 지켜지게 하는 것이었습니다. 그것만 지키면 100년이고 1000년이고 쫓겨날 염려 없이 안심하고 살 수 있었습니다.

그러나 이스라엘 백성들은 말씀 없이 땅만 차지하려고 했습니다. 그래서 말씀을 막았을 뿐 아니라 왜곡시켜서 쓸개와 독초로 만들어 버렸습니다. 영혼을 살리는 하나님의 말씀을 오히려 영혼을 죽이는 독약으로 만들어 버린 것입니다. 어떻게 이런 일이 일어날 수 있을까요?

법은 해석하고 적용하는 데 따라 양약이 될 수도 있고 독약이 될 수도 있습니다. 재판장이 불의한 사람에게 유리하도록 법을 해석해서 적용하면, 그 법은 억울한 처지에 있는 사람에게 차라리 없느니 못한 독약이 됩니다. 이스라엘 사회에서는 하나님의 말씀이 법이었습니다. 그러나 그 법은 억울한 사람을 돕기 위해 해석되고 적용된 것이 아니라, 불의한 사람에게 유리하게 해석되고 적용되었습니다. 그래서 억울한 사람들에게 하나님의 말씀은 그림의 떡처럼 쓸모없는 것이 되어 버렸습니다.

요즘 우리는 성경에 따라 재판하는 것이 아니라 사회법에 따라 재판합니다. 그러나 이스라엘에서는 하나님의 말씀이 곧 사회법이었습니다. 이것은 세상법이 구현하고 있는 것보다 훨씬 더 높은 정의와 사랑의 정신이 그 사회를 지배했다는 뜻입니다. 그러나 현실은 그렇지가 못했습니다. 이스라엘에서 하나님의 말씀은 있으나

마나한 법이었습니다. 자기한테 유리하면 따르고, 해로우면 왜곡
시켰기 때문입니다. 그들은 하나님의 말씀을 이리 비틀고 저리 비
틀어서, 마치 쓸개나 독초처럼 사람을 괴롭히는 것으로 만들어 버
렸습니다. 하나님의 말씀은 죄지은 자들을 정신차리게 하고, 낙심
한 자들에게 새 힘을 주는 생명의 양식입니다. 그러나 이스라엘
백성들은 자기 욕심에 따라 말씀을 왜곡시켰고 선지자들을 잡아
죽였습니다.

하나님께서는 세 가지 환상을 통해 이들에 대한 하나님의 계획
을 보여 주십니다. 중요한 것은 이 하나님의 계획입니다. 이스라
엘 백성들이 노력한다고 해서 가나안 땅을 차지할 수 있는 것이
아닙니다. 모든 일은 주인의 뜻대로 이루어지게 되어 있습니다.

세 가지 환상을 본 아모스는 이스라엘이 그 일들을 감당할 수
없으니 철회해 달라고 간구합니다. 그리고 하나님께서는 그 기도
를 들으셔서 그 중에 두 가지 계획을 취소하십니다. 이것을 보면
하나님의 말씀을 나누는 자들의 기도가 얼마나 중요한지 알 수 있
습니다. 하나님께서는 그들의 기도를 들으시고 이 땅에 내릴 재앙
을 취소하기도 하시며 배로 더 내리기도 하십니다. 이스라엘 사람
들은 아모스를 뜨내기 취급했습니다. 그러나 그는 이스라엘 전체
에 닥칠 재앙의 열쇠를 쥐고 있었습니다. 이스라엘 백성들에게서
는 권위를 인정받지 못했지만, 하나님 앞에서는 너무나도 중요한
사람이었습니다.

하나님께서는 그 종 된 선지자에게 먼저 비밀을 보여 주지 않고
서는 일하지 않겠다고 약속하셨습니다. 이것은 오늘 우리들에게도
해당되는 약속입니다. 하나님께서는 중요한 사안에 대해 그 종들
과 미리 의논하십니다. 우리는 주님의 종입니다. 주님께서는 우리

가 전혀 예상치 못했던 급작스러운 일이 일어나게 하시지 않습니다. 모든 것을 우리와 의논하신 후에 행하십니다.

메뚜기 재앙의 환상

하나님께서 아모스에게 첫번째로 보여 주신 환상은 메뚜기 재앙의 환상이었습니다. "주 여호와께서 내게 보이신 것이 이러하니라. 왕이 풀을 벤 후 풀이 다시 움돋기 시작할 때에 주께서 황충을 지으시매 황충이 땅의 풀을 다 먹은지라"(7:1-2 상).

구약 시대에 하나님께서는 꿈이나 환상을 통해서 그 뜻을 보여 주셨습니다. 그렇다고 해서 모든 꿈이나 환상이 하나님의 뜻은 아니었습니다. 선지자들이 꾼 꿈이나 환상, 또는 선지자들이 인정한 꿈이나 환상만이 하나님의 뜻이었습니다. 그래서 처음에는 선지자를 선견자라고 불렀습니다. 선견자는 '환상을 보는 자'라는 뜻입니다. 이처럼 구약 시대에는 환상을 보는 자들이 정해져 있었고, 그들은 기름부음을 받음으로써 다른 사람들과 구별되었습니다.

그런데 사무엘 이후, 하나님의 뜻은 환상보다는 말씀을 통해 나타나기 시작했습니다. 선지자들은 어떤 말씀이 갑자기 떠오르면서, 그것을 전하지 않으면 도저히 견디지 못할 것 같은 심한 부담이 생기는 것을 경험했습니다. 그들은 그것을 하나님의 말씀을 받은 것으로 인정했습니다. 예를 들어 예레미야는 "내가 다시는 여호와를 선포하지 아니하며 그 이름으로 말하지 아니하리라 하면 나의 중심이 불붙는 것 같아서 골수에 사무치니 답답하여 견딜 수 없나이다"(렘 20:9)라고 고백한 바 있습니다. 이제 그들은 선견자라기보다는 선지자라는 명칭으로 불리게 되었습니다.

오늘날 하나님께서는 꿈이나 환상을 통해 우리에게 말씀하시지 않습니다. 아무리 어제 본 꿈이나 환상이 뚜렷하고 확실하다고 해도 그것을 하나님의 뜻으로 볼 수는 없습니다. 단지 요즘 나의 잠재의식을 지배하고 있던 문제가 그런 식으로 나타난 것일 뿐입니다. 그러니까 '아, 이런 문제가 나도 모르는 사이에 나를 지배하고 있었구나' 라고 생각하고 말아야지, 그런 꿈이나 환상을 하나님의 뜻으로 단정하면 안 됩니다.

하나님께서는 우리에게 하실 말씀을 전부 성경에 기록해 두셨습니다. 그러므로 하나님의 뜻을 알고 싶다면 부지런히 성경을 읽어야 합니다. 성경을 읽으면 하나님께서 자기 백성들을 다루어 오신 방법을 알 수 있습니다. 또 나와 비슷한 처지를 겪은 믿음의 선배들의 경험을 참고할 수도 있습니다. 그런데 때로는 어떤 특별한 성경구절이 새롭게 해석되면서 마음에 강하게 다가오는 경우가 있습니다. 그럴 때 설교자들은 그 말씀을 전하고 싶은 강한 충동을 느끼게 됩니다. 성경이 풀리지 않을 때에는 그렇게 설교하기가 두렵다가도, 일단 해석이 되고 나면 설교하지 않고서는 도저히 견디지 못할 것 같은 심정이 됩니다. 왜냐하면 그것이야말로 바로 오늘 우리에게 주시는 하나님의 말씀이라는 것을 알기 때문입니다.

이번에 하나님께서 아모스에게 보여 주신 환상은 메뚜기 환상이었습니다. 황충은 메뚜기의 일종으로서, 어린 메뚜기가 아닌 어른 메뚜기를 가리키는 말입니다. 아모스가 본 환상은 단순히 성충이 된 메뚜기들이 떼지어 날아와 들판의 푸른 것들을 갉아먹는 일에 그치는 것이 아니었습니다. 1절은 "왕이 풀을 벤 후 풀이 다시 움돋기 시작할 때에"라고 말씀하고 있습니다. 그 당시에는 풀이라고 해서 아무렇게나 벨 수 있는 것이 아니었습니다. 처음에 돋는 풀들은 왕의 몫으로서, 전부 베어 왕에게 바쳐야 했습니다. 백성들은 그 다음에 돋는 풀들을 베어다가 꼴을 만들어 자기 가축들을 먹일 수 있었습니다. 그러니까 아모스의 환상에 따르면 왕의 일을 실컷 해 준 후 백성들 몫의 풀이 돋기 시작할 때 메뚜기가 덤벼들어 전부 먹어 치운다는 것입니다.

여기에서 "왕"은 누구입니까? 저는 이스라엘의 왕을 의미한다고 생각지 않습니다. 이 왕은 앗수르를 비롯한 다른 나라 왕들을 가리키는 말로 보입니다. 지금까지 이스라엘 백성들은 다른 나라 왕들에게 실컷 조공을 바쳤습니다. 그리고 드디어 그들의 것을 챙기려 하는 순간, 재앙을 당해 빈털터리가 되고 만다는 것입니다. 흔히 '계'를 든 사람들이 이런 경험을 많이 합니다. 열번째에 돈을 타기로 하고 아홉번째까지 열심히 돈을 부었는데, 자기 차례가 오기 직전에 계가 깨져 버리는 거예요. 그러면 어떻게 됩니까? 남좋은 일만 실컷 해주고 자기는 한 푼도 건지지 못합니다. 이스라엘은 다른 나라들과 주종 관계를 맺어서 좋은 것들을 조공으로 바쳤습니다. 그리고 이제야말로 남은 것을 챙기려고 하는데, 그 순간에 황충이 몰려와 싹 다 먹어 치운다는 것입니다.

아모스가 본 메뚜기 재앙은 단순한 메뚜기 재앙이 아니었습니다. 그것은 인간의 계획을 철저히 무력하게 만드는 재앙이었습니다. 지금 이스라엘 백성들은 가나안 땅에서 살아남을 계획을 열심히 세우고 있습니다. "이번에 나오는 소출은 앗수르에게 바치자. 그 다음에 나오는 소출은 애굽에게 바치자. 그리고 그 다음에 나오는 것을 우리가 먹자." 그런데 실컷 다 바친 후에 자신들이 막 먹으려고 하는 순간, 메뚜기 떼가 덮치는 것입니다. 결국 손해 보는 사람은 이스라엘 백성들입니다. 그들은 스스로 대단히 지혜로운 자들인 양 계획을 세웠지만, 사실은 가장 어리석은 자들로서 결국 하나님의 손을 벗어나지 못한다는 것을 이 환상은 보여 주고 있습니다.

하나님께서 축복하시지 않으면 아무리 밤새도록 계획을 세우고 회의에 회의를 거듭해도 소용이 없습니다. 왜 그렇습니까? 이 세상 일은 전부 하나님의 손에 달려 있기 때문입니다. 우리가 일어서고 넘어지는 것, 잘살고 못사는 것이 다 하나님의 손에 달려 있습니다. "왜 내 눈치를 안 보고 다른 사람들 눈치를 봐서 엉뚱한 계획을 세우느냐? 내가 축복하지 않으면 너희 계획은 절대 성공하지 못한다." 이것이 메뚜기 환상을 통해 보여 주시는 교훈이었습니다.

이 환상을 본 아모스는 하나님께 기도합니다. "내가 가로되 '주 여호와여, 청컨대 사하소서! 야곱이 미약하오니 어떻게 서리이까?' 하매"(7:2 하) 그는 메뚜기 재앙의 환상을 보고서 이스라엘 백성들이 이 재앙을 감당치 못할 것이라고 판단했습니다. 그래서 "안 됩니다! 하나님께서 이런 식으로 심판하시면 이 백성이 도저히 감당하지 못하니, 메뚜기 떼가 오지 않게 해 주십시오"라고 기도했습니다.

"야곱이 미약하오니"가 무슨 뜻입니까? "야곱"은 이스라엘 백성들을 의미합니다. 이스라엘 백성 중에는 두 종류의 사람들이 있습니다. 한 종류는 고난이 올 때 정신을 차려서 곧바로 하나님께 돌아오는 사람들입니다. 또 한 종류는 고난이 올 때 그나마 가지고 있던 막연한 신앙까지 다 팔아먹고 완전히 불신자가 되어 버리는 사람들입니다. 하나님께 속한 사람들은 어려움이 닥칠 때 하나님 앞에 나아와 기도합니다. 그러나 하나님께 속하지 않은 사람들은 신앙을 버리고 세상으로 가 버립니다.

지금 이스라엘 백성들은 어떤 상태입니까? 억지로 겨우겨우 신앙생활 하고 있는 상태입니다. 그런 사람들에게 황충의 재앙이 닥쳐서 모든 것을 잃게 되면, 그나마 형식직으로 믿던 신앙마저 팽개치고 말 것입니다. 아모스는 그렇게 될 때 회복의 가능성이 완전히 사라지지 않을까 두려워했습니다. "하나님, 이 재앙은 안 됩니다. 이 사람들 신앙이 엉터리지만, 이것마저 다 팔아먹으면 어떻게 되겠습니까? 야곱이 미약하오니 이 계획을 취소해 주십시오."

정말 믿음이 있는 사람은 하나님의 말씀에 불순종할 때 마음이 불안합니다. 그래서 조금만 걸림돌이 생기거나 형통치 않은 것 같으면 곧바로 정신을 차리고 하나님께 돌아옵니다. 하나님께서는 우리가 하나님을 의지하지 않고 인간적으로 계획하고 행동할 때 절대로 형통치 못하게 하십니다. 그래서 모든 것을 멈추고 하나님께 돌아오게 하십니다. 그런데 형식적으로 마지못해 교회 다니던 사람에게 이런 일이 생기면 어떻게 반응합니까? "하나님 믿어도 소용없네" 하면서, 그 어려움을 핑계삼아 그나마 붙들고 있던 형식적인 신앙마저 팽개치고 세상으로 가 버립니다.

지금 아모스의 심정은 신앙 없는 남편을 억지로 교회에 끌고 온 아내의 심정과 같습니다. 남들이 볼 때에는 '저렇게 줄창 졸기만 해서야 교회 왔다는 게 무슨 소용이 있나?' 싶지만, 아내의 심정은 그렇지 않습니다. 그래도 교회 와서 조는 편이 낫지, 아예 교회에 발길을 끊어 버리면 그렇게 절망스러울 수가 없습니다. 이런 상황에서 아내가 남편에게 원하는 것은 훌륭한 신앙이 아닙니다.

그나마 교회에 나와 주고 교회 욕만 하지 않아도 얼마나 고마운지 모릅니다. 이스라엘 백성들의 신앙은 제대로 된 신앙이 아니었습니다. 그러나 아모스는 그런 신앙이나마 지탱할 수 있도록 황충의 재앙을 철회해 달라고 기도했습니다. 하나님께서는 그 기도를 들어주셨습니다.

지금 이스라엘 백성들은 징계한다고 해서 돌아올 사람들이 아닙니다. 그 정도의 믿음도 없어요. 그렇다면 그들을 돌이킬 수 있는 길은 무엇입니까? 다시 복음을 전하는 것뿐입니다. '손톱만큼이라도 믿음이 있는 사람들에게 징계를 내려야 효과가 있을 것 아닙니까? 이렇게 믿음 없는 사람들에게 징계를 내린들 알아듣겠습니까? 이 징계를 철회하시고 제게 복음 전할 시간을 조금만 더 주십시오.' 이것이 아모스의 기도에 담긴 뜻이었습니다.

사실 고난을 통해서 하나님께 돌아오는 사람들은 굉장히 귀한 신앙을 가진 이들입니다. 고난이 오면 그나마 가지고 있던 신앙마저 내버릴 사람들이 너무나 많습니다. 지금 우리나라도 징계를 내리고 채찍질한다고 해서 돌아올 단계가 아닙니다. 불과 몇 년 전에 IMF가 터졌는데도 별로 겁내는 것이 없지 않습니까? 이럴 때는 고난이 온다고 해서 정신을 차리지 못합니다. 오히려 하나님을 더 멀리하게 될 가능성이 큽니다. 지금 우리나라에 필요한 것은 고난보다는 복음 그 자체라는 생각이 듭니다. 교인들의 신앙과 생활이 분리된 것은 바른 복음을 충분히 듣지 못했기 때문입니다.

하나님은 어떤 분이십니까? 우리의 계획을 철저히 무력하게 만들 수 있는 분이십니다. 우리가 아무리 계획을 잘 세운다 해도, 아무리 이리로 날아가고 저리로 날아갈 생각을 한다고 해도 하나님의 손에서 벗어날 수는 없습니다. 날개를 달고 바다 끝까지 날아가도, 하늘 꼭대기까지 올라가도 하나님의 손에서 벗어날 수는 없습니다. 살다 보면 현실에서 도피하고 싶을 때가 있습니다. 차라리 죽으면 하나님이 주신 긴장과 부담을 피할 수 있지 않을까 생각될 때도 있습니다. 그러나 설사 죽는다 해도 하나님을 피할 수는 없습니다.

아무리 세상에서 잘살려고 몸부림쳐도 하나님께서 축복하시지 않으면 아무 소용이 없습니다. 그러면 어떻게 해야 하나님의 축복을 받을 수 있습니까? 말씀을 사랑하며, 하나님께서 주신 것에 만족하고, 교회에서 말씀이 충분히 전파되도록 걸림돌을 제거해야 합니다. 그러면 놀라운 축복의 역사가 나타나기 시작합니다. 길이 없는데 길이 열리기 시작하고, 잘될 수 없는 사업이 잘되기 시작하고, 결혼할 수 없을 것 같았던 사람들이 결혼하기 시작합니다. 하나님의 백성은 자신의 모든 삶이 하나님께 달려 있다는 것을 믿어야 합니다. 왜 인간적인 경영을 세우려 합니까?

오늘날에도 아모스의 기도가 필요합니다. 사람들의 믿음이 얼마나 약한지 조금만 어려움이 와도 신앙을 버리려 합니다. 지금 이 백성은 징계로 돌아올 수준이 아닙니다. 이 백성을 돌이킬 수 있는 길은 오직 바른 복음을 전파하는 것뿐입니다.

불 재앙의 환상

하나님께서 아모스에게 보여 주신 두번째 환상은 불 재앙의 환상이었습니다. "주 여호와께서 또 내게 보이신 것이 이러하니라. 주 여호와께서 명하여 불로 징벌하게 하시니 불이 큰 바다를 삼키고 육지까지 먹으려 하는지라"(7:4).

성경에서 불 재앙을 말씀할 때에는 보통 두 가지로 생각할 수 있습니다. 첫째는 기근입니다. 기근이 지나가면 온 들판이 불에 탄 것처럼 황폐해집니다. 또 지중해성 기후의 식물 중에는 기름을 머금고 있는 것들이 많아서, 기후가 건조해질 때 무서운 산불이나 들불이 일어날 가능성이 큽니다. 그리고 그렇게 한번 불이 붙으면 마치 기름창고에 횃불을 던진 것처럼 끄기가 어렵습니다. 둘째로 불은 전쟁을 상징합니다. 전쟁이 일어나면 지상의 모든 것들을 다 태워 버리기 때문입니다. 실제로 아모스서 서두에서 주위 여러 나라에 불을 보내겠다고 하신 것은 전쟁의 불을 보내신다는 뜻이었습니다.

그런데 오늘 본문에 나오는 불은 조금 이상한 데가 있습니다. 대개 불은 육지에서 생깁니다. 그런데 이 불은 바다에서 생겨서 육지까지 태우려 든다고 합니다. 이 불은 대체 어떤 불입니까?

메뚜기 재앙은 풀만 해칠 뿐 땅 자체를 해치지는 못합니다. 메뚜기가 땅을 갉아먹거나 사람들을 땅에서 쫓아낼 수는 없습니다. 그러나 이 불은 바다를 태우고 육지까지 위협합니다. 여기에서 "육지"는 약속의 땅, 즉 이스라엘 백성들의 근본적인 위치를 가리킵니다. 따라서 육지를 태우는 불의 재앙은 이스라엘 백성들의 근본적인 지위를 빼앗는 재앙입니다.

영적으로 볼 때 가나안 땅은 섬이었습니다. 가나안 땅 북쪽으로는 유브라데 강이 있었고 서쪽으로는 지중해, 동쪽으로는 사막, 남쪽으로는 나일 강이 있었습니다. 따라서 지형적으로는 섬이 아니었지만 영적으로는 섬이나 다름없었습니다. 이스라엘 백성들은 하나님을 모르는 나라들로 둘러싸여 있었습니다. 하나님께서는 그들 위에 보호막을 쳐서, 아무리 주변에서 전쟁이 터지고 난리가 일어나도 그들한테까지는 미치지 않도록 지켜 주셨습니다. 이처럼 그들과 이방 나라들 사이에는 눈에 보이지 않는 경계선이 있었습니다. 세상을 휩쓰는 재앙이나 어려움이 결코 넘어오지 못하는 선이 있었습니다.

우리가 보기에는 믿는 사람이나 안 믿는 사람이나 똑같이 어려움을 당하는 것 같습니다. 남들이 감기 걸릴 때 나도 감기 걸리고, 남들이 경기침체로 고생할 때 나도 고생하고, 남들이 시험에 떨어질 때 나도 떨어지는 것을 보면 믿는 사람이나 안 믿는 사람이나 구별이 없는 것 같아요. 그러나 사실은 그렇지 않습니다. 하나님의 백성들이 모인 교회는 보이지 않는 경계선으로 구별되어 있는 섬과 같습니다. 이 교회를 건드리려면 불길이 바다를 타고 넘어와야 합니다.

이스라엘은 섬이었습니다. 하나님께서는 눈에 보이지 않는 경계선을 그어 놓고 이스라엘을 지켜 주심으로써, 웬만한 시험이나 환난은 그냥 지나가게 하셨습니다. 재앙이 그들에게 이르려면 눈에 보이지 않는 하나님의 보호막을 넘어서 와야 했습니다. 이스라엘은 마치 눈에 보이지 않는 적외선으로 보호받는 출입금지구역 같았습니다. 적외선은 육안으로 보이지 않습니다. 특수안경을 써야만 볼 수 있습니다. 그것을 모르고 접근하는 사람은 광선에 쬐어 죽습니다. 그와 마찬가지로 우리 생각에는 하나님께서 우리를 세상에 방치하여 어려움을 당하게 하시는 것 같아도, 사실은 눈에 보이지 않는 보호막으로 우리를 지켜 주고 계십니다. 실제로 교회의 신실한 성도가 되면 악한 마귀의 시험이 90퍼센트 이상 그냥 지나가 버립니다. 마치 눈에 보이지 않는 투명유리 안에 들어 있는 사람들 같습니다. 이것이 얼마나 소중한 축복인지 모릅니다.

그런데 하나님의 백성들이 말씀을 소홀히할 때, 하나님께서는 그 보호막을 거두어 가십니다. 그때부터는 마귀의 모든 시험에 노출될 수밖에 없습니다. 성경은 이처럼 하나님께서 보호막을 거두시는 것을 '사탄에게 넘겨준다'고 표현합니다. 예수님께서는 가룟 유다가 믿지 않고 못된 짓을 하는데도 불구하고 계속 지켜 주셨습니다. 그러다가 마지막 날 밤에 뭐라고 하셨습니까? "이에 예수께서 이르시되 '네 하는 일을 속히 하라' 하시니"(요 13:27 하). 즉 이제부터는 그를 지켜 주지 않으시고, 마귀가 마음대로 할 수 있도록 내버려 두신다는 뜻입니다.

믿음이 없어도 교회의 신실한 일원으로 남아 있으면 보호를 받을 수 있습니다. 그러나 끝까지 회개하지 않고 교만할 때, 그 은혜를 거두시는 순간이 옵니다. 우리는 그 대표적인 예를 발람 선지자와 사울 왕에게서 찾아볼 수 있습니다. 그들이 처음부터 악했던 것은 아닙니다. 처음에는 하나님의 은혜를 받았고 크게 사용되기도 했습니다. 발람은 이방인으로서 놀라운 설교를 남겼고, 사울은 여러 번 성령을 받고 예언을 했습니다. 그런데 그들은 지속적으로 하나님의 은혜에 붙들리지 못하고 스스로 높아졌습니다. 그들의 일생을 보면 누구라도 '이제 하나님의 은혜가 떠났구나'라고 단정할 만큼 판단력과 분별력을 잃고 욕심과 거짓에 사로잡히는 순간이 있습니다. 그 순간이 바로 눈에 보이지 않는 하나님의 경계선이 사라지는 순간이요, 사탄에게 넘겨지는 순간입니다.

고린도 교회에는 상식적으로 용납될 수 없는 음행을 저지른 사람이 있었습니다. 그 사람은 자기 아버지의 아내를 취했습니다. 그런데 그는 교회에서 유력한 사람이었던 것 같습니다. 그래서 교회는 그를 처벌하지 않고 그대로 방치해 두었습니다. 이 사실을 안 바울은 그들을 심하게 책망하면서 "이런 자를 사단에게 내어주었으니 이는 육신은 멸하고 영은 주 예수의 날에 구원 얻게 하려 함이라"(고전 5:5)고 말했습니다. 즉 그를 내쫓고 그를 위해 기도하지 말라는 것입니다. 형제로 받아주지 말고 불신자처럼 대하라는 것입니다. 바울은 그렇게 할 때 그를 두르고 있던 보호막이 사라진다는 것을 알았습니다. 이제 그의 육신은 사탄의 시험에 노출될 것입니다. 그러나 나중에라도 진정으로 회개한다면, 육신은 병들고 망해도 영혼은 건짐받을 것입니다.

우리는 눈에 보이지는 않지만 참으로 놀라운 하나님의 덮개에 싸여 보호받고 있습니다. 이것이 얼마나 싸게 사는 길인지 모릅니다. 수입이 적어도, 그나마 그 적은 수입에서 십일조 떼고 감사헌금까지 떼도 결코 손해가 아닙니다. 우리가 모르는 사이에 보호받음으로써 절약되는 돈이 아주 많습니다. 그럼에도 불구하고 자꾸 하나님의 말씀을 무시하고 욕심으로 나아갈 때, 하나님께서 여러 번 말씀해 주심에도 불구하고 고집을 부릴 때, 어떤 일이 일어납니까? 그 보호막이 사라져 버립니다. 그때 나타나는 증상이 불안입니다. 하나님의 백성이 불안에 사로잡히기 시작하면 옆에 있는 정신병자가 다 걱정해 줄 정도로 증세가 심각하게 나타납니다. 예수 믿는 사람과 정신병자는 종이 한 장 차이입니다. 성령 충만하면 아주 좋은 신자지만, 성령을 거두어 가시면 정신병자가 "형님" 할 정도로 극심하게 불안해합니다. 이것이 무서운 불 재앙입니다.

하나님께서 안전장치를 치우시면 우리는 절로 망하게 되어 있습니다. 아무리 많은 돈을 벌어도 누리지 못합니다. 아무리 세상적으로 성공해도 행복을 느끼지 못합니다. 하나님의 백성을 망하게 하려면 다른 특별한 방법 쓰지 않아도 됩니다. 덮개만 제거하면 자동적으로 망하게 되어 있습니다.

아모스는 이 불 재앙도 철회시켜 달라고 기도했습니다. "이에 내가 가로되 '주 여호와여, 청컨대 그치소서! 야곱이 미약하오니 어떻게 서리이까?' 하매"(7:5). 아모스는 이스라엘 백성들이 하나님의 은혜를 잃고 사탄의 손에 넘겨지는 것을 원치 않았습니다. 만약 이들이 사탄의 손에 넘어간다면 그야말로 사탄의 종이 되어 버릴 것이고, 그나마 희미하게 가지고 있던 하나님에 대한 의식마저 완전히 잃고 말 것입니다.

하나님께서는 지금 우리와 의논하고 계십니다. 하나님 없이 살고 있는 사람들의 경영을 무력하게 만들 계획, 기쁨과 평안을 다 빼앗아 그들의 마음을 지옥불에 타오르게 할 계획을 세워 놓았다고 말씀하고 계십니다. 이럴 때 우리는 어떻게 기도해야 합니까? "하나님, 그렇게 징계한다고 해서 돌아올 사람들이 아닙니다. 그럴 만한 믿음조차 없습니다. 그들이 아무리 교만하고 세속적이더라도 조금만 더 평화를 지켜 주십시오. 저희가 열심히 복음을 전해 보겠습니다. 그래도 안 되면 어쩔 수 없지만, 지금은 조금만 더 복음을 전할 수 있도록 기회를 주십시오"라고 기도해야 합니다.

우리나라는 50년 이상 평화를 누리고 있습니다. 이것은 단순히 잘먹고 잘살라고 지속되는 평화가 아닙니다. 이 기간을 통해서 건질 자는 건지시고 택한 자는 돌아오게 하시려고 선물로 주신 평화입니다. 그리스도인은 이 평화에 익숙해질 것이 아니라 이 평화를 사용해야 합니다. 하나님께서 더 징계를 내리시기 전에, 더 어렵고 답답한 날이 닥치기 전에 어떻게 해서든지 복음을 전해서 사람들을 하나님께로 돌이켜야 합니다. 이것이 우리나라가 살 수 있는 길입니다.

다림줄 환상

세번째로 하나님께서 보여 주신 환상은 다림줄 환상입니다. "또 내게 보이신 것이 이러하니라. 다림줄을 띄우고 쌓은 담 곁에 주께서 손에 다림줄을 잡고 서셨더니 내게 이르시되 '아모스야, 네가 무엇을 보느냐?' 내가 대답하되 '다림줄이니이다.' 주께서 가라사대 '내가 다림줄을 내 백성 이스라엘 가운데 베풀고 다시는 용서치 아니하리니 이삭의 산당들이 황폐되며 이스라엘의 성소들이 훼파될 것이라. 내가 일어나 칼로 여로보암의 집을 치리라' 하시니라"(7:7-9).

다림줄은 추를 매단 끈으로서, 집을 세울 때 사용하는 도구입니다. 다림줄을 대 보면 벽이나 기둥이 똑바로 세워졌는지 기울었는지 확인할 수 있습니다. 하나님께서는 메뚜기 재앙과 불의 재앙을 상당히 감해 주셨습니다. 그 재앙들이 전혀 일어나지 않은 것은 아니었지만, 그나마 가지고 있던 형식적인 신앙을 내버릴 만큼 심한 것은 아니었습니다. 그것은 아모스가 기도한 덕분이었습니다.

우리는 첫번째 환상 및 두번째 환상과 세번째 환상 사이에 상당한 기간이 있었다는 것을 기억할 필요가 있습니다. 하나님께서는 메뚜기 재앙도 정도를 낮추어 주셨고, 불의 재앙도 감해 주셨습니다. 그럼에도 불구하고 이스라엘 백성들은 하나님 앞에서 겸손해지거나 자신들의 태도를 고치려고 하지 않았습니다. 그래서 하나님께서 베푸신 세번째 환상이 다림줄 환상입니다. 이제 하나님께서는 간접적으로 채찍질하기를 그만두고, 말씀의 잣대를 대 봐서 맞지 않는 것은 전부 부수어 버리겠다고 말씀하십니다.

어떤 주인이 건축업자에게 부탁해서 집을 지었습니다. 그런데 아무래도 집이 좀 이상해 보입니다. 그래서 다림줄을 대 보니까 벽도 비뚤게 세워져 있고 기둥도 기울어져 있습니다. 이 집을 그대로 두면 큰 사고가 일어나 많은 사람이 죽거나 다칠 것입니다. 이럴 때는 잘못 세워진 벽과 기둥을 전부 헐고 다시 지을 수밖에 없습니다.

이 재앙의 필요성은 아모스도 인정하지 않을 수 없었습니다. 이스라엘 백성들에게 고통을 주는 다른 재앙들은 철회해 달라고 기도할 수 있었지만, 백성들을 바로잡으시기 위해 말씀과 맞지 않는 부분을 헐고 다시 세우시겠다는 하나님의 결정만큼은 만류할 수가 없었습니다.

하나님은 어떤 분이십니까? 자기 백성들이 아무리 성공했다고 하더라도 다림줄을 대 봐서 잘못된 부분이 있으면 가차없이 헐고 다시 세우시는 분이십니다. 잘못 지어진 집은 아무리 크고 웅장해도 아까워하지 않으십니다. 부실공사로 세워진 집은 그냥 두면 둘수록 위험합니다. 그 집이 무너지면 굉장히 많은 사람들이 죽거나 다칠 것입니다. 그래서 집을 지을 때는 기초부터 아주 튼튼하게 지어야 합니다. 집부터 세워 놓고 뒤늦게 고치려 들면 예산과 기간도 많이 들 뿐 아니라 제대로 고칠 수도 없습니다.

몇 년 전에 백화점이 무너져서 수많은 사람이 죽고 다친 일이 있었습니다. 또 다리도 무너져서 많은 사람이 죽었습니다. 사람들이 그렇게 많이 출입하는 백화점을 부실하게 짓는다는 것이 말이 됩니까? 사람들이 그렇게 많이 건너 다니는 다리를 부실하게 짓는다는 것이 말이 됩니까? 누가 보아도 말이 안 되는 일임에도 불구하고 그처럼 함부로 건물을 짓고 부실하게 다리를 세운 것은 남을 진정으로 사랑하고 아끼는 법을 배우지 못한 탓입니다. 미래야 어떻게 되든 말든 다른 사람이야 다치든 말든 당장 자기 이익만 채우려 드는 이기심이 앞선 탓입니다. 다른 사람들에 대한 기본적인 사랑이 있었다면, 남의 불행을 나의 불행으로 생각하는 마음이 있었다면 그렇게 소홀하게 건축할 수가 없습니다.

백화점이나 다리가 잘못 세워져도 많은 사람이 피해를 입지만, 회사가 잘못 세워져도 많은 사람이 고통을 당합니다. 회사가 망하면 직원들은 직장을 잃고, 그 회사 주식을 산 사람들은 재산의 피해를 입습니다. 그런데 만약 교회가 잘못 세워진다면 어떻게 되겠습니까? 부실 기업에 다니다가 실직하면 지하철역에 신문지 깔고 눕게 되지만, 부실 교회에서 신앙생활 하면 지옥에 신문지 깔고 영원히 살아야 합니다.

그래서 하나님께서 하시는 말씀이 이것만큼은 양보하실 수 없다는 것입니다. 메뚜기 재앙은 취소하고 불 재앙은 취소해도 다림줄 재앙은 취소하실 수 없다는 것입니다. 하나님의 말씀을 대 봐서 잘못된 것은 모조리 헐고 다시 세우시겠다는 것입니다. 결국 이스라엘은 완전히 파괴됩니다. 하나님께서는 유다의 일부만 남겨서 다시 교회를 세우십니다. 왜 그렇게 하십니까? 영혼의 문제는 영원한 미래를 결정하는 중대한 문제이기 때문입니다. 자기 나름대로 열심히 신앙생활 했는데 막상 하나님의 심판대 앞에서 '잘못된 신앙'이라는 판정이 나오면 누가 책임을 지겠습니까? 소경이 소경을 인도하면 둘 다 구덩이에 빠지게 되어 있습니다.

9절 첫 부분에서는 "이삭의 산당들이 황폐되며"라고 말하고 있습니다. 왜 하필이면 "이삭의 산당"입니까? 사람들은 자신의 신앙이 정통적이지 못할수록 정통적인 이름을 갖다 붙이려는 경향이 있습니다. 이스라엘 사람들도 자신들의 엉터리 신앙의 장소에 "이삭의 산당"이라는 이름을 붙임으로써 정통성을 부여하려고 했던 것 같습니다. 또 한편으로는 "이삭"에 '웃음'이라는 뜻이 있다는 사실에 주목할 수 있습니다. "이삭의 산당"의 뜻을 풀면 '웃음의 산당'이 됩니다. 어쩌면 그 산당에서 신비한 체험을 하고 낄낄거리며 웃는 일들이 자주 있었기 때문에 이런 이름이 붙었을지도 모르겠습니다. 여하튼 하나님의 말씀의 잣대를 대 보았을 때 그들의 신앙은 완전히 엉터리로 드러났습니다.

여로보암 시대는 솔로몬 시대에 버금가게 번영했습니다. 그러나 그 번영은 하나님의 축복에서 나온 것이 아니었습니다. 그동안 하나님께서는 이스라엘을 정신차리게 하시려고 온갖 방법을 동원하셨습니다. 그런데 징계를 내리면 내릴수록 마음이 점점 더 굳어지니까, 마지막 수단으로 물질적인 풍요를 주신 것입니다. 그러나 이스라엘 백성들은 풍요를 경험하자마자 눈이 뒤집혀서 그동안 누리지 못했던 환락에 푹 빠져 버렸습니다.

하나님께서는 자기 백성을 말씀의 잣대로 재 보십니다. 그래서 말씀대로 세워지지 않은 것들은 전부 헐어 버리십니다. 말씀 없는 부흥회, 말씀 없는 기도원, 말씀 없는 축복, 다 헐어 버리십니다. 왜 그렇게 하십니까? 이것은 영원을 결정하는 중대한 문제이기 때문입니다.

우리 사회는 어떤 분야이든 기초가 빈약한 것이 특징입니다. 학문도 기초 분야가 빈약하고 기술도 기초가 빈약합니다. 윤리도 마찬가지입니다. 윤리의 기초는 정직한 것인데, 아무도 정직하지 않습니다. 그리고 사람에 대한 기본적인 애정과 신뢰가 없습니다. 그 위에 세워지는 것들은 전부 부실 건물입니다.

오늘 하나님의 말씀이 내 마음을 아프게 찌릅니까? 내 계획들이 무너지고 있고 내 욕망이 포기되고 있습니까? 그것은 좋은 현상입니다. 하나님께서 부실 건물을 헐고 다시 세우시는 과정을 시작하신 것입니다.

아모스는 세번째 환상에 대해서만큼은 철회해 달라는 기도를 드리지 않습니다. 그 이유가 무엇입니까? 이것이야말로 이스라엘을 바로 세우는 길이라고 믿었기 때문입니다. 아무리 시간을 많이 들였고 노력을 많이 들였다 하더라도 잘못 지은 것은 헐고 다시 세워야 한다는 것이 하나님의 판단이었습니다. 그리고 아모스도 그 판단을 '아멘'으로 받아들였습니다. 그러나 왕이나 기존 종교 세력이 나라를 전부 허물도록 가만히 내버려 둘 리가 없습니다. 그래서 하나님께서는 이스라엘과 유다를 완전히 멸망시키시고 수백년 간 포로생활을 하게 하셨습니다. 결국 오순절 성령이 임하여 바른 교회가 세워지기까지 700년의 기간이 걸립니다.

우리는 지금 좋은 기회를 맞이하고 있습니다. 이럴 때 하나님의 말씀에 비추어 잘못된 것들을 찾아내서 전부 헐어 버려야 합니다. 하나님의 말씀에 맞지 않는다 싶으면 옆에 있는 사람들이 뭐라고 하든 간에 헐어 버려야 합니다. 특히 나를 사랑하고 아끼는 사람들의 말을 들으면 안 됩니다. 그들은 우리가 고생하는 것을 견디지 못하기 때문입니다. 그러나 그런 애정 어린 만류를 거부하면서까지 잘못된 것들을 헐겠다고 결심할 때, 하나님께서 그 자리에 새로운 건물을 세우시고 새로운 축복을 부어 주실 것입니다.

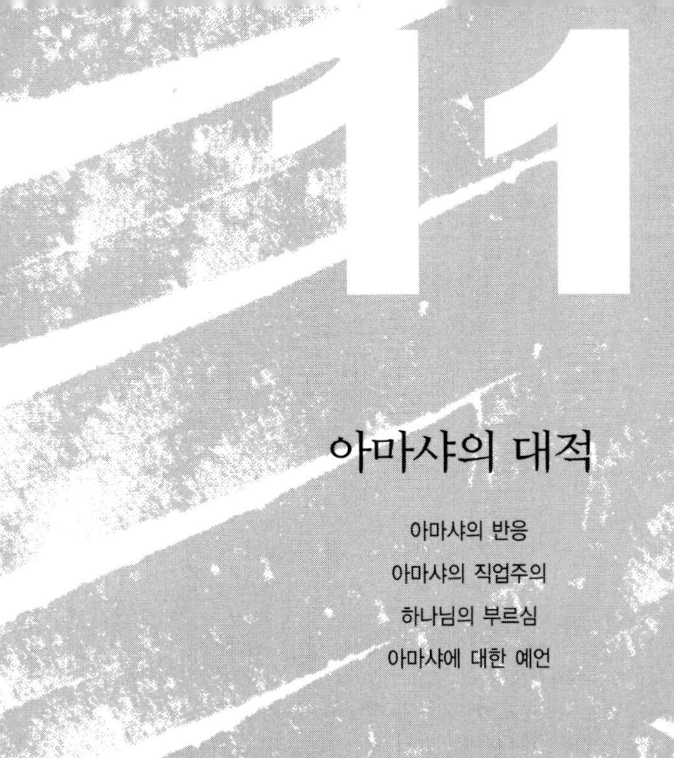

아마샤의 대적

아마샤의 반응
아마샤의 직업주의
하나님의 부르심
아마샤에 대한 예언

 때에 벧엘의 제사장 아마샤가 이스라엘 왕 여로보암에게 기별하여 가로되
"이스라엘 족속 중에 아모스가 왕을 모반하나니 그 모든 말을 이 땅이 견딜
수 없나이다.

11 아모스가 말하기를 '여로보암은 칼에 죽겠고 이스라엘은 정녕 사로잡혀
그 땅에서 떠나겠다' 하나이다" 하고

12 아마샤가 또 아모스에게 이르되 "선견자야, 너는 유다 땅으로 도망하여
가서 거기서나 떡을 먹으며 거기서나 예언하고

13 다시는 벧엘에서 예언하지 말라. 이는 왕의 성소요 왕의 궁임이니라."

14 아모스가 아마샤에게 대답하여 가로되 "나는 선지자가 아니며 선지자의
아들도 아니요 나는 목자요 뽕나무를 배양하는 자로서

15 양 떼를 따를 때에 여호와께서 나를 데려다가 내게 이르시기를
'가서 내 백성 이스라엘에게 예언하라' 하셨나니

16 이제 너는 여호와의 말씀을 들을지니라. 네가 이르기를 '이스라엘에 대하여
예언하지 말며 이삭의 집을 향하여 경계하지 말라' 하므로

17 여호와께서 말씀하시기를 '네 아내는 성읍 중에서 창기가 될 것이요
네 자녀들은 칼에 엎드러지며 네 땅은 줄 띄워 나누일 것이며 너는 더러운
땅에서 죽을 것이요 이스라엘은 정녕 사로잡혀 그 본토에서 떠나리라'
하셨느니라."

7:10-17

무슨 병이든지 뿌리가 있는 법입니다. 그 뿌리를 찾아 해결하지 않으면 병을 고칠 수 없습니다. 의사들이 하는 일은 환자들의 증세를 유심히 살펴서 병의 원인이 되는 뿌리를 찾아내는 것입니다. 증세가 아무리 심해도 원인이 심각하지 않다면 중병이라고 할 수 없습니다. 그러나 증세는 대수롭지 않아도 원인이 심각하다면 얼마 가지 않아 목숨까지 잃게 될 수 있습니다.

지금 이스라엘 사회의 표면에 나타나고 있는 현상은 그렇게 심각한 것이 아닙니다. 저마다 하나님의 율법을 등한시하고 있었고 경제적 강자들이 약자들을 억압하고 있기는 했지만, 그렇다고 해서 신앙을 완전히 버린 것은 아니었으며 강자가 약자를 억압하는 것 역시 어느 사회에나 흔히 나타나는 현상이었습니다. 그러나 이스라엘 사회를 유심히 살펴보면 이런 현상이 일시적인 실수에서 비롯된 것이 아니라 근본적으로 잘못된 구조에서 비롯되었다는 것을 알 수 있습니다. 다시 말해서 이것은 왕과 제사장이 결탁하여, 백성들을 조직적으로 잘못된 길로 인도한 데서 비롯된 현상이었습니다.

이스라엘의 왕은 단순한 통치자가 아니라 영적인 목자입니다. 즉 하나님의 뜻에 따라 리더십을 발휘하여 백성들을 바른 길로 이끌어 가는 것이 왕의 역할입니다. 다윗이 하나님의 마음에 합했던 것은 그가 항상 자신을 이러한 목자로 여겼기 때문입니다. 사실 한 사람 한 사람이 혼자 힘으로 하나님께 순종하면서 살기에는 장애들이 너무 많습니다. 왕은 백성들이 그러한 장애들을 극복하고 하나님께 순종하도록 설득하고 도와주며 바른 방향으로 나아가도록 인도할 책임이 있습니다.

오늘날도 마찬가지입니다. 혼자서는 꾸준히 기도생활 하기가 어렵습니다. 아무리 기도하고 싶고 아무리 하나님의 말씀에 순종하고 싶어도, 유혹이 생기고 게으름이 생기고 죄짓고 싶은 마음이 생겨서 순종하기가 어렵습니다. 그래서 교회 지도자는 개개인이 그러한 장애들을 잘 극복할 수 있도록 도와주고 격려해야 합니다. 혼자서는 기도가 잘 되지 않다가도 다른 사람들과 함께 모여서 기도하면 기도할 수 있습니다. 혼자서는 잘 순종하지 못하다가도 다른 사람들과 함께 순종하면 순종할 수 있습니다. 이렇게 하나님의 백성들을 서로 엮어 주고 도와주는 것이 교회 지도자의 역할이고 이스라엘 왕의 역할입니다.

그런데 이스라엘 사회에서는 왕과 제사장들이 오히려 하나님의 말씀을 원천적으로 봉쇄하고 있었습니다. 백성들을 하나님께로 인도해 주어야 할 사람들이 오히려 하나님께 돌아오는 길을 막고 있었습니다. 그 당시 이스라엘에 일어나고 있었던 현상들은 별로 심각한 것이 아니었을지도 모릅니다. 그러나 그 원인은 보통 심각한 것이 아니었습니다. 이스라엘이 살려면 여로보암 왕가가 무너지고, 제사장들 가운데 근본적인 혁명이 일어나야만 했습니다.

아모스는 이스라엘 백성들을 향해 설교하면서, 그들 내부에 혁명적인 변화가 일어나기를 원했습니다. "지금 우리의 상태가 굉장히 심각하구나! 그렇지 않아도 한 사람 한 사람이 하나님의 말씀에 순종하기가 어려운데, 우리 사회는 구조 자체가 하나님의 말씀에 순종할 수 없게 되어 있구나! 이럴 때 어떻게 해야 할까? 우리 생업을 중단하고 금식하자! 하나님께 부르짖자!" 하기를 원했습니다. 이렇게 내부에서 혁명적인 변화가 일어나지 않으면, 외부에서 혁명이 일어날 수밖에 없습니다.

아모스서는 주로 설교와 환상으로 이루어져 있습니다. 그러나 오늘 본문에는 역사적인 사건이 등장합니다. 그것은 벧엘의 제사장 아마샤가 아모스의 설교에 정면으로 대적한 사건입니다. 아마샤와 아모스의 대결은 형식적인 종교 지도자와 진정한 말씀의 대언자 사이에 일어나는 갈등을 보여 줍니다. 다시 말해서 직업적으로 종교적인 일에 종사하는 사람과 참으로 하나님의 말씀에 붙들려서 일하는 사람 사이의 넘을 수 없는 한계를 보여 줍니다. 하나님의 말씀이 증거될 때에는 항상 이런 갈등이 일어나게 되어 있습니다.

아마샤의 반응

아모스의 설교를 들은 아마샤는 그의 설교가 지금까지 이스라엘이 쌓아 올린 모든 것의 기초를 흔들고 있다는 사실을 알아챘습니다. 그래서 그는 두 가지 방향으로 아모스를 대적했습니다. 한 가지는 여로보암 왕에게 아모스를 고발하는 것이었습니다. 다른 한 가지는 아모스를 회유해서 유다로 돌려보내는 것이었습니다.

먼저 아마샤는 여로보암 왕에게 아모스를 고발했습니다. "때에 벧엘의 제사장 아마샤가 이스라엘 왕 여로보암에게 기별하여 가로되 '이스라엘 족속 중에 아모스가 왕을 모반하나니 그 모든 말을 이 땅이 견딜 수 없나이다'"(7:10).

그 당시 이스라엘의 성소는 단과 벧엘 두 곳에 있었고, 그 밖에도 여러 곳에 산당들이 있었습니다. 그런데 이 성소와 산당의 제사장들은 하나님께서 임명하신 레위인들이 아니라 국가가 임명한 사람들이었습니다. 원래 제사장은 사람이 임명할 수 없고 오직 하나님만 임명하실 수 있습니다. 구원은 전적으로 하나님께 속한 일이기 때문에, 이스라엘 백성들을 하나님께서 정하신 방법에 따라 그 앞에 나아가야 했습니다. 그러나 그들은 단순히 종교적인 필요에 따라 제사장을 뽑았습니다. 벧엘의 제사장 아마샤는 그런 사이비 제사장들을 대표하는 사람이었습니다.

참된 종교의 기능이 무엇입니까? 하나님의 입장에서 보는 기능과 사람의 입장에서 보는 기능이 다릅니다. 하나님의 입장에서 볼 때 종교의 기능은 하나님과 사람 사이에 걸림돌이 되는 죄와 교만을 제거해서 바른 관계를 맺게 하는 것입니다. 그러므로 하나님께서 세우신 제사장은 "죄를 지었다면 하나님 앞에 자백하고 용서받으십시오. 하나님을 바로 섬기고 있다면 앞으로도 유혹에 흔들리지 말고 계속 하나님을 붙드십시오"라고 가르쳐야 합니다.

반면에 인간의 입장에서 볼 때 종교의 기능은 인간의 불안한 마음을 위로하고 달래 주는 것입니다. 종교가 없으면 불안을 이기기 힘듭니다. 그래서 군대에도 군목이나 신부나 법사를 둡니다. 전쟁이 벌어지면 사람들은 긴장을 이기지 못한 나머지 어떤 종교든지 찾게 되어 있습니다. 물론 그것도 나쁜 것은 아닙니다. 그러나 그보다 훨씬 더 중요한 기능은 하나님과 사람 사이를 가로막고 있는 죄를 회개하게 함으로써 하나님과 바른 관계를 맺게 하는 것입니다.

단과 벧엘에 있는 성소는 백성들을 하나님께로 돌이키기 위한 성소가 아니었습니다. 단순히 백성들의 불안심리를 해소해 주기 위한 제도로서의 성소였고, 이스라엘 사회를 잘 유지시키는 기능을 감당하는 성소였습니다. 이를테면 이것이 종교의 사회적 기능입니다. 누군가는 결혼식 주례를 해 주어야 하고 장례식을 집전해 주어야 합니다. 그런데 이 일을 목사나 신부가 해 주면 사람들이 훨씬 덜 불안해합니다. 저는 종교가 이런 사회적 기능을 수행하는 것을 나쁘게 생각하지 않습니다. 그러나 그보다 훨씬 더 중요한 일이 있습니다. 그것은 사람들로 하여금 하나님과 바른 관계를 맺게 하는 것입니다. 이것이 기독교 본연의 사명입니다. 이 본연의 사명을 다하지 않는 기독교는 껍데기 기독교입니다.

아모스가 이야기한 것이 무엇입니까? 이스라엘 사회 전체에 말씀의 척도를 대 보자는 것입니다. 벽에 다림줄을 대 보듯이 이스라엘을 하나님의 말씀으로 측량해 보자는 것입니다. 그래서 그렇게 해 보니 이스라엘 사회는 기초부터 바로 세워져 있지 않았습니다. 아모스의 말대로라면 이스라엘은 근본부터 파헤쳐서 다시 건설해야 합니다.

아마샤의 말이 맞습니다. "그 모든 말을 이 땅이 견딜 수 없나이다!" 아모스의 말이 사실이라면 이스라엘 사회는 모든 것이 잘못되었고 틀렸기 때문에 모조리 부수어야 하는데, 그것이 말이 되느냐는 것입니다. 그러면 이스라엘에는 아무것도 남지 않을 것이 아니겠느냐는 것입니다. 아마샤가 아모스의 설교를 듣기는 제대로 들었던 것 같습니다. 아모스가 말한 바가 바로 그것이었습니다. 이스라엘은 기초부터 잘못되었습니다. 그들이 살아나려면 기초부터 뒤엎어야 합니다.

우리는 하나님을 믿는다고 하면서도 자꾸 세상으로 떠내려갑니다. 조금만 더 가면 굉장히 큰 폭포가 나오는데도 그것을 모른 채 평화롭게 배를 타고 내려갑니다. 그러다가 하나님의 말씀이 임할 때 "내가 이렇게나 멀리 하나님으로부터 떨어져 있었다니!" 하고 깜짝 놀라면서 배를 돌이키는 것, 배를 돌이킬 여유조차 없으면 배를 포기하고 물로 뛰어들어서라도 하나님 쪽으로 돌아오는 것이 진정한 부흥의 첫걸음입니다. 그렇게 첫걸음을 옮길 때, 하나님께서는 은혜를 베풀기 시작하시며, 위기에서 건지기 시작하시고, 성령의 강한 역사로 원수들을 쳐부수기 시작하시며, 기도에 응답하기 시작하십니다.

그래서 부흥은 위기인 동시에 기회입니다. 하나님의 말씀은 지금까지 아무 문제 없다고 생각하고 살아왔던 내 삶을 뿌리째 흔들어 버립니다. 첫 단추부터 잘못 끼워졌으며 이대로 나가면 완전한 파멸이라고 선고합니다. 이 점에서 보면 말씀이 찾아오는 것은 위기입니다. 그러나 그럴 때 "그러면 제가 무엇부터 해야 하겠습니까? 저로서는 제 삶을 수습할 도리가 없습니다. 제 힘으로는 도저히 이 문제를 풀 수가 없습니다" 하고 기도하면 성령의 능력이 나타나기 시작합니다. 이 점에서 보면 말씀이 찾아오는 것은 기회입니다. 그런데 이스라엘 백성들은 말씀이 찾아왔을 때 어떻게 했습니까? 하나님께 돌아갈 기회로 삼는 대신 아마샤를 통해 아모스를 대적하는 쪽을 택했습니다.

아마샤는 이렇게 고소합니다. "'아모스가 말하기를 여로보암은 칼에 죽겠고 이스라엘은 정녕 사로잡혀 그 땅에서 떠나겠다 하나이다' 하고"(7:11). 이 고소는 사실이 아닙니다. 악이 진리를 공격할 때는 항상 문제가 될 만한 부분만 뽑아서 공격하는 법입니다. 전후 문맥을 잘라 내면 어떤 내용이라도 조작해 낼 수 있습니다. 실제로 아모스는 아마샤가 고소하고 있는 바처럼 말하지 않았습니다. 아모스가 전한 메시지의 핵심은 '이스라엘은 하나님의 율법 위에 세워진 나라이므로, 율법을 버리면 이 땅에서 쫓겨날 수밖에 없다'는 것이었습니다. 그런데 아마샤는 그 메시지 중에 왕이나 백성들이 가장 좋아하지 않을 만한 저주의 내용만 딱 끄집어내서 문제를 삼았습니다. 왜 그렇게 했습니까?

아모스의 설교가 두려웠기 때문입니다. 아모스의 설교에는 진리만이 가질 수 있는 힘이 들어 있었고 불이 들어 있었습니다. 설교자는 설명을 하거나 변명을 하기 위해 있는 사람이 아닙니다. 설교자는 설득하는 사람입니다. 주저하고 있는 사람들을 설득해서 믿음으로 과감하게 하나님을 향해 나아갈 수 있도록 밀어붙이는 사람입니다. "당장 이 배에서 뛰어내려야 합니다. 당장 하나님을 향해 첫걸음을 옮겨야 합니다"라고 설득해서, 한 사람이라도 더 하나님을 향해 움직이게 하는 사람입니다. 설교자는 문학가가 아닙니다. 설교자에게는 미사여구가 중요하지 않습니다. 표현은 투박해도 그 안에 열정이 있고, 사람들을 하나님 쪽으로 밀어붙이는 힘이 있으며, 확신이 있습니다.

그런 확신은 어떤 때 생깁니까? 성경이 바로 해석될 때 생깁니다. 성경은 정말 놀라운 책입니다. 그냥 들여다보면 단순한 이야기나 시나 역사나 고대문학 같지만, 일단 바로 해석되기 시작하면 뜨거운 불이 붙어 버립니다. 그렇게 불이 붙은 말씀은 설교자의 영혼을 사로잡고, 그 말씀을 듣는 사람들을 사로잡습니다. 아마샤는 그것을 두려워했습니다.

그리스도인들이 제일 답답할 때가 언제입니까? 나에게 무슨 문제가 있기는 있는 것 같은데 구체적으로 그것이 무엇인지 모를 때입니다. 지금 무언가 열심히 계획을 세워서 진행하고 있기는 한데 이것이 제대로 가고 있는 것인지 아니면 내 욕심으로 잘못 가고 있는 것인지 알 수 없을 때, 성경을 읽으면 분명히 나를 사랑한다고 하시는데 아무리 기도해도 상황이 바뀔 조짐이 보이지 않을 때, 우리는 깊이 침체됩니다. 그런데 그 침체를 이기는 힘이 어디에서 나옵니까? 성경이 바로 해석되고 적용되는 데서 나옵니다. '내가 바른 길을 가고 있기는 가고 있구나! 굉장히 헤매고 있는 줄 알았는데 이제 보니 성경대로 살고 있구나!' 하는 확신이 들 때, 눈물이 흐르고 기쁨이 솟아나고 찬송이 터져 나오면서 가까운 사람들에게 받았던 갖가지 상처와 오해들을 이길 수 있는 믿음의 힘이 생깁니다.

유대인들은 예수님의 설교에 권세가 있다는 것을 알았습니다. 예수님의 설교는 고상한 설교가 아니었습니다. 그의 비유는 랍비들의 비유와 달리 아주 평범하고 일상적인 것들이었습니다. 그런데도 그의 말씀에는 권세가 있었습니다. 그의 말씀은 허공에 떠 있는 진리가 아니었습니다. 사람의 가슴을 쥐어짜서 견딜 수 없게 만드는 힘을 가진 생생한 진리였습니다. 한번은 초막절 때 유대 관원들이 종들을 보내 예수님을 잡아오게 했습니다. 그러나 그들은 예수님을 잡지 못하고 빈손으로 돌아왔습니다. 왜 잡지 못했습니까? 그의 말씀에 권세가 있었기 때문입니다. 그들은 여태껏 그렇게 권세 있는 말씀을 들어 본 적이 없었습니다.

하나님의 백성이 참된 말씀을 들으면 속에서 뜨거운 것이 올라오게 되어 있고 기도하고 싶은 마음이 생기게 되어 있습니다. 그리스도인이 기도하기 싫어하는 것은 병 중에서도 심각한 병입니다. 그리스도인이 기도하기 싫을 때에는 분명히 그 속에 침체와 낙심과 혼동이 있는 것이며, 자기 나름대로 하나님께 섭섭한 마음이 있는 것입니다. "하나님, 저는 제 나름대로 믿으려고 애를 쓰는데 왜 이렇게 일이 꼬입니까? 기도해 봤자 아무 소용 없는 것 아닙니까?" 그런데 말씀을 들으면 갑자기 그런 먹구름이 사라지기 시작합니다. 그리고 간절하게 기도하고 싶은 마음이 솟구칩니다.

하나님의 백성은 말씀을 들을 때 그것이 하나님의 말씀인지 아닌지 분별할 수 있습니다. "너희는 거룩하신 자에게서 기름부음을 받고 모든 것을 아느니라"(요일 2:20). 성령을 받은 사람은 모든 것을 압니다. 이것은 더 이상 말씀을 들을 필요가 없을 정도로 모든 진리에 통달한다는 뜻이 아니라, 어떤 것이 하나님의 말씀인지 아닌지 구별할 수 있는 능력, 하나님의 말씀을 알아들을 수 있는 능력이 생긴다는 뜻입니다. 이미 구원받은 사람에게는 "이 말이 진리입니다"라고 말해 줄 필요가 없습니다. 들으면 딱 알아요. 양은 목자의 음성을 압니다. 하나님의 말씀이 들리면 벌써 눈물이 나오기 시작합니다. 그리고 그렇게 기쁠 수가 없습니다.

그러나 하나님의 백성이 아닌 사람도 비슷하게 감은 잡을 수 있습니다. 정확히는 몰라도 그 말씀 안에 무언가 거역할 수 없는 진실이 있다는 것, 무언가 무시할 수 없는 힘과 권위가 있다는 것은 느낄 수 있습니다. 왜 그렇습니까? 성령께서 그 말씀을 통해 온 세상을 책망하시기 때문입니다. 물론 그 말씀을 받아들일 것이냐

말 것이냐는 그가 선택할 일입니다. 그러나 감히 무시할 수 없는 힘이 있다는 것만큼은 느낄 수 있습니다. 아모스의 설교를 들은 아마샤도 자기가 백 마디 천 마디 해 봐야 그를 이길 수 없다는 것을 알았습니다. 아모스의 설교에는 불덩어리가 들어 있었습니다. 생명을 건 확신이 들어 있었습니다.

교회가 진정한 진리를 선포하고 있다면, 사람들은 두 가지 중 한 가지 반응을 보이게 되어 있습니다. 즉 그 말에 복종하든지, 아니면 대적하는 것입니다. 그냥 무시하고 넘어갈 수는 없습니다. 교회에 와서 회개하든지, 교회 창문에 돌을 던지든지 둘 중에 하나입니다. 그럼에도 불구하고 사람들이 교회를 무시하고 있는 것은 교회가 이미 맛을 잃어버렸다는 증거입니다. 교회가 복음의 권세를 잃으면 사람들의 발에 짓밟히게 되어 있습니다.

아마샤는 아모스를 무시하고 넘어갈 수가 없었습니다. 그래서 그를 대적했습니다. 아모스는 선지자가 아니었습니다. 선지자 교육을 받은 사람도 아니었습니다. 그러니까 그냥 떠들도록 내버려 뒤도 상관없지 않습니까? 게다가 아마샤는 굉장히 신분이 높은 사람이었습니다. 그렇게 신분 높은 사람이 아모스 같은 한낱 목자를 붙들고 이야기한다는 것 자체가 부끄러운 일입니다. 그럼에도 불구하고 그가 아모스를 대적한 것은 도저히 무시할 수 없는 권세가 그의 말씀에 있었기 때문입니다.

아마샤의 직업주의

아마샤는 여로보암 왕에게 아모스를 고발하는 한편, 개인적으로 아모스에게 점잖은 충고도 한마디 합니다. "아마샤가 또 아모스에게 이르되 '선견자야, 너는 유다 땅으로 도망하여 가서 거기서나 떡을 먹으며 거기서나 예언하고'"(7:12).

"농담 속에 진담 있다"는 말도 있듯이 우연히 내뱉는 말이 그 사람의 진짜 가치관을 드러내는 경우가 많습니다. 아마샤는 아모스에게 유다 땅으로 도망가서 떡이나 먹으며 예언하라고 합니다. 이 말은 그가 생각하는 제사장직이 단순한 직업의 하나였고, 떡을 얻기 위한 방편의 하나였음을 짐작케 해 줍니다. 자기가 떡을 먹으려고 이 일을 하니까 아모스도 떡이나 먹으려고 예언하는 줄 안 것입니다.

물론 선지자나 제사장도 떡을 먹어야 살 수 있습니다. 그러나 떡을 먹기 위해 사는 것은 아닙니다. 그들이 사는 목적은 오로지 하나님의 백성들을 하나님께 돌이키려는 데 있습니다. 떡은 그 일에 부차적으로 따라오는 것입니다.

출애굽기를 보면 제사장이 두 가지 방면에서 항상 실존적인 위기를 겪었던 것을 알 수 있습니다. 한 가지는 자기 자신과 하나님의 관계에서 나오는 위기입니다. 대제사장의 옷자락에는 금방울과 금석류가 매달려 있어서, 지성소에 들어가 움직일 때마다 소리를 내게 되어 있었습니다. 만약 그 소리가 나지 않는다면 그는 죽은 것입니다. 제사장은 지성소 안에서 하나님의 법도를 어길 때 언제든지 죽을 수 있었습니다. 제사장에게서는 계속해서 방울 소리가 울려 나와야 했습니다. 조용하면 죽은 것입니다.

어떤 사람은 이 석류를 율법으로 해석합니다. 석류의 껍질은 푸르지만 그것을 까면 붉은 알맹이가 나옵니다. 그처럼 율법도 겉보기에는 차가워 보일 수 있지만 껍질을 까고 보면 그 안에 하나님의 뜨거운 사랑이 있다는 점에서 석류와 비슷하다는 것입니다. 교회는 계속해서 율법의 소리를 내야 합니다. 목사는 계속해서 말씀을 전해야 합니다. 율법의 소리가 나지 않는 제사장은 죽은 제사장입니다.

또 한편으로 제사장은 사람들과의 관계에서 위기를 겪었습니다. 하나님께서는 레위 족속들에게 따로 기업을 주지 않으시고, 율법의 가르침에 은혜와 감동을 받은 사람들이 바치는 십일조로 살게 하셨습니다. 그런데 십일조는 내지 않으면 그만입니다. 백성들이 말씀을 저버리고 십일조를 내지 않으면 제사장들은 굶어 죽을 수밖에 없었습니다. 그래서 그들은 살기 위해서라도 열심히 율법을 가르쳐야 했습니다. 말씀이 바로 서 있을 때 그들 또한 살 수 있었습니다. 이처럼 제사장직은 한편으로는 영광스러운 직책이면서, 다른 한편으로는 거지나 다를 바 없는 불안정한 직책이기도 했습니다.

예수님께서는 제자들을 파송하실 때 지팡이 하나만 달랑 들고 가게 하셨습니다. 그들이 복음을 전해서 믿는 사람이 생기면 먹을 것을 얻을 것입니다. 그러나 입을 다물고 복음을 전하지 않으면 굶을 수밖에 없습니다. 그러니까 '복음이 내 생명이다. 복음을 바로 전하면 반드시 구원받는 백성들이 생길 것이다. 나는 그들의 공급을 통해 살겠다' 는 각오로 복음을 전하라는 것입니다.

그러나 아마샤에게는 그런 위기의식이나 긴장이 전혀 없었습니다. 그는 말씀에 매인 자가 아니라 왕에게 매인 자로서, 나라의 녹을 받고 살았습니다. 매달 월급이 꼬박꼬박 들어오는데 무엇 때문에 긴장하겠습니까? 그는 13절에서 "다시는 벧엘에서 예언하지 말라. 이는 왕의 성소요 왕의 궁임이니라"고 말합니다. 벧엘의 제사장은 왕이 임명한 제사장으로서, 영국의 캔터베리 대주교처럼 나라의 녹을 받는 사람이었습니다. 왕이 대관식을 할 때에도 벧엘에서 했고, 제사를 드릴 때도 벧엘에도 드렸습니다. 그들은 왕에게 중요한 제안을 할 수 있는 특권을 가지고 있었습니다. 그러니까 긴장하면서 살 필요가 전혀 없었습니다.

그 당시 이스라엘 백성들이 아마샤와 아모스 중에 누구를 하나님의 종으로 생각했을 것 같습니까? 아마샤는 이스라엘 사회에 큰 영향을 미칠 수 있는 높은 사회적 지위를 가진 사람이었습니다. 그에 비해 아모스는 말씀 말고는 아무것도 가진 것 없는 유다 드고아의 평범한 목자였습니다. 그들은 아마샤의 말을 들었습니다. 이것이 결국 이스라엘을 멸망시키는 원인이 되고 말았습니다. 아모스는 하나님께서 북쪽 이스라엘에 보내신 마지막 선지자였습니다. 이 마지막 선지자의 예언을 무시했을 때, 하나님께서는 말씀의 기근이 올 것을 선언하셨습니다. 그 후 700년 동안 이스라엘에는 말씀이 임하지 않았습니다.

설교자에게 말씀도 있고 사회적인 영향력도 있다면 얼마나 좋겠습니까? 그러나 그것은 늘 일치될 수가 없습니다. 아니, 신정정치에 가까울 정도로 세상이 이상적인 상태에 도달했을 때가 아니라면, 오히려 일치되지 않는 경우가 대부분입니다. 말씀의 종이 자기 생명을 메시지에 두지 않고 사회적인 영향력이나 직업적인 성공에 둔다면 그는 더 이상 말씀의 종이 될 수 없습니다. 배가 부르면 하나님의 말씀이 나오지 않습니다. 말씀을 전하는 사람은 항상 하나님 앞에 주리고 목말라야 합니다. 항상 자기 자신을 가난하게 만들어야 하고 쳐서 복종시켜야 합니다. 설교 한 편 얻기 위해 며칠 동안 몸부림을 치면서 애를 쓰고 부르짖을 때 생명 있는 말씀이 나오는 것이지, 배부르고 만사 편안한 가운데서는 절대로 좋은 말씀이 나오지 않습니다.

아마샤는 자신이 막강한 힘을 가지고 있다는 것을 과시하면서, 아모스가 지금이라도 유다로 도망쳐서 숨는다면 더 이상 추격하지 않겠다고 말했습니다. 사실 그 당시 여로보암의 권세는 아모스가 유다 이느 구석에 숨는다 해도 능히 찾아낼 수 있을 정도로 막강한 것이었습니다. 아모스는 말씀을 철회하고 숨느냐, 아니면 목숨을 걸고 계속 싸우느냐 하는 기로에 서게 되었습니다.

하나님의 부르심

아모스는 먼저 자기가 어떻게 여기에서 이런 예언을 하게 되었는가를 밝힙니다. "아모스가 아마샤에게 대답하여 가로되 '나는 선지자가 아니며 선지자의 아들도 아니요 나는 목자요 뽕나무를 배양하는 자로서 양 떼를 따를 때에 여호와께서 나를 데려다가 내게 이르시기를 가서 내 백성 이스라엘에게 예언하라 하셨나니'"(7:14-15).

아모스는 선지자가 아니었습니다. 철저한 평신도였습니다. 이것은 그가 지금 예언하는 말씀에 아무 권위도 없다는 뜻이 아닙니다. 단지 선지자 훈련을 받은 적이 없다는 뜻일 뿐입니다. "선지자의 아들"은 선지자의 제자를 가리키는 말입니다. 그는 어떤 선지자에게도 배운 적이 없었습니다. 그는 양도 치고 뽕나무도 키우는 평범한 목자였습니다.

어떤 이는 아모스가 너무 가난해서 양만 쳐서는 도저히 생계를 유지할 수가 없었기 때문에 뽕나무까지 키웠다고 말하기도 하는데, 꼭 그런 것 같지는 않습니다. 여기에 나오는 "목자"는 가난한 목자를 의미하는 말이 아니라 양을 많이 치는 대(大) 목자를 의미하는 말입니다. 다시 말해서 아모스가 이스라엘 벧엘까지 와서 하나님의 말씀을 전하는 것은, 아마샤가 생각하듯이 너무 가난한 나머지 먹고 살 길이 없어서가 아니라는 것입니다. 자신은 따로 직업이 있는 사람으로서 선지자가 될 생각이 전혀 없었는데, 어느 날 갑자기 말씀이 자신을 낚아채는 바람에 이렇게 말씀을 전하러 벧엘까지 오게 되었다는 것입니다.

아마샤는 권위의 근거를 이스라엘 왕의 신임과 지지에 두고 있었습니다. 그래서 이스라엘 안에서는 그보다 더 힘 있는 자가 없었습니다. 그러나 아모스는 이스라엘 왕보다 더 높은 분께 권위의 근거를 두고 있었습니다. 그분은 온 천지를 주재하시고 다스리시는 하나님이십니다. 하나님의 말씀을 전하는 사람은 반드시 이런 부르심에 대한 확신이 있어야 합니다.

사람들은 가르치는 것을 좋아합니다. 남을 가르친다는 것은 그만큼 남보다 높은 위치에 서 있다는 것을 의미하기 때문입니다. 그러나 진짜 하나님의 말씀이 무엇인지 아는 사람은 쉽게 설교하려고 하지 않습니다. 그는 다른 사람에게 설교하기 전에 먼저 자기 자신에게 수십 번 설교를 합니다. 아무리 말씀을 전하는 사람이라도 허물이 없을 수 없고 오류가 없을 수 없습니다. 말씀 앞에 서면 마치 벌거벗은 것처럼 모든 허물과 죄가 드러나 버리기 때문에 그 누구보다 자기 자신이 먼저 회개하지 않을 수 없습니다. 이처럼 자기 자신이 먼저 말씀 앞에 깨지고 부수어지고 콩가루가 될 각오를 하지 않는 사람은 말씀을 전할 수가 없습니다.

또한 하나님의 말씀을 전한다는 것은 단순히 어떤 사실을 가르치는 것이 아니라 사람들을 설득해서 바른 자리로 돌아오게 하는 것입니다. 그러나 사람들은 설득당하는 것을 좋아하지 않습니다. 사람들은 변하기를 싫어해요. 그냥 정보를 죽 나열해 놓고 선택하라고 하면 좋아해도, 마구 밀어붙이면서 "하나님 뜻대로 살래, 아니면 죽을래" 하면 벌써 얼굴을 찌푸립니다. 그렇기 때문에 사람을 두려워하면 바른 말씀을 전할 수가 없습니다.

이처럼 선지자는 아주 고통스러운 과정을 거쳐 자기 자신이 먼저 메시지를 소화하고 회개하며 부서져야 할 뿐 아니라 혼신의 힘을 다해 사람들을 하나님 쪽으로 밀어붙여야 합니다. 이 핑계 저 핑계 대면서 회개하기를 주저하는 사람들, 세상에 미련을 버리지 못해서 미적거리는 사람들을 밀어붙여서 하나님을 향해 첫걸음을 떼게 해야 합니다. 이것이 얼마나 힘든 일인지 모릅니다. 몇 번 해 보면 전부 도망쳐 버립니다. 이것은 하나님의 부르심 없이는 하기 힘든 일입니다.

그렇다면 무엇이 하나님의 부르심일까요? 그것은 하나님의 말씀을 전하지 않으면 속이 터질 것 같은 부담이 나에게 있느냐 하는 것으로 확인할 수 있습니다. 사자가 부르짖는데 누가 떨지 않겠으며, 여호와께서 말씀하시는데 누가 예언하지 않겠습니까? 하나님의 부르심은 갑자기 임합니다. 아모스는 양 떼 뒤를 따라가다가 부르심을 받았습니다. 하나님의 부르심을 받으면 말씀에 대한 엄청난 부담이 생깁니다. 말씀을 전하지 않으면 가슴이 꼭 터질 것 같습니다. 그렇게 부르심을 받은 사람이 말씀을 전하지 않으면 정말 죽게 될지도 모릅니다.

그러나 부르심이 없는 사람은 그렇게 부대낄 일이 없습니다. 그냥 듣기 좋은 이야기나 해 준 후에 각자 알아서 결정하게 하면 됩니다. 그러면 사람들이 고상한 목회자라고 좋아합니다. 그러나 진짜 말씀의 종은 그렇게 하지 못합니다. 한 명이라도 그냥 돌려보내질 못해요. 죄인이 교회 오는 것이 어디 보통 일입니까? 그러니까 어떻게 해서든지 설득해서 말씀에 충격받게 하고 말씀에 붙들리게 하기 위해 사자처럼 부르짖습니다.

아마샤에 대한 예언

아모스는 거짓 제사장 아마샤에 대해 이렇게 예언합니다. "이제 너는 여호와의 말씀을 들을지니라. 네가 이르기를 '이스라엘에 대하여 예언하지 말며 이삭의 집을 향하여 경계하지 말라' 하므로 여호와께서 말씀하시기를 '네 아내는 성읍 중에서 창기가 될 것이요 네 자녀들은 칼에 엎드러지며 네 땅은 줄 띄워 나누일 것이며 너는 더러운 땅에서 죽을 것이요 이스라엘은 정녕 사로잡혀 그 본토에서 떠나리라' 하셨느니라"(7:16-17).

아마샤의 죄가 무엇입니까? 그는 지금까지 거짓 제사장으로서 수많은 하나님의 백성들을 잘못된 길로 인도했습니다. 그러나 그보다 더 큰 죄는 아모스가 전한 하나님의 말씀을 정면으로 대적한 것입니다. 그것은 성령을 훼방한 죄입니다. 하나님께서 복음의 역사, 회개의 역사를 일으키고 계시는데, 자신의 고집과 회개치 않는 마음에 따라 대적함으로써 그 역사를 훼방하는 것은 성령을 훼방하는 죄입니다.

성령을 소멸하는 것과 훼방하는 것은 근본적으로 다릅니다. 성령을 소멸하는 것은 무엇입니까? 말씀을 듣고 은혜를 받으면 성령으로 충만해져서 그렇게 기쁠 수가 없고 자유로울 수가 없습니다. 그러나 약한 본성 때문에 다시 유혹에 넘어가서 분노를 터뜨리고 의심을 하면, 조금 전까지 그렇게 충만하던 기쁨과 감동이 한순간에 싹 사라져 버립니다. 그것이 성령을 소멸하는 것입니다. 그러나 그럴 때에라도 곧바로 엎드려서 "하나님, 제가 미련하게 또 화를 내고 의심을 하고 깨끗하지 못한 생각을 했습니다. 저를 용서하시고 은혜를 회복시켜 주십시오" 하고 간절히 기도하면 다시 기쁨이 샘솟기 시작합니다.

그러나 성령을 훼방하는 것은 복음의 역사, 회개의 역사가 일어나고 있는데 자기 생각과 다르거나 자기 이익과 배치된다고 해서 정면으로 대결하여 그 역사를 꺼뜨리는 것입니다. 그런 죄를 지은 사람은 다시 회개하지 못합니다. 하나님께서 회개할 기회를 주시지 않습니다. 그는 죽을 때까지 자기가 옳다고 확신합니다.

예수님께서 귀신을 쫓아내고 복음의 역사를 일으키실 때 바리새인들이 "저 사람은 귀신의 왕 바알세불의 힘을 빌어서 귀신을 쫓아낸다"고 비방했습니다. 그러자 예수님께서 뭐라고 말씀하셨습니까? "그러므로 내가 너희에게 이르노니 사람의 모든 죄와 훼방은 사하심을 얻되 성령을 훼방하는 것은 사하심을 얻지 못하겠고 또 누구든지 말로 인자를 거역하면 사하심을 얻되 누구든지 말로 성령을 거역하면 이 세상과 오는 세상에도 사하심을 얻지 못하리라"(마 12:31-32). 예수님께서는 육신을 입고 오셨기 때문에 하나님의 아들인 줄 모르고 일시적으로 핍박할 수 있습니다. 그러나 분명히 눈앞에서 복음의 역사가 일어나고 있고 성령의 역사가 일어나고 있는데, 단지 주도권 싸움에서 밀린다고 해서 대적하는 사람은 다시 사하심을 얻지 못할 것입니다.

지금 아모스가 하고 있는 일이 무엇입니까? 하나님의 백성들을 바른 신앙으로 돌이키는 것입니다. 아마샤는 그것을 알고 있었습니다. 그럼에도 불구하고 그대로 내버려 두면 자기 직업을 잃게 되고 지위를 잃게 될 테니까 욕심으로 복음의 역사를 대적했습니다. 그때 아모스는 그를 저주했습니다. 자기를 대적했기 때문이 아닙니다. 이스라엘 백성들이 하나님께로 돌아오는 역사를 막았기 때문입니다.

아모스는 아마샤의 아내가 창기로 팔려 갈 것이라고 말합니다. 그 당시 여자 노예들은 창기로 팔려 갔습니다. 이스라엘 백성들 안에서 노예가 되면 하녀가 될 수도 있었지만, 이방인들에게 팔려 가면 창기가 되었습니다. 창기는 여자 노예 중에서도 가장 비참한 노예였습니다. 또 아마샤의 자녀들은 칼에 죽임을 당한다고 말합니다. 이것은 그들이 자연사하지 못한다는 뜻입니다. 아마샤는 상당히 넓은 땅을 가지고 있었던 것 같습니다. 그런데 그 땅도 줄로 띠워서 여러 사람이 나누어 가질 것이며, 그는 더러운 땅에서 죽을 것입니다. 여기에서 "더러운 땅"이란 이방 땅을 의미할 수도 있고 예루살렘의 게헨나처럼 부정한 땅을 의미할 수도 있습니다.

하나님께서 말씀을 통하여 자기 백성들을 바른 길로 돌이키시는 것은 성령의 역사입니다. 그 일만큼은 절대 방해하면 안 됩니다. 하나님께서 바로에게 말씀하신 것도 "내 백성을 가게 하라. 내 백성이 나를 섬기는 일을 막지 말라"는 것이었습니다. 성령을 훼방하는 자는 다시 회개하지 못합니다. 그래서 죄를 지어도 아무 죄나 지으면 안 됩니다. 하나님의 말씀을 대적하면 안 돼요. 하나님의 말씀을 앞장서서 대적한 사람은 아마샤처럼 저주받을 것입니다. 그런 죄는 용서받을 수 없습니다.

오늘 말씀이 이야기하는 것이 무엇입니까? 하나님께서는 아모스의 설교가 이스라엘 안에서 기폭제 역할을 하기 원하셨습니다. 이 말씀을 던졌을 때 사람들이 심각하게 받아들이고 "정말 우리가 말씀으로부터 너무나 멀리 떠나 있었구나! 이제 어떻게 해야 할까? 우리 생업을 중단하고, 오락을 그치고, 인터넷도 끄고 모여서 하나님께 어떻게 하면 좋을지 물어 보자" 하는 변혁의 역사가 일어나기를 원하셨습니다.

프랑스 혁명 때 굉장히 많은 사람이 죽었습니다. 프랑스 혁명은 그야말로 피비린내 나는 혁명이었습니다. 그런데 영국에서 이런 유혈 혁명이 일어나지 않은 것은 존 웨슬리의 설교가 있었기 때문이라고 생각합니다. 그가 설교했을 때 사람들은 그 말씀을 깊이 받아들이고 삶의 방식을 바꾸어 어려운 사람들을 구제하기 시작했고, 교도소를 찾아가기 시작했으며, 물건을 나누어 주기 시작했습니다. 이렇게 미리 회개운동이 일어나니까, 프랑스와 비슷한 상황에서도 피비린내 나는 살육이 일어나지 않았습니다. 또 미국을 살린 것은 조지 휫필드의 설교였습니다. 그의 설교를 들은 미국인들은 신앙이 얼마나 중요하고 자유가 얼마나 중요한가를 깨달았고, 그 깨달음은 독립운동으로 연결되었습니다.

말씀은 우리를 위협합니다. 내가 지금까지 쌓아온 기반을 흔들어 놓습니다. 그러나 그것은 굉장히 좋은 기회이기도 합니다. 말씀에 먼저 흔들리면 하나님이 보내시는 무서운 전쟁을 피할 수 있습니다. 아마샤가 아모스의 설교를 듣고 제사장직 사표를 던졌다면 얼마나 좋았겠습니까? 제사장직도 포기하고 땅도 포기하고 처음부터 다시 시작했다면 얼마나 좋았겠습니까? 제사장직 아니면 먹고 살 일이 없겠습니까? 아내가 창기로 팔려 가고 자식들이 칼에 죽임당하는 것보다는 그렇게 빈손으로 다시 시작하는 편이 훨씬 낫지 않겠습니까?

오늘 하나님께서 우리에게 요구하시는 것이 무엇입니까? 미리 포기할 것을 포기하고 결단할 것을 결단하며 헌신할 것을 헌신하는 것입니다. 사람들은 아마샤의 화려한 겉모습을 보았기 때문에 책임지지 못하는 아마샤의 말을 따라갔습니다. 하나님께서 드고아의 평범한 목자 아모스를 보내신 것은, 이스라엘 백성들의 겸손을 알아보는 마지막 시험이었습니다. 하나님께서는 말씀에 항상 덫을 쳐 두십니다. 출신이 보잘것없다든지 외모가 형편없다든지 말씀이 학문적이지 않다든지 하는 덫을 쳐 두심으로써, 교만한 사람들은 전부 걸려서 넘어지게 만드십니다. 아모스는 이스라엘에게 주어진 마지막 기회였습니다. 그러나 교만했던 그들은 평범한 목자 아모스를 버리고 화려한 제사장 아마샤를 좇아감으로써 마지막 기회마저 놓치고 말았습니다.

예수님께서는 소경 된 인도자를 따라가면 결국 둘 다 구덩이에 빠지게 된다고 경고하셨습니다. 소경 된 인도자는 큰소리치는 법도 없고 사람의 비위를 상하게 하는 법도 없습니다. 잘 설명해 준 후에 각자 알아서 선택하게 합니다. 그 속에는 불이 없습니다. 사람을 바꾸는 힘이 없습니다. 이처럼 사람을 바꾸지 못하는 말씀은 죽은 말씀입니다. 하나님의 말씀은 살아 있는 불입니다. 듣고 결단을 내리도록 촉구합니다. 그 말씀을 듣고 옳다고 생각하면 남의 눈치 보지 말고 죄의 자리에서 빠져 나와야 합니다. 모든 것을 다 잃을 각오로 빠져 나오지 않으면 고침을 받을 수 없습니다.

하나님께서는 우리에게 많은 것을 요구하시지 않습니다. 첫단추가 잘못 끼워지고 기초가 잘못 놓였을 때, 그로부터 야기된 결

과를 전부 책임지라고 하시지 않습니다. 하나님께서 원하시는 것
은, 그럴 때 어떻게 하면 좋을지 하나님께 물어 보라는 것입니다.
그리고 말씀에 순종해서 첫걸음을 옮겨 보라는 것입니다. 그러면
뜨거운 불 같은 성령의 역사를 일으키겠다고 말씀하십니다.

12

여름 실과 한 광주리

이스라엘의 끝

이스라엘이 망하는 이유

하나님이 버리시면

8:1 주 여호와께서 또 내게 여름 실과 한 광주리를 보이시며

2 가라사대 "아모스야, 네가 무엇을 보느냐?" 내가 가로되 "여름 실과
한 광주리니이다" 하매 여호와께서 내게 이르시되 "내 백성 이스라엘의
끝이 이르렀은즉 내가 다시는 저를 용서치 아니하리니

3 그날에 궁전의 노래가 애곡으로 변할 것이며 시체가 많아서 사람이 잠잠히
처처에 내어버리리라." 이는 주 여호와의 말씀이니라.

4 궁핍한 자를 삼키며 땅의 가난한 자를 망케 하려는 자들아,
이 말을 들으라.

5 너희가 이르기를 "월삭이 언제나 지나서 우리로 곡식을 팔게 하며
안식일이 언제나 지나서 우리로 밀을 내게 할꼬? 에바를 작게 하여 세겔을
크게 하며 거짓 저울로 속이며

6 은으로 가난한 자를 사며 신 한 켤레로 궁핍한 자를 사며 잿밀을 팔자"
하는도다.

7 여호와께서 야곱의 영광을 가리켜 맹세하시되 "내가 저희의 모든 소위를
영영 잊지 아니하리라" 하셨나니

8 이로 인하여 땅이 떨지 않겠으며 그 가운데 모든 거민이 애통하지
않겠느냐? 온 땅이 하수의 넘침같이 솟아오르며 애굽 강같이 뛰놀다가
낮아지리라.

9 주 여호와께서 가라사대 "그날에 내가 해로 대낮에 지게 하여 백주에 땅을
캄캄케 하며

10 너희 절기를 애통으로, 너희 모든 노래를 애곡으로 변하며 모든 사람으로
굵은 베로 허리를 동이게 하며 모든 머리를 대머리 되게 하며 독자의
죽음을 인하여 애통하듯 하게 하며 그 결국으로 곤고한 날과 같게 하리라."

8:1-10

　한번은 시장에서 비싼 값을 주고 크고 잘생긴 수박을 샀습니다. 그런데 집에 와서 잘라 보니 너무 익어서 먹을 수가 없었습니다. 그 다음부터는 수박을 살 때 반드시 꼭지가 푸른지 확인합니다. 아무리 모양이 보기 좋아도 꼭지가 시들어 있으면 절대 사지 않습니다. 이미 딴 지 오래 되어 상해 가는 수박일 것이 분명하기 때문입니다.

　오늘 하나님께서는 아모스에게 여름 실과 한 광주리를 보여 주시면서 무엇이 보이느냐고 물으십니다. 여름 실과 한 광주리가 얼마나 탐스럽습니까? 하나님께서 보여 주신 광주리는 신혼부부가 서로의 집에 인사 갈 때 들고 가도 될 만큼 보기 좋고 풍성한 과일 광주리였습니다. 그런데 문제는 이것이 풋과일이 아니라 아주 늦은 여름 과일이라는 데 있었습니다. 겉보기에는 좋았지만 속은 썩어 가고 있었습니다. 결국 이 과일들은 광주리째 버려질 것입니다.

　하나님께서 이런 여름 실과 한 광주리를 보여 주신 의도는 무엇입니까? 그 여름 실과들이야말로 이스라엘 백성들의 모습이라는 것을 알려 주시기 위해서입니다. 하나님의 백성들은 항상 신선해야 하고 항상 생기가 넘쳐야 합니다. 그런데 이스라엘 백성들은 여름 실과처럼 너무 익어 버려서 겉은 그럴듯해 보여도 속은 곯아 있었습니다. 그들은 단 한 개도 건질 것이 없는 과일 광주리와 같았습니다. 결국 그들은 전부 버림받게 될 것입니다.

하나님께서는 이 환상을 통해 이스라엘이 일부도 남지 못하고 전부 버림받을 것을 보여 주시며, 경제적인 영역에서 그들이 저지른 불의와 탐욕을 지적하십니다. 그리고 최종적으로 그들을 버리신다는 것이 어떤 성격을 갖는지에 대해 말씀하십니다.

이스라엘의 끝

하나님께서 아모스에게 보여 주신 환상의 의미가 무엇입니까? 이 오래된 과일들이 금방 썩고 마는 것처럼 이스라엘도 곧 망한다는 것입니다. "주 여호와께서 또 내게 여름 실과 한 광주리를 보이시며 가라사대 '아모스야, 네가 무엇을 보느냐?' 내가 가로되 '여름 실과 한 광주리니이다' 하매 여호와께서 내게 이르시되 '내 백성 이스라엘의 끝이 이르렀은즉 내가 다시는 저를 용서치 아니하리니'"(8:1-2).

하나님께서는 아모스에게 여름 실과 한 광주리를 보여 주시면서 이제 이스라엘은 끝장이라고 말씀하십니다. 여기에는 두 가지 의미가 있습니다. 첫째로 여름 실과는 빨리 부패하는 성질을 가지고 있습니다. 금세 먹어 치우지 않으면 버릴 수밖에 없습니다. 아깝다고 바구니에 오래 담아 두면 불과 며칠 만에 곯아서 전부 버리게 될 것입니다. 이스라엘 백성들은 여름 실과들처럼 겉모습은 번지르르했지만 속은 곯을 대로 곯아 있었습니다. 조금 상했다면 일부만 잘라내도 되겠지만, 성한 곳 없이 전부 곯아서 어디 한 군데 건질 수가 없었습니다.

둘째로 "여름 실과"에 해당하는 히브리어 '카이츠'는 '끝'을 의미하는 히브리어 '케츠'와 발음과 철자가 비슷합니다. 즉 하나님께서는 이제 이스라엘은 '끝'이라는 뜻에서 여름 실과를 보여 주신 것입니다. 하나님은 모든 것의 끝을 선언하시는 분이십니다. 하나님은 역사의 주관자이십니다. 하나님께서 한번 '끝'을 선언하시면 아무도 더 이상 어떻게 할 수 없습니다. 마치 심판이 경기 종료를 알리는 휘슬을 불면 선수들이 아무리 더 뛰고 싶어도 뛸 수 없는 것과 같습니다.

하나님께서 주신 은혜는 빨리 사용해야 합니다. 그렇지 않고 묵혀 두면 썩어서 버릴 수밖에 없습니다. 떡이나 과일이 아까워 냉장고나 집 구석구석에 박아 두었다가 결국 곰팡이가 피거나 속이 곯아서 버리게 되는 경험들을 우리도 자주 하지 않습니까? 그래서 "아끼면 똥 된다"는 속담도 있습니다.

하나님께서 이스라엘 백성들에게 주신 은혜는 신선한 과일처럼 독특하고 맛있는 것이었습니다. 이스라엘 백성들은 그 은혜를 빨리 사용했어야 합니다. 다른 일은 즉흥적으로 하면 안 되지만 사랑을 베풀 때는 즉흥적으로 해야 합니다. 누구에게 무엇을 주고 싶은 마음이 생기면 오래 끌지 말고 즉시 주고, 누구를 용서하고 싶은 생각이 들면 이것저것 재지 말고 곧바로 용서해 버려야 합니다. 사랑을 실천하는 일에 늑장을 부리면 아무리 좋은 것을 가지고 있었고 좋은 마음이 있었더라도 다 썩어서 쓸모없게 되어 버립

니다. 이스라엘 백성들은 하나님께서 주신 은혜를 너무나도 오랫
동안 아낀 나머지 전부 버려야 하는 지경에 이르고 말았습니다.

하나님께서 이스라엘 백성들에게 더 이상 경고를 주시지 않고
'끝'이라는 신호를 보내시는 이유는 무엇입니까? 이제 이 백성은
변할 수 없다는 결론을 내리셨기 때문입니다. 하나님은 은혜와 자
비가 무궁하시기 때문에 조금이라도 가능성이 보이면 절대로
'끝'을 선언하시지 않습니다. 포기하지 않고 계속해서 책망하시고
경고하십니다. 그런데 하나님께서 이 무서운 과일 광주리를 드시
고 '끝'을 선언하시는 것은, 하나님이 보시기에도 이제는 전혀 회
복될 가능성이 없다는 뜻입니다.

여름 실과 한 광주리는 잎만 무성하고 열매는 하나도 없었던 무
화과나무와 같습니다. 예수님께서 아주 시장하여 무화과나무 열매
를 찾으신 적이 있었습니다. 그런데 그 나무는 잎만 무성했을 뿐
열매가 없었습니다. 그러자 예수님께서는 그 무화과나무를 저주하
셨고 그 나무는 즉시 말라서 죽어 버렸습니다. 겉보기에는 열매가
많을 것 같은데 막상 확인해 보면 아무 열매도 없는 것, 그리고 설
사 열매가 있다 해도 팍 곯아 있는 것, 그것이 이스라엘의 실상이
었습니다.

그렇다면 하나님께서 선언하신 이 '끝'은 구체적으로 무엇을
의미하는 것일까요? 하나님께서는 3절에서 거기에 대해 설명하고
계십니다. "'그날에 궁전의 노래가 애곡으로 변할 것이며 시체가
많아서 사람이 잠잠히 처처에 내어버리리라.' 이는 주 여호와의
말씀이니라."

이스라엘이 '끝'이라는 것은 말 그대로 철저하게 멸망해서 나
라가 완전히 없어진다는 뜻입니다. 이스라엘 왕궁의 흥겨운 노래

는 장송곡으로 변할 것입니다. 사람들이 얼마나 많이 죽는지 일일이 장사를 지낼 수 없을 것이며, 사람들은 애곡하지 못하고 잠잠히 시체를 처리할 것입니다. 이스라엘 백성들의 죽음을 동정하는 자는 죽임을 당할 것이기 때문입니다. 울고 싶어도 울 수가 없습니다. 잠자코 시체나 치워야 그나마 목숨을 부지할 수 있습니다.

우리는 구약성경에서 가장 난해한 문제 중 하나에 직면해 있습니다. 이방 백성이 아닌 하나님의 백성이 어떻게 이렇게 철저히 멸망할 수 있습니까? 물론 하나님을 모르는 자들은 자기들이 믿는 신이 여호와보다 강하기 때문에 이스라엘이 망했다고 생각할 것입니다. 그러나 하나님은 그런 약한 신이 아니십니다. 다른 신들은 전부 사람이 만든 것들에 불과하지만, 이스라엘의 여호와는 살아 계신 하나님이십니다. 그런데 그 하나님께서 왜 자기 백성들을 이렇게 철저히 망하게 만드시는 것입니까?

이 질문에 대한 하나님의 답변은 "이 사람들은 내 백성이 아니다"라는 것입니다. 하나님의 백성은 겉모습으로 판별되지 않습니다. 하나님의 백성은 그의 말씀을 참으로 존중하며 그 말씀에 복종하는 자들입니다. 예배나 드리러 왔다 갔다 한다고 해서 하나님의 백성이 아니에요. 그래서 버리셨다는 것입니다.

이 부분에 대해 사도 바울은 이렇게 말하고 있습니다. "대저 표면적 유대인이 유대인이 아니요 표면적인 육신의 할례가 할례가 아니라. 오직 이면적 유대인이 유대인이며 할례는 마음에 할지니"(롬 2:28-29 상). 마음의 할례가 무엇입니까? 부패한 본성과 못된 기질들을 잘라 내고, 기쁨으로 하나님의 뜻에 순종하는 것입니다. 이스라엘 백성들은 형식적으로 하나님을 섬기고 있었기 때문에 스스로 하나님의 백성이라고 생각했습니다. 그러나 자기가 그렇게 생각한다고 해서 하나님의 백성이 되는 것이 아닙니다. 하나님께서 "너는 내 백성이다"라고 인정해 주셔야 합니다.

하나님 백성의 특징이 무엇입니까? 다른 것은 몰라도 하나님의 말씀만큼은 절대적으로 순종한다는 것입니다. 교회를 몇 년 다녔느냐, 직책이 무엇이냐, 어떤 체험을 했느냐, 방언을 얼마나 하느냐가 중요한 것이 아닙니다. 하나님의 말씀에 대해 어떤 태도를 보이느냐가 중요합니다. 그들은 이 세상에서 성공하는 것을 인생의 목적으로 삼지 않습니다. 그들의 목적은 하나님을 알아 가는 것입니다. 성경을 통해서, 삶을 통해서 하나님을 알아 가는 것입니다.

또한 하나님의 백성은 철저하게 하나님께 의존적인 사람들입니다. 어린아이는 부모의 도움 없이 아무것도 하지 못합니다. 그처럼 하나님의 도움 없이는 단 한 순간도 살 수 없는 사람들이 하나님의 백성입니다. 물론 하나님을 알기 전까지는 그들도 다 그 나름대로 똑똑하고 능력 있던 사람들입니다. 그러나 예수를 만난 후부터는 '내 것'이라는 것이 없어져 버렸습니다. 자신들이 만난 그리스도의 영광과 능력이 얼마나 큰지 이전에 가지고 있었던 목표와 야망은 전부 사라져 버렸습니다. 하나님의 백성은 목자 되신 주님이 인도해 주시지 않으면 한 발자국도 앞으로 나아가지 못합니다. 1년 아니라 10년이 지나도 주님의 인도 없이는 그 자리를 떠날 수 없고, 주님의 보호 없이는 스스로를 지킬 수 없습니다.

하나님의 백성은 미래의 일들을 일일이 헤아리고 계산하지 않습니다. 그것은 하나님이 하실 일이기 때문입니다. 오직 자기 앞에 닥친 일만 생각해서, 그 일이 하나님의 뜻이면 하고 하나님의 뜻이 아니면 하지 않습니다. 그들은 자기가 모든 것을 책임지려

들거나 완벽하게 하려 들지 않습니다. 자신들은 그렇게 할 능력이 없는 존재라는 것을 알기 때문입니다. 그들은 하나님의 주권이 자신들의 삶에 온전히 행사되기를 갈망합니다.

또한 하나님의 백성은 의로운 삶을 사랑합니다. 사실 옳은 일이라는 것은 적극적으로 추구하지 않으면 행하기 힘든 법입니다. 하나님의 백성은 항상 옳은 일에 주리고 목말라합니다. 그리고 하나님께 모든 존귀한 것이 있다는 것을 알고 기뻐합니다. 그래서 참 하나님의 백성에게는 종교와 삶이 분리되지 않습니다. 삶 자체가 신앙이고, 윤리 자체가 종교입니다.

이렇게 하나님께 자신을 온전히 맡긴 백성들은 겸손하고 깨끗합니다. 흠 하나 없는 싱싱한 과일 같습니다. 그런데 이스라엘 백성들이 하나님을 멀리했을 때 그들 안에는 교만의 균이 파고 들어오기 시작했습니다. 그래서 결국 겉은 번지르르하지만 속은 성한 데 없이 팍 곯아 버린 여름 과실들이 되고 말았습니다.

하나님께서 이스라엘 백성들에게 '끝'을 선언하신 이유가 무엇입니까? 그들은 종교에서 윤리를 분리시켰습니다. 하나님을 예배 행위 하나에 감지덕지하는 분처럼 만들어 놓았습니다. 너무 심심해서 예배라도 드려 주면 좋아라 하는 분처럼 만들어 놓았습니다. 그렇게 교만한 자들은 하나님께 속할 수가 없습니다. 스스로 하나님의 백성이라고 속이는 것일 뿐입니다. 이 세상에서 가장 불쌍한 사람이 누구입니까? 자신들은 하나님의 백성이라고 생각하는데 하나님께서는 그것을 인정해 주시지 않는 사람들입니다. 자신들은 아주 편하게 신앙생활 잘 하고 있습니다. 그러나 하나님께서는 그것을 전혀 기뻐하시지 않습니다.

위기의 순간에 문을 열 수 있는 열쇠가 진짜 열쇠입니다. 아무리 열쇠 꾸러미가 커도, 그 열쇠들이 전부 가짜라면 정작 문을 열어야 하는 순간에 문을 열 수 없습니다. 진짜 신앙은 위기의 순간에 능력을 발휘하는 신앙입니다. 신앙은 편안할 때 옆에 두고 보는 장식품이 아닙니다. 위기의 순간에 하늘 문을 여는 열쇠입니다. 너무나 사정이 다급할 때, 도무지 어디에도 길이 보이지 않을 때, 바다 사이로 길을 열고 바위에서 물이 솟구치게 만드는 신앙이 진짜 신앙이에요. 자기 자신은 열쇠를 가지고 있다고 철썩같이 믿고 있었는데, 정작 다급한 순간에 문이 열리지 않는다면 차라리 열쇠가 없느니만 못할 것입니다.

그러므로 하나님과 나와의 관계를 확인해 보십시오. 성경 안에 있는 길로 걸어가고 있는지 스스로 질문해 보십시오. 그 길로 가고 있다면 생명의 길로 가고 있는 것으로서, 아무리 위급한 일을 당해도 하늘 문이 열릴 것입니다. 어린아이처럼 하나님을 전적으로 의지하면서, 옳은 일은 하고 옳지 않은 일은 거부하면서 한 걸음 한 걸음 나아가고 있다면, 아무것도 미리 예측하거나 혼자 책임지려 하지 않고 주님의 뜻을 기다리고 있다면, 나는 분명히 생명의 길을 걷고 있는 사람입니다.

물론 옆사람이 보기에는 굉장히 답답합니다. 돈 벌 길이 뻔히 보이는데 왜 가지 않는지, 조금만 손을 쓰면 빠져 나갈 길이 분명히 있는데 왜 멍청하게 가만히 있는지 굉장히 답답해요. 그러나 일단 하나님의 때가 되면 놀랍게 회복되는 것을 보게 됩니다. 자기 힘으로 살려고 몸부림치는 사람은 한때 잘되는 것처럼 보여도 결국 그 자리가 그 자리인데, 세상적인 방법을 쓰지 않던 사람, 답답하게 하나님께만 자신을 맡겼던 사람은 눈부시게 회복되는 것을 볼 수 있습니다.

또 한 가지 우리가 생각해야 할 것은, 하나님께서 신약 시대의 우리들도 버리시는가 하는 점입니다. 하나님께서는 우리를 버리시지 않습니다. 물론 가룟 유다처럼 기독교의 영향만 받았을 뿐 진정으로 그리스도를 믿지 않는 사람은 버림을 받지만, 참으로 자기가 죄인인 것을 고백하고 주 예수를 믿는 자는 절대로 버림받지 않습니다. 우리에게는 '끝'이 있을 수 없습니다.

그 대신 하나님께서는 우리에게 미리 소금을 치십니다. 우리 역시 이스라엘 백성들처럼 부패하기 쉬운 사람들입니다. 하나님께서는 우리가 곯은 과일이 되지 않도록 미리 고난이라는 소금을 쳐서 우리를 낮추십니다. 사도 바울을 어떻게 낮추셨는지 보십시오. 주님은 바울 같은 사람도 여름 과실처럼 쉽게 부패하는 본성을 가진 존재라는 것을 아셨습니다. 그래서 남의 병은 고쳐도 자신의 병은 지닌 채 살게 하시고 그 누구보다 많은 고난을 받게 하심으로써 감히 하나님 앞에서 교만해지지 않게 하셨습니다.

고난이 없으면 반드시 부패하게 되어 있습니다. 고난 없이 끝까지 자기 자신을 잘 지킨다는 것은 절대 불가능한 일입니다. 하나님께서 우리에게 많은 고난을 주시는 이유가 무엇입니까? 우리를 이스라엘처럼 버리지 않으시기 위해서입니다. 구약 시대에 일어난 일은 다시 반복되지 않을 것입니다. 하나님께서 미리 우리를 낮추시기 때문입니다.

이스라엘이 망하는 이유

하나님께서는 4절에서 이스라엘 백성들이 망하는 이유를 구체적으로 설명하고 계십니다. "궁핍한 자를 삼키며 땅의 가난한 자를 망케 하려는 자들아, 이 말을 들으라." 하나님께서는 자기 백성을 부르실 때 꼭 '암미'라고 부르셨습니다. 이것은 '내 백성'이라는 뜻입니다. 그런데 여기에서는 '내 백성'이라고 부르시지 않고 "궁핍한 자를 삼키며 땅의 가난한 자를 망케 하려는 자들"이라고 부르고 계십니다. 다시 말해서 "이 도둑놈들아!"라고 부르고 계신 것입니다.

하나님께서는 이스라엘 백성들의 타락을 세 단계로 나누어 말씀하십니다. 첫번째 단계는 예배의 타락입니다. "너희가 이르기를 '월삭이 언제나 지나서 우리로 곡식을 팔게 하며 안식일이 언제나 지나서 우리로 밀을 내게 할꼬?'"(8:5 상).

이스라엘 백성들은 월삭을 꼬박꼬박 지켰고 안식일도 꼬박꼬박 지켰기 때문에 다른 사람들이 보기에는 아주 신앙이 좋은 것 같았습니다. 그런데 사실 속으로는 이런 날들을 지키느라 허비하는 시간을 너무나 아깝게 생각하고 있었고, 어떻게 하면 이런 날들을 빨리 보내 버리고 장사를 하나 조바심을 내고 있었습니다. 월삭은 한 달의 첫날을 하나님께 바치는 것입니다. 안식일은 일주일에 하루를 하나님께 바치는 것입니다. 고대에는 그렇게 한 달의 첫날을 쉬고 일주일에 하루를 쉬는 사람들이 없었습니다. 이스라엘 백성들만 그렇게 쉬었습니다. 물론 할 일이 없으면 그렇게 쉬어도 별 지장이 없을 것입니다. 그러나 할 일이 많고 팔 것이 많을 때, 하루 놀면 수입이 팍팍 줄어드는 것이 눈에 보일 때에는 매달 첫날부터 놀고 일주일에 하루씩 쉬는 것이 얼마나 큰 손해로 느껴지는지 모릅니다. 물론 하나님께서 지키라고 하시니까 지키기는 합니다. 그러나 마음속에는 예배에 대한 진정한 기쁨이 없었습니다.

하나님의 백성들에게 가장 소중한 시간은 하나님을 만나는 예배 시간입니다. 하나님을 만나는 예배의 특징이 무엇입니까? 내가 완전히 새로워지는 것입니다. 조금 전까지 마음을 내리누르고 있던 여러 가지 염려와 죄의식들은 사라지고, 말할 수 없는 기쁨과 희망이 솟아납니다. 그런데 예배에서 하나님을 만나려면 어떻게 해야 합니까? 예배 시간에만 나아간다고 해서 만날 수 없습니다. 마음이 복잡하면 하나님을 향할 수가 없기 때문입니다. 그래서 예배 전에 미리 마음을 준비해야 합니다. 하나님께서는 이스라엘 백성들이 예배 시간에만 나아오는 것이 아니라 아예 하루를 구별해 놓고 마음을 준비해서 나아오기를 바라셨습니다.

하나님의 백성이 살아나려면 예배의 감격이 살아나야 합니다. 우리는 죄를 좋아하는 사람들이기 때문에 스스로의 힘으로는 죄를 이길 수 없습니다. 예배를 통해 하나님을 만남으로써 기쁨으로 충만해질 때, 그래서 그 기쁨이 죄보다 더 좋아질 때 죄를 이길 수 있는 것이지, 가만히 앉아서 마음만 굳게 먹는다고 죄를 이길 수 있는 것이 아닙니다. 또 남을 용서하고 용납한다는 것도 말처럼 쉽게 되는 일이 아닙니다. 그 사람이 나한테 준 상처가 있고 내가 피해를 당한 사실이 분명히 있는데 어떻게 용서하고 용납합니까? 그런데 하나님을 만나는 가운데 그분의 사랑이 부어지면, 그 사랑이 너무나 크게 느껴진 나머지 사람에게 받은 손해나 상처는 너무나 작아 보이게 됩니다. 그럴 때 남을 용서하고 용납하게 되는 것이지, 억지로 용서하고 용납할 수 있는 것이 아닙니다. 이처럼 우리의 모든 삶은 바른 예배로부터 시작되게 되어 있습니다.

그러나 이스라엘 백성들은 예배를 그렇게 중요하게 생각하지 않았습니다. 단순히 종교적인 의식으로만 생각했습니다. 그래서 그 하루 동안 돈 벌지 못하고 장사하지 못하는 것을 아까워했습니다. 그들의 비극은 거기에서 시작되었습니다.

오늘날 많은 교회들이 침체된 원인은 예배에 있고, 그 중에서도 설교에 있습니다. 성경이 바로 해석되면 그렇게 마음이 뜨거워질 수가 없습니다. 참 이상한 것이, 사람의 강의는 아무리 훌륭해도 고개만 끄덕이고 나면 그만이지만 성경이 바로 해석되면 아무리 어눌한 사람이 설교해도 마음이 뜨거워지기 시작하고 감격이 생기기 시작합니다. 그것이 하나님을 만나는 것입니다.

모세가 하나님의 영광을 보게 해 주실 것을 구했을 때, 하나님께서는 그를 바위 사이에 숨기시고 손으로 덮으셨습니다. 그리고 그 앞을 지나가시면서 잠깐 손을 들어 그 등을 보게 해 주셨습니다. 이렇게 잠깐 등만 보았는데도 모세의 얼굴에 빛이 나서 아무도 그를 바로 보지 못했습니다. 나중에 바울은 고린도 교인들을 향해 "모세는 하나님의 영광의 등만 보았는데도 얼굴에 빛이 나서 사람들이 감히 그에게 대항하지 못했는데, 그보다 더 영광스러운 복음을 전하는 나를 너희가 그렇게 무시하고 업신여기느냐"고 책망합니다. 모세가 본 영광은 율법의 영광으로서, 하나님의 영광 가운데 가장 빛나는 부분이 아니었습니다. 그런데 고린도 교회 교인들은 영광의 핵심인 복음을 들었으면서도 세상의 지푸라기 같은 것들에 정신이 팔려 그 가치를 알아보지 못했습니다.

우리는 어떻게 하나님의 얼굴 빛을 받을 수 있습니까? 말씀을 들을 때 받을 수 있습니다. 말씀을 들으면 속에 있는 어두운 그림자들이 사라지기 시작합니다. 불안이 없어지기 시작하고 미래에 대한 염려와 걱정이 없어지기 시작합니다. 그것이 곧 하나님의 영광의 빛이 우리의 마음속을 채우시는 것입니다. 그럴 때 약속의 말씀을 붙들고 기도하면 응답이 나타나고 능력이 나타납니다. 그런데 이스라엘 백성들은 말씀 듣는 일을 얼마나 소홀히 여겼는지, 그까짓 하루 벌이보다 못하게 생각했습니다.

하나님의 말씀을 듣는 백성의 자세는 털 깎는 어린 양과 같아야 합니다. 털을 깎으면 아픕니다. 살이 밀리기도 하고 털이 뽑히기도 합니다. 그런데도 양은 가만히 누워 있습니다. 왜 그렇게 누워 있습니까? 목자를 믿기 때문입니다. 말씀을 들을 때 '이런 말씀을 하시는 분이라면 내 모든 것을 맡겨도 된다'는 믿음이 생긴 성도는 아무리 아파도 하나님께서 털을 다 깎으실 때까지 가만히 누워 있습니다. 사실 털 다 깎인 양은 별로 볼품이 없습니다. 그런데 그 볼품 없는 모습이 얼마나 신선하고 깨끗한지 모릅니다.

하나님과의 만남이 중단되고 예배의 감격을 잃어버리면 어떻게 됩니까? 겉으로 보면 하나님을 위한 일을 아주 많이 하는 것 같은데 이상하게 금전 문제나 이성 문제 같은 것에 말려들면서 추악한 종말을 맞이하게 됩니다.

이스라엘 백성들도 예배의 감격을 잃어버리자 장사하는 일에서부터 속임수를 쓰기 시작했습니다. "에바를 작게 하여 세겔을 크게 하며 거짓 저울로 속이며"(8:5 하). 에바를 작게 했다는 것은 부피를 속였다는 뜻입니다. 에바는 곡식의 양을 재는 통으로서, 사람 한 명이 들어갈 수 있을 정도로 큰 통입니다. 그들은 그 통을 작게 만들어 이득을 취했습니다. 또 세겔은 무게의 단위인데, 그것을 크게 만들어서 또 이득을 취했습니다. 그들은 거짓 저울도 동원했습니다.

이스라엘 백성들이 이런 속임수들을 쓴 이유는 무엇입니까? 정상적으로 장사하면 돈을 빨리 벌 수 없었기 때문입니다. 어떻게 해서든지 사람들을 속여 먹어야 빨리 돈을 모을 수 있습니다. 이스라엘 백성들의 목표는 하루라도 빨리 돈을 모아서 남보다 잘사는 것이었습니다. 그들의 목표는 세상 사람들의 목표와 하나도 다를 것이 없었습니다.

그리스도인들은 삶의 목표가 달라야 합니다. 하나님께서 우리를 축복하시는 일에는 때가 있습니다. 교회를 부흥시키시는 일에도 때가 있습니다. 그런데 우리는 그 때를 모르기 때문에 참고 기다리기가 어렵습니다. 그래서 축복이나 부흥 그 자체를 목표로 삼아서 조급하게 굴다가 힘을 잃어버립니다. 우리는 눈에 보이는 것을 목표로 삼으면 안 됩니다. 어떻게 하면 하나님을 좀더 알 수 있을까, 어떻게 하면 하나님을 아는 지식에서 좀더 자라 갈 수 있을까에 집중하다 보면 장사가 좀 안 되어도 참을 수 있고 결혼이 좀 늦어져도 참을 수 있습니다. 장사나 결혼 자체가 목적이 아니기 때문입니다.

하나님의 때를 기다리기까지가 어렵지, 일단 때가 되고 나면 얼마나 빨리 일이 진행되는지 모릅니다. 교회도 말씀 붙들고 하나님께서 기뻐하시는 방향으로 나아가다 보면 어느 순간부터 폭발적인 역사가 일어나는 것을 경험할 수 있습니다. 다만 우리는 그때를 모르기 때문에 어떻게 해서든지 하나님을 더 알아 가려고 애쓰고, 열심히 모여서 풍성한 신앙생활을 하려고 애써야 하는 것입니다. 그러면 당장 결과가 나타나지 않아도 기쁨으로 기다릴 수가 있습니다.

제가 처음 교회를 개척했을 때, 교인 수 늘리는 것을 목표로 삼지 않고 성경 알아 가는 것을 목표로 삼았습니다. 그러니까 별로 교인이 늘지 않았습니다. 한 명이 새로 나오면 두 명 데리고 나가 버렸습니다. 두 명이 오면 세 명 데리고 나가 버렸습니다. 교인이

느는 것이 아니라 오히려 줄어들었습니다. 그런데도 기쁨으로 견딜 수 있었던 것은 목표를 눈에 보이는 것에 두지 않았기 때문이었습니다. 그래서 생각보다 빨리 부흥이 되지 않아도 기다릴 수 있었습니다.

왜 하나님의 백성들이 돈 버는 것을 목표로 삼습니까? 하나님께서는 그 백성에게 필요한 것들을 다 채워 주십니다. 조금 늦게 주시는 게 탈인데, 주실 때까지 잘 기다리면 됩니다. 이렇게 잘 기다리려면, 그래서 정말 하나님께서 주시는 축복을 누리려면, 목표를 잘 잡아야 합니다. 어떻게 하면 하나님을 더 알아 갈 것인가, 어떻게 하면 성경 속에 있는 이 무진장한 보배를 내 것으로 삼을 것인가를 목표로 삼으십시오. 하나님은 틀림없으십니다. 내가 미처 생각지 못한 것들까지 다 채워 주십니다.

또한 하나님의 백성은 어떻게 하면 남을 더 사랑할 것인가를 목표로 삼아야 합니다. 성도들이 존재하는 것은 남을 사랑하기 위해서입니다. 천국에서 가장 존귀한 사람은 남을 가장 많이 사랑한 사람입니다. 자기 식구 사랑하는 것은 기본입니다. 그것 가지고 점수 딸 생각을 해서는 안 됩니다. 남을 사랑하되 특별히 원수를 사랑해야 합니다. 도저히 사랑할 수 없는 사람 하나를 사랑하는 것은 사랑스러운 사람 100명을 사랑한 것과 점수가 같습니다. 상을 받으려면 이런 가산점을 잘 따야 합니다. 자기를 희생해 가면서 사랑해도 가산점이 붙습니다. 자기 자식한테는 아무리 비싼 집 물려주고 땅 많이 물려줘도 상이 없습니다. 그러나 원수한테는 맹물 한 대접만 퍼 주어도 상이 있습니다. 사랑하기 싫은 사람을 전심으로 사랑하지 못하고 억지로 사랑해도 상이 있습니다. 우리는 싫은 사람을 100퍼센트 진심으로 사랑하지 못합니다. 그런 사랑은 억지로 해야 합니다. '정말 사랑이 안 가지만 상 받기 위해서 억지로 한다'는 마음으로 사랑해도 상 받을 수 있습니다. 친한 사람들끼리는 아무리 사랑해 봐야 세리보다 나은 점수를 받을 수 없어요. 정말 미운 사람 열 명 뽑아서 명단에 적어 놓고 사랑해 보십시오. 천국에서 점수가 팍팍 올라갑니다.

하나님을 알아 가는 것은 큰 산 속에 묻힌 노다지를 캐는 일과 같고, 깊디깊은 정글을 탐험하는 것과 같습니다. 사람이 한번 태어났으면 그런 노다지를 캐는 인생을 살아 봐야 하지 않겠습니까? 그런 정글을 통과해 봐야 하지 않겠습니까? 그런데 안타깝게도 성경을 제대로 통과해 본 교회가 역사상 거의 없습니다. 우리는 우리의 목표를 하나님의 말씀을 탐색하는 데 두어야 하고 남을 더 사랑하는 일에 두어야 합니다. 그럴 때 하나님께서 세상의 필요들을 채워 주시고 천국의 상까지 주실 것입니다.

이스라엘 백성들은 하나님을 알려고 하지 않고 세상을 알려고 했습니다. 남을 사랑하려고 하지 않고 자기 식구들만 사랑하려고 했습니다. 그 결과가 무엇입니까? 하나님께서 그들을 싫어하시게 된 것입니다. 여러분, 하나님께서 우리를 싫어하시면 끝장입니다. 하나님께서 우리를 기뻐하시고 사랑하시며 즐거운 마음으로 우리 가운데 거하시게 하는 것이 우리의 재산입니다. 그렇게 하면 누구도 우리를 건드리지 못합니다.

이스라엘 백성들은 사랑할 수 있는 특권을 버리고 돈을 모았습니다. 물론 속아넘어간 사람들은 자기가 속았다는 사실을 몰랐을 수도 있고, 그렇게 속아넘어갔다고 해서 치명적인 손해를 입은 것은 아니었을 수도 있습니다. 그러나 하나님께서는 이스라엘 백성들이 그가 주신 것만을 갖기 원하셨습니다. 그런데 그들의 집에 있는 물건들을 보면 하나님이 주신 것이 하나도 없었습니다. 그들의 집을 채우고 있는 물건들은 전부 가난한 사람들의 집에 있던 것들이었습니다. 그들은 그것을 돌려주었어야 했습니다.

우리가 가진 것들 중에 내 것 아닌 것이 있습니까? 다 찾아서 돌려주십시오. 예일대학교에서 부흥의 역사가 일어났을 때, 도서관에 책들이 밀려들기 시작했습니다. 학생들이 빌려갔다가 반납하지 않은 책들을 전부 가져왔기 때문입니다. 하나님의 백성은 하나님께서 주신 것만으로 만족해야 합니다. 부정한 수입으로 식구들 잘 먹이고 잘 입힐 생각을 하지 않아야 합니다. 부모가 자식에게 떳떳하게 해 주어야 하는 말이 무엇입니까? "우리는 하나님께서 주신 것 외에 아무것도 갖지 않았다"는 것입니다.

6절에는 이들이 좀더 적극적으로 악을 행하는 모습이 나옵니다. "'은으로 가난한 자를 사며 신 한 켤레로 궁핍한 자를 사며 잿밀을 팔자' 하는도다." 은으로 가난한 자를 샀다는 것은, 가난한 자가 자기 땅에 돌아왔을 때 그가 원래 땅 주인이라는 증거를 하지 않는 대가로 뇌물을 받았다는 뜻입니다. 또 신 한 켤레로 궁핍한 사람을 샀다는 것은, 빌려 준 돈 중에서 신 한 켤레 값만 모자라도 노예로 팔아 버렸다는 뜻입니다. 잿밀은 밀기울입니다. 그런 건 그냥 줘도 그만입니다. 그런데 이스라엘 백성들은 그것까지 돈을 받고 팔았습니다. 도대체 그들은 왜 이렇게 강퍅하게 굴었을까요? 한번 봐주기 시작하면 끝이 없다고 생각했기 때문입니다. 그래서 마음을 독하게 먹고 남의 어려움을 전혀 돌아보지 않은 채 자기 이익만 철저하게 챙긴 것입니다.

이런 그들에게 하나님께서 하시는 말씀이 무엇입니까? "여호와께서 야곱의 영광을 가리켜 맹세하시되 '내가 저희의 모든 소위를 영영 잊지 아니하리라' 하셨나니"(8:7). 하나님께서는 야곱의 영광을 두고 맹세하셨습니다. 야곱은 허물이 많은 사람이었습니다. 그런데도 하나님께서는 그를 일방적으로 사랑하셨고 일방적으로 영광을 주셨습니다. 하나님께서는 그 영광을 이스라엘 백성들에게 주기로 작정하셨습니다. 그러나 그 영광은 이제 그들의 것이 되지 못할 것입니다. 하나님을 모신 것으로 만족하고 세상에서 손해를 감수하는 사람에게는 하나님의 영광을 주십니다. 그러나 의를 사랑하지 않고 철저하게 자기 이익을 챙기려고 할 때, 그 영광은 다른 사람의 것이 되고 말 것입니다. 하나님께서는 그런 사람들의 소위를 영영히 잊지 않고 갚으십니다.

하나님이 버리시면

하나님께서 이스라엘 백성들을 버리시면 어떻게 될까요? 이스라엘 백성들이 오해한 것이 바로 이 부분입니다. 그들은 자신들이 타락하면 이방인처럼 되는 줄 알았습니다. 그러나 하나님의 백성들이 타락하면 하나님의 원수가 됩니다. 하나님께서는 자신의 소유를 어느 누구에게도 넘겨주시지 않습니다. 바로 파괴시켜 버리십니다.

8절과 9절을 보십시오. "이로 인하여 땅이 떨지 않겠으며 그 가운데 모든 거민이 애통하지 않겠느냐? 온 땅이 하수의 넘침같이 솟아오르며 애굽 강같이 뛰놀다가 낮아지리라. 주 여호와께서 가라사대 '그날에 내가 해로 대낮에 지게 하여 백주에 땅을 캄캄케 하며." 하나님께서는 이스라엘을 버리시면서 이적을 행하겠다고 말씀하십니다. 그것은 그들을 구원하기 위한 이적이 아닙니다. 망하게 하기 위한 이적입니다.

하나님께서는 이스라엘 백성들을 애굽에서 건져 내실 때 큰 이적들을 행하셨습니다. 대낮에 캄캄해지고, 개구리들이 올라오고, 가축들 사이에 질병이 돌았습니다. 이 재앙이 생기고 파리 재앙이 생기고 나중에는 장자들까지 죽는 재앙이 일어났습니다. 이스라엘 백성들이 하나님의 긍휼을 잃어버리고 하나님의 축복을 놓쳐 버렸을 때, 하나님께서는 애굽 땅에 행했던 그 재앙들을 이스라엘 땅에 행하겠다고 말씀하십니다. 땅이 솟아오르고 해가 대낮에 지는 무서운 심판이 임할 것이라고 말씀하십니다.

우리가 정말 겁내야 하는 일은 말씀의 촛대를 잃어버리는 것입니다. 말씀의 촛대를 잃어버리면 그것만 잃어버리는 것으로 끝나는 것이 아니라 출애굽의 재앙이 일어납니다. 하나님의 백성은 둘 중에 하나입니다. 계속 말씀의 등불을 켜느냐, 무서운 재앙을 당하느냐, 둘 중에 하나예요. 하나님의 백성이 타락하면 불신자가 되는 것이 아닙니다. 아주 멸망해 버립니다. 하나님께서는 말씀만 거두어 가시는 것이 아니라 건강을 거두어 가시고 재산을 거두어 가시고 가정을 거두어 가시고 건전한 상식을 거두어 가셔서 완전한 폐인으로 만들어 버리십니다. 하나님께서는 자기 백성을 절대로 놓치지 않으십니다. 한번 기름을 발라서 구분하셨으면 기뻐하시는 뜻대로 쓰시든지 아니면 완전히 용도 폐기해 버리십니다. 예수님께서 오셨을 때 이스라엘에는 미친 사람이나 병든 사람, 귀신 들린 사람들이 굉장히 많았습니다. 그 이유가 무엇입니까? 하나님께서 말씀을 거두시면 미치게 되어 있고 병들게 되어 있기 때문입니다.

오늘 성경이 우리에게 이야기하는 것이 무엇입니까? 하나님의 백성은 신선함을 잃으면 안 된다는 것입니다. 몇 년을 믿었든, 직분이 무엇이든 간에 신선함을 잃으면 통째로 버려지게 되어 있습니다. 그렇다면 그 신선함을 어떻게 얻을 수 있습니까? 예배를 드리면서 하나님의 말씀에 사로잡히고, 말씀에 나타나는 영광을 체험하며, 말씀을 통해 쏟아지는 사랑과 기쁨이 죄보다 더 좋다는 것을 발견함으로써 얻을 수 있습니다.

그리스도인들은 목표를 바로 가져야 합니다. 다른 것 다 제쳐 놓고 오직 하나님 알아 가는 것을 목표로 삼아야 합니다. 하나님께서 아무리 축복을 쏟아 주셔도 담을 만한 그릇이 안 되어 있으면 빼앗길 수밖에 없습니다. 축복받고 변질되어 버려요. 그러나 하나님을 많이 알면 알수록, 성경 속에 있는 보물을 캐내면 캐낼수록 그릇이 커집니다. 그런 사람은 아무리 축복을 많이 받아도 변질되지 않습니다. 그리고 그 축복의 때가 올 때까지 잘 기다릴 수 있습니다.

또한 우리는 남 사랑하는 것을 목표로 삼아야 합니다. 우리의 상은 사랑할 수 없는 사람을 얼마나 많이 사랑하느냐에 달려 있습니다. 그래서 원수가 많은 사람이 유리합니다. 몇 명만 찍어서 사랑해도 점수가 팍팍 올라갑니다. 사실 사랑한다는 것은 굉장히 어려운 일입니다. 때로는 그냥 내버려 두는 것이 사랑의 시작이 되는 경우도 있습니다. 상대방에게 내가 채워 줄 수 있는 부분이 생길 때까지 기다린다는 것은 굉장히 어려운 일입니다. 그러나 그렇게 어려운 일임에도 불구하고 사랑할 수 없는 사람들을 많이 사랑하겠다는 목표를 세운 이는 이 세상에서나 앞으로 올 세상에서 새벽별처럼 영원히 빛나게 될 것입니다.

출애굽의 역사를 구원으로 경험하겠습니까, 멸망으로 경험하겠습니까? 이스라엘 백성들이 하나님의 은혜를 잃어버렸을 때 애굽을 멸망시킨 것과 똑같은 멸망이 그들을 찾아왔다는 것을 잊지 마십시오. 우리는 이미 하나님의 택함을 받았기 때문에 절대 세상으로 가면 안 되고, 절대 내 욕심대로 살면 안 됩니다. 어떻게 해서든지 하나님의 손에 붙들려야 하고, 한번 붙들린 이상 확실하게 붙들려야 합니다. 그러면 우리의 삶에도 출애굽 때 나타났던 구원의 기적과 능력이 나타날 것입니다.

13

말씀의 기근

말씀의 능력

말씀의 기근

이 기근의 원인

^{8:11} 주 여호와께서 가라사대 "보라, 날이 이를지라. 내가 기근을 땅에 보내리니
양식이 없어 주림이 아니며 물이 없어 갈함이 아니요 여호와의 말씀을
듣지 못한 기갈이라.

¹² 사람이 이 바다에서 저 바다까지, 북에서 동까지 비틀거리며 여호와의
말씀을 구하려고 달려 왕래하되 얻지 못하리니

¹³ 그날에 아름다운 처녀와 젊은 남자가 다 갈하여 피곤하리라.

¹⁴ 무릇 사마리아의 죄된 우상을 가리켜 맹세하여 이르기를 '단아, 네 신의
생존을 가리켜 맹세하노라' 하거나 '브엘세바의 위하는 것의 생존을
가리켜 맹세하노라' 하는 사람은 엎드러지고 다시 일어나지 못하리라.

8:11-14

젊은이들의 특징은 항상 새롭다는 데 있습니다. 젊은이들이 새롭지 않은 사회는 새로워질 수 없습니다. 따라서 우리는 한 사회의 젊은이들이 얼마나 새로우며 얼마나 바른 생각을 가지고 있느냐를 살펴봄으로써 그 사회의 미래를 정확하게 예측할 수 있습니다.

마찬가지로 하나님 백성의 특징 또한 항상 새롭다는 데 있습니다. 하나님의 백성은 아무리 침체되어 있고 절망적인 상황 가운데 있다 해도, 하나님의 말씀만 들으면 언제든지 새로워질 수 있습니다. 그리스도인들이 기꺼이 고난을 감수하며 신선함을 지키고 있는 사회의 미래는 밝습니다. 그러나 그리스도인들이 늘 지쳐 있고 시들어 있는 사회의 미래는 지극히 어둡습니다.

하나님의 말씀만 들으면 어떤 상황에서든지 새 힘을 낼 수 있다는 것은, 신앙을 가지지 않은 사람은 절대로 이해할 수 없는 비밀입니다. 하나님의 백성은 아무리 어려운 상황에 처해 있더라도 말씀만 들으면 믿음이 생기게 되어 있습니다. 그리고 얼마 있지 않아 실제로도 그 믿음대로 상황이 바뀌는 것을 볼 수 있습니다. 그래서 사람들은 하나님의 말씀을 가리켜 '생명의 말씀'이라고 말합니다. 병들어 죽어 가는 자에게 새로운 피를 수혈해 주면 다시 살아나는 것처럼, 하나님의 백성들에게도 말씀을 들려 주면 다시 살아나게 되어 있습니다.

오늘 본문에는 이스라엘 백성들이 농사 때문에 하나님의 말씀을 등한히 하다가 말씀의 기근을 맞게 되는 이야기가 나오고 있습니다. 이스라엘 백성들이 하나님의 말씀을 등한히 한 이유는 비를 내리는 신이 바알이라고 믿었기 때문입니다. 농사짓는 사람들에게 비가 오지 않는다는 것은 죽으라는 말과 똑같습니다. 그런데 하나님께서는 가끔씩 비를 주시지 않았습니다. 우상을 의지하는 것이 얼마나 잘못된 것인지 깨닫게 하시고 그들의 교만을 꺾으시기 위해서였습니다. 그러나 이스라엘 백성들은 하나님께서 자신들을 미워해서 비를 주시지 않는다고 생각했고, 바알보다 능력이 없어서 비를 주시지 않는다고 생각했습니다.

하나님께서는 아모스에게 여러 가지 환상을 보여 주셨습니다. 첫번째는 메뚜기 재앙의 환상이었고, 두번째는 불 재앙의 환상이었습니다. 여기에서 불은 극심한 기근을 상징하는 것으로서, 메뚜기와 불 모두 농사짓는 사람들에게는 아주 치명적인 재앙이었습니다. 이 두 가지 환상을 본 아모스는 이스라엘이 너무나 연약하니 그나마 가지고 있던 신앙까지 다 버리게 되지 않도록 이 재앙들을 면하게 해 달라고 기도했고, 하나님께서는 그 기도를 들어 주셨습니다.

그러나 그렇다고 해서 모든 문제가 해결된 것은 아니었습니다. 이스라엘 백성들은 그 후에도 여전히 하나님께로 돌아오지 않았기 때문입니다. 이제 하나님께서 하시는 말씀이 무엇입니까? 그들에게 무서운 재앙을 보낼 텐데, 그것은 양식이 없는 주림도 아니고 물이 없는 갈함도 아니라는 것입니다. 그것은 하나님의 말씀을 듣지 못하는 데서 오는 기갈입니다.

농사짓는 사람에게 3년 반 동안 비가 내리지 않는 것과 3년 반 동안 하나님의 말씀을 듣지 못하는 것 중에 하나를 택하라고 한다면 어느 쪽을 택하겠습니까? 부도 위기에 몰린 사람에게 회사가 부도나는 것과 몇 년 간 말씀을 듣지 못하는 것 중에 하나를 택하라고 하면 어느 것을 택하겠습니까? 사람들은 당연히 말씀은 못 들어도 비가 내리는 쪽을 택하고 회사가 잘되는 쪽을 택할 것입니다. 그러나 오늘 아모스는 말씀을 빼앗긴다는 것이 하나님의 백성들에게 얼마나 무섭고 치명적인 일인가를 생생하게 보여 주고 있습니다.

말씀의 능력

하나님께서는 자신을 떠난 이스라엘 백성들에게 가장 무서운 한 가지 재앙을 선포하십니다. "주 여호와께서 가라사대 '보라, 날이 이를지라. 내가 기근을 땅에 보내리니 양식이 없어 주림이 아니며 물이 없어 갈함이 아니요 여호와의 말씀을 듣지 못한 기갈이라"(8:11). "보라, 날이 이를지라"는 표현은 앞으로 이들에게 굉장히 엄청난 재앙의 날이 찾아올 것을 암시합니다. 그날은 어떤 날입니까? 양식이 없어서 굶어 죽는 날이 아닙니다. 비가 오지 않아서 목말라 죽는 날이 아닙니다.

여기까지 들은 이스라엘 백성들은 "휘유!" 하고 안도의 한숨을 내쉬었을 것입니다. 그들은 혹시 흉년이 오거나 기근이 들까 봐 두려워했습니다. 그런데 앞으로 닥칠 재앙은 그런 것이 아니라는 것입니다. 그러면 어떤 재앙입니까? 앞으로 닥칠 재앙은 하나님의 말씀을 듣지 못하는 데서 오는 기갈입니다. 아마 사람들은 고개를 갸우뚱하면서 "도대체 하나님의 말씀을 못 듣는 것이 무슨 기갈이지? 하나님의 말씀은 아무 때나 시간 나면 들을 수 있는 거 아니야? 체, 재앙이라더니 별것도 아니네!" 하고 반응했을 것입니다.

그러나 말씀을 거두어 가시는 것은 하나님께서 자기 백성들에게 내리실 수 있는 가장 크고 무서운 징계입니다. 살아 계신 하나님의 말씀을 더 이상 듣지 못하는 것은 굶어 죽는 것이나 목말라 죽는 것보다 훨씬 더 비참한 재앙입니다. 하나님께서 그 백성들에게 말씀하시지 않으면 대체 무슨 일이 일어나길래, 아모스는 말씀을 듣지 못하는 것을 기갈이라고 표현하고 있을까요?

모세가 출애굽하면서 이스라엘 백성들에게 제일 먼저 가르친 바는 하나님께서 말씀으로 온 세상을 창조하셨다는 것이었습니다. 하나님께서 말씀하시기 전까지 온 세상은 어두움과 혼동에 빠져 있었고, 생명을 가진 존재라고는 하나도 존재하지 않았습니다. 그런데 하나님께서 말씀하시니 어두움에 빛이 비쳤고, 혼동에 질서가 생겼으며, 수많은 생물들이 생겨났습니다. 이것이 첫번째 창조입니다.

두번째 창조는 무엇입니까? 그 백성들을 창조하신 것입니다. 하나님께서는 이스라엘 백성들을 애굽 땅에서 이끌어 내어 광야로 몰아넣으셨습니다. 우리는 광야를 본 적이 없기 때문에 별로 실감이 나지 않습니다만, 이들이 갔던 광야는 정말 무서운 곳이었습니다. 그래서 모세는 그 광야를 다 지나온 후에 "너희가 본 바 크고 두려운 광야"(신 1:19)라는 표현을 썼습니다. 도저히 생명을 지탱할 길이 없는 그 무서운 광야에서 그들은 살았습니다. 농사도 짓지 않고 장사도 하지 않았습니다. 오직 하나님의 말씀과 더불어 살았을 뿐입니다. 그때 하늘에서는 만나가 내렸고 반석에서는 생수가 터져 나왔습니다. 하나님께서는 그 백성들이 떡으로만 사는 것이 아니요 하나님의 입에서 나오는 모든 말씀으로 산다는 것을 40년간 체험하게 하셨습니다. 말씀과 함께 산다는 것은 더 이상 세상의 법칙에 따라 살지 않는다는 뜻입니다. 세상의 법칙에 따른다면 물이 없는 광야에서 다 죽는 것이 당연합니다. 그러나 그들은 죽지 않았습니다. 하나님의 능력이 그들과 함께했기 때문입니다.

하나님의 말씀을 듣는다는 것은 단순히 유익한 가르침을 받는 것이 아닙니다. 내 귀에 하나님의 음성이 들린다는 것은 하나님께서 나와 함께하신다는 뜻이며, 나를 지키고 계시고 내 삶을 인도하고 계신다는 뜻입니다. 반면에 하나님의 말씀이 들리지 않는다는 것은 하나님께서 나를 떠나셨으며 버리셨다는 뜻입니다. 내 귀에 하나님의 말씀이 들리고 있습니까? 그렇다면 하나님께서 내 모든 생활을 책임져 주실 것입니다. 내 기도에 놀랍게 응답해 주실 것입니다. 내 고통과 질병을 치료해 주실 것입니다.

하나님께서 그 백성들을 찾아오실 때 제일 먼저 나타나는 현상이 바로 능력 있는 말씀이 들리기 시작하는 것입니다. 말씀이 그들의 마음을 움직입니다. 말씀을 들을 때 기도하고 싶은 마음이 솟구칩니다. 죄를 버리고 싶어집니다. 아무리 상황이 어려워도 하나님 앞에만 나아가면 해결될 것 같다는 믿음이 생기기 시작합니다. 그렇다면 그들은 이미 현실적인 형편과 상관없이 하나님의 능력에 붙들린 것입니다.

목자 없이 양들끼리만 들판에 있으면 얼마나 편합니까? 아무 간섭 없이 풀 뜯어 먹고 싶을 때 풀 뜯어 먹고 놀고 싶을 때 놀면 됩니다. 그런데 문제는 밤입니다. 밤만 되면 동료들이 한 마리씩 사라져 버립니다. 늑대가 잡아가 버리는 것입니다. 엄마 없이 아이들끼리만 집에 있으면 얼마나 편합니까? 잔소리 들을 필요 없이 먹고 싶은 만큼 실컷 먹고 놀고 싶은 만큼 실컷 놀 수 있습니다. 그러나 엄마의 소리가 들리지 않는 것은 사실 재앙입니다. 두들겨 맞더라도 엄마가 있어야지, 엄마가 없으면 언제 어떤 위험이 닥칠지 모릅니다.

이스라엘 백성들에게 하나님의 음성이 들리지 않는다는 것은 양 떼가 목자 없이 자기들끼리만 있는 것이나, 아이들이 엄마 없이 자기들끼리만 있는 것과 같습니다. 당장은 자기 마음대로 할 수 있으니까 좋습니다. 자기 욕심껏 해도 야단치는 사람이 없으니까 편해요. 그러나 그 평안과 자유는 위기의 순간이 닥치기 전까지만 유효합니다. 위기가 닥치면 그들은 끝장입니다. 아무리 소리를 질러도 들어줄 사람도, 도와줄 사람도 없습니다. 목자가 없기 때문입니다. 엄마가 없기 때문입니다.

하나님의 백성들에게 가장 무서운 것은 양식이나 물이나 집이 아닙니다. 물론 이 세상에서 살려면 그런 것들도 중요합니다. 그러나 하나님의 백성들에게 가장 중요한 것은 하나님의 말씀이 늘 귀에 들리는 것입니다. 이것은 하나님께서 그들과 함께하신다는 증거입니다. 저는 하나님께서 저와 함께하시는가를 항상 말씀으로 확인합니다. 늘 새로운 말씀을 주시는 한 하나님께서는 저와 함께하시며 제 기도를 듣고 계시는 것이 분명합니다. 그러면 아무리 큰 어려움이 닥친다 해도 염려할 필요가 없습니다.

청교도 중에 로저스 목사님이라는 분이 있었습니다. 교인들이 말씀을 별로 중요하게 생각지 않는다는 것을 발견한 그 목사님은 어느 날 설교 시간에 하나님의 음성을 흉내내서 이렇게 말했습니다. "너희가 이 성경을 무시하니 내가 빼앗아 가겠다!" 그리고 나서 이번에는 교인의 목소리로 이렇게 말했습니다. "하나님, 그건 절대로 안 됩니다! 차라리 우리 재산을 가져가십시오. 우리 집을 불태우십시오. 우리 가족의 생명을 가져가십시오. 우리 생명을 가져가십시오. 그러나 절대로, 절대로 말씀만은 거두지 말아 주십시오!" 그때 그 교회에서는 굉장한 회개의 역사가 일어났습니다. 교인들은 자신들이 하나님 앞에 얼마나 교만했는가를 깨닫고 울며 회개했습니다. 그 중에 한 사람은 예배가 끝난 후에 집으로 돌아가려고 말에 올라탔는데도 눈물이 터져 나오는 바람에 말의 목을 끌어안고 한참을 울었습니다. 그 사람이 17세기 영국에 큰 영향을 미쳤던 청교도 목사 리처드 백스터입니다.

능력 있는 말씀을 듣는 백성은 항상 마음이 새롭습니다. 아무리 절망적인 상황에 처해도 새로운 눈으로 그 위기를 볼 수 있습니다. 물론 말씀을 듣고 있는 사람도 어려움이 닥치면 기쁘지 않습니다. 그러나 그 어려움을 피해 도망칠 마음은 생기지 않습니다. 말씀을 듣고 있는 사람도 분노가 치밀 때가 있지만, 그 분노는 금세 사라져 버립니다. 또 하나님이 기뻐하시지 않는 마음을 품거나 잘못된 행동을 할 때도 있지만, 그 즉시 하나님 앞에 나아가 회개할 용기를 냅니다.

평안에는 두 종류가 있습니다. 어려운 일이 없어서 평안한 것은 진짜 평안이 아닙니다. 정말 단 하루도 견딜 수 없을 정도로 극심한 환난과 핍박이 있는데도 불구하고 이상하게 평안한 것이 진짜

평안입니다. 그것은 하나님께서 그 사람의 마음을 지키고 계신다
는 증거입니다. 운동선수들은 중요한 경기가 앞에 있을 때 굉장히
긴장합니다. 그 긴장을 피하려고 도망치면 당장은 마음이 평안할
것입니다. 그러나 그것은 진짜 평안이 아닙니다. 하나님께서 주시
는 진짜 평안은 믿음으로 그 긴장을 견디고, 경기를 치르고, 마침
내 승리하여 누리는 평안입니다.

하나님의 백성에게 가장 무서운 징계는 말씀을 빼앗아 가시는
것이라는 사실을 잊지 마십시오. 그보다 더 무서운 일이 없습니
다. 하나님께서 말씀을 빼앗아 가시는 것은 "너희들 마음대로 살
아봐라, 그리고 망해 봐라"라고 말씀하시는 것과 똑같습니다.

말씀의 기근

아모스는 말씀의 기근이 구체적으로 어떻게 일어날 것인지에
대해 이렇게 예언하고 있습니다. "사람이 이 바다에서 저 바다까
지, 북에서 동까지 비틀거리며 여호와의 말씀을 구하려고 달려 왕
래하되 얻지 못하리니"(8:12).

"이 바다에서 저 바다까지, 북에서 동까지" 말씀을 구하러 다닌
다는 것은, 사마리아를 중심으로 모든 수단과 방법을 동원해서 말
씀을 찾는다는 뜻입니다. 그러나 그렇게 찾아도 하나님의 말씀을
구할 수는 없을 것입니다. 마치 아합 왕 때 3년 반 동안 비가 오지
않아서 사람들이 물을 구하기 위해 온 땅을 뒤져야 했던 것과 같
습니다. 물이 없으면 사람들이 어떻게 합니까? 물을 구하기 위해
저마다 물통을 들고 사방을 돌아다닙니다. 지하수라도 나오는 곳
이 있으면 차를 끌고 가서 아무리 줄이 길어도 기다려서 받아옵니

다. 그나마 그 물도 끊어지면 또 다른 곳으로 물을 찾아 헤맵니다.

하나님께서는 이스라엘 백성들이 하나님의 말씀을 듣기 위해 이 바다에서 저 바다까지 돌아다니고 북쪽에서 동쪽까지 찾아다녀도 듣지 못할 것이라고 말씀하십니다. 왜 그렇습니까? 이스라엘에 선지자가 없기 때문입니까? 그렇지 않습니다. 이스라엘에는 선지자들이 굉장히 많았습니다. 그러나 그들에게서는 진정한 하나님의 말씀, 살아 있는 말씀, 사람의 영혼을 소생시키는 말씀을 들을 수 없었습니다. 아첨하는 말, 돈 내라는 말, 시정잡배들이 하는 말만 들을 수 있었을 뿐입니다.

사람들이 하나님의 말씀을 소홀히 하는 것은, 만사가 정상적으로 잘 돌아가고 있다고 생각하기 때문입니다. 지금도 잘 먹고 잘 살고 있는데 무엇 때문에 하나님의 말씀을 들어야 합니까? 전쟁도 없고 위기도 없는데 무엇 때문에 하나님의 말씀을 들어야 합니까? 하나님의 말씀대로 살지 않아도 장사 잘되고 농사 잘됩니다. 이럴 때 하나님의 말씀을 듣겠다고 나서는 것은 자청해서 잔소리 듣겠다고 나서는 것이나 다름없습니다. 의욕적으로 잘 살고 있는데 자꾸 죄를 들추어내면 부담만 되고 주눅만 들지 않겠습니까?

그런데 일단 위기에 봉착하면 상황이 달라집니다. 사람들의 위로는 수백 마디 수천 마디 들어 봐야 아무 소용이 없습니다. 오직 하나님의 말씀 한마디가 그렇게 듣고 싶을 수 없습니다. "너는 살 수 있다, 너는 이길 수 있다"는 말씀 한마디만 들리면 어떤 어려움도 이겨 낼 수 있을 것 같아요. 아첨하는 설교는 아무리 많이 들어도 힘이 생기지 않습니다. 본인도 '지금 저 소리가 나 듣기 좋으라고 하는 소리지' 하고 압니다. 진짜 하나님의 말씀은 그렇지 않습니다. 절대로 아첨하거나 입 발린 소리 하지 않습니다. 하나님의 말씀은 마치 쇠몽둥이로 머리를 부수는 것처럼 강력합니다.

구약성경에서 말씀을 거두어 가신 대표적인 사례로 사울 왕의 경우를 들 수 있습니다. 사울은 성령을 체험했고 하나님이 함께하시는 특별한 기쁨과 은혜를 알았습니다. 그런데 그가 교만하여 거듭해서 하나님의 밀씀을 거역하자 성령을 거두어 버리셨습니다. 그때 사울은 이미 폐위된 것이나 다름없습니다. 그렇다면 왕위를 버리고 내려왔어야 합니다. 그러나 그는 끝까지 그 자리를 내놓지 않았습니다. 하나님이 성령을 거두시니 악령이 역사하기 시작했습니다. 다윗이 악기를 연주하면 조금 발작이 가라앉았다가, 시간이 지나면 다시 도지곤 했습니다. 성령의 사람에게서 성령이 떠나시니 미치광이처럼 되고 말았습니다.

사울은 이스라엘의 왕으로서 블레셋과 싸워야 할 막중한 책임이 있었습니다. 그런데 블레셋은 하나님께서 함께하시지 않으면 도저히 이길 수 없는 막강한 대적이었습니다. 그런 상황에서 하나님의 성령이 떠나셨으니 불안과 의심이 밀려올 수밖에 없었습니다. 사울에게는 그 엄습하는 불안과 의심을 막을 만한 것이 아무것도 없었습니다. 하나님께서는 우림과 둠밈으로도 말씀하지 않으셨고, 선지자로도 말씀하지 않으셨고, 꿈으로도 말씀하지 않으셨습니다. 그래서 그는 자기가 추방한 무당을 찾아가 죽은 사무엘을 불러 내라고 했습니다. 말씀이 떠난다는 것은 이처럼 무서운 일입니다.

성령을 경험하지 않은 사람은 술을 마시거나 오락에 빠지기라도 해서 조금이나마 불안을 진정시킬 수 있습니다. 그러나 성령을 경험한 사람은 성령의 감동이 아니면 불안을 진정시킬 만한 것이 없습니다. 성경은 사울 왕의 마음속에 역사한 악신을 "하나님의 부리신 악신"(삼상 16:23)이라고 표현합니다. 이 표현만 보면 마치 하나님께서 의도적으로 악신을 들여보내신 것처럼 보이지만, 그렇지 않습니다. 하나님의 성령을 경험한 사람에게서 성령이 떠나시면 자연히 악신이 들게 되어 있습니다. 왜냐하면 그 마음이 완전히 무방비 상태로 노출되기 때문입니다. 성령이 임하시면 은혜 받는 데 걸림돌이 될 만한 거짓된 것들을 전부 없애서 하나님과 직통으로 연결되게 하십니다. 그런데 성령의 감동이 떠나면 그 뚫리고 빈 마음에 사탄의 역사가 시작됩니다.

그래서 하나님의 백성들은 항상 은혜에 주리고 목말라하지 않을 수 없습니다. 하나님의 백성들에게 완전한 만족이라는 것은 없습니다. 항상 성령으로 충만해지고 또 충만해져야 합니다. 하나님의 은혜를 받으면 마음이 불안정해집니다. 성령의 역사가 클수록 후유증도 큽니다. 그 불안정한 상태를 떨치고 안정을 취하려면 하나님의 은혜로 더욱더 나아가든지, 아니면 그만큼 뒤로 물러서서 죄에 빠지든지 둘 중에 하나를 택해야 합니다. 그래서 어떤 사람들은 은혜 받은 불안정한 마음상태에서 벗어나기 위해 전쟁영화를 즐기거나 음란한 책을 보기도 하는데, 그것이 바로 사탄이 하는 짓입니다. 한번 성령의 감동을 맛본 사람은 그 감동이 사라질 때, 반드시 그것을 상쇄할 만한 대안을 찾게 되어 있습니다. 그러나 성령의 감동과 맞먹는 것이 어디에 있겠습니까? 그러니까 양적으로 더 많은 죄에 빠짐으로써 영적인 갈급함을 잊으려 하는 것입니다.

아모스는 이스라엘 백성들이 이 바다에서 저 바다까지 헤매고 다니고 북쪽에서 동쪽까지 헤매고 다녀도 말씀을 얻지 못할 것이라고 말합니다. 사실 그들은 그렇게 헤매고 다니지도 않았습니다.

그러나 설사 헤매고 다녔다 해도 말씀을 얻지 못했을 것입니다. 제가 거듭나고 나서 가장 답답했던 것은 하나님의 말씀을 들을 수 없다는 것이었습니다. 이 교회 저 교회 아무리 헤매고 돌아다녀도 살아 있는 말씀을 듣기가 너무나 어려웠습니다.

오늘날 사람들은 말씀을 듣지 못하는 것이 얼마나 무서운 일인지 잘 모르는 것 같습니다. 말씀이 없으면 자꾸 싸우게 됩니다. 교회에서 싸우고 집안에서 싸우고 회사에서 싸웁니다. 왜 그렇습니까? 하나님께서 우리의 마음을 강팍하게 만드시기 때문입니다. 또 무슨 일을 해도 만족이 없습니다. 공부를 해도 의미를 찾을 수가 없고, 결혼을 해도 의미를 찾을 수가 없고, 직장에 다니면서도 의미를 찾을 수가 없습니다. 그러니까 위염이 생기고 우울증이 생기고 침체의 늪에 빠집니다.

그에 비하면 담보 잘못 서서 집을 날리거나 회사가 부도나서 망하는 것은 그렇게 무서운 일이 아닙니다. 그런 일이 일어났을 때 몇 날 며칠 한탄하고 통곡하지 마십시오. 그냥 한 번만 울고 마십시오. 우리가 정말 통곡해야 할 때는 말씀을 잃었을 때입니다. 이스라엘 백성들은 하나님의 말씀을 잃어버리는 것이 얼마나 무서운 일인지 몰랐습니다. 우리나라의 그리스도인들도 말씀의 촛대가 옮겨지는 것이 얼마나 무서운 일인지 모르고 있습니다. 말씀을 잃으면 사랑이 없어집니다. 마음이 강팍해져서 특히 가까운 식구들에게 화를 퍼붓게 됩니다. 그렇게 좋은 아파트에 살면서 매일 싸워요. 비싼 소파에 마주 앉아서 날마다 서로를 죽이니 살리니 합니다. 돈이 많아도 그렇게 서로를 미워할 수가 없습니다. 아버지는 자식을 들들 볶고, 시어머니는 며느리를 못 잡아먹어서 난리입니다. 좋은 음식 먹고서도 소화를 못 시키고, 신경안정제 없이는 잠도 못 잡니다. 왜 이런 일들이 일어납니까? 마음속에서 은혜가 떠났기 때문입니다.

세상에서 가장 귀한 일은 자기를 찾는 것입니다. 사람들이 그렇게 공부하려 하고 좋은 직장 가지려 하고 좋은 배우자 만나서 가정을 꾸리려 하는 것은 모두 자기를 찾기 위해서입니다. 자기를 찾는 것은 온 세상을 찾는 것과 같습니다. 그러나 정말 자기를 찾으려면 말씀을 들어야 합니다. 말씀이 없으면 자기가 누군지 알 수가 없습니다. 실컷 남의 인생만 살아 주다가 죽게 됩니다. 하나님의 말씀은 본질을 보여 줍니다. 내가 누구이며 어디로 가고 있는지, 내 앞에 펼쳐진 세계는 어떤 곳인지 명확하게 보여 줍니다. 그리고 앞에 위험이 있으면 여러 가지 사인을 보내서 미리 준비하게 해 줍니다. 그러나 잘못된 말씀은 이런 준비를 시켜 주지 않습니다. 오히려 가장 위험할 때 가장 평안한 것처럼 착각하게 만듭니다.

하나님의 말씀은 성도들을 신선하고 새롭게 만듭니다. 안 믿는 사람들이 봐도 충격을 받을 정도입니다. 그러나 하나님의 은혜가 떠난 사람들은 안 믿는 사람들이 봐도 썩은 물이 고인 것처럼 탁하고 복잡합니다. 그 사람들의 말을 듣고 있다 보면 골치가 아픕니다.

다른 것은 다 잃어버려도 괜찮습니다. 다른 사람보다 좀 늦게 결혼해도 괜찮고, 좀 늦게 자식 낳아도 괜찮고, 좀 늦게 집 장만해도 괜찮습니다. 그러나 말씀만큼은 잃어버리면 안 됩니다. 말씀을 잃어버리면 최고로 비참해집니다. 그것은 다시 무지와 미신의 노예가 되는 길입니다.

오늘 우리 시대는 말씀의 기근을 겪고 있습니다. 물론 양적으로는 말씀이 많지만, 청중의 귀를 즐겁게 하기 위한 말씀이 대부분입니다. 진정한 하나님의 말씀을 들으면 온몸에서 전율이 일어납니다. 내가 말씀을 듣는 것이 아닙니다. 말씀이 내 영혼을 휘어잡고 흔듭니다. 그래서 내가 가지고 있던 전제들을 다 내던진 채 "하나님, 살려만 주십시오! 이제는 결단코 말씀대로 살겠습니다!"라고 외치게 만듭니다. 이런 말씀을 들으면 예배 끝나고 이 사람 저 사람 만날 생각이 들지 않습니다. 실컷 울면서 기도하고 싶은 생각만 듭니다.

바른 말씀을 들을 수 없다는 것이 꼭 목회자들만의 잘못은 아닙니다. 교인들의 잘못도 큽니다. 교인들이 바른 말씀만 듣고 싶어한다면, 누가 그렇게 인간적인 설교를 하려 들겠습니까? 그러나 교인들부터가 죄를 지적받고 싶어하지 않습니다. 목회자에게 인정받고 축복받으면서, 마음에 맞는 사람들끼리 어울리면서, 자기 자랑 하면서 살고 싶어합니다. 그러다가 어느새 말씀을 잃어버리는 것입니다.

지금 우리나라는 굉장히 중요한 기로에 서 있습니다. 그것은 정치적인 기로도 아니고 경제적인 기로도 아닙니다. 말씀의 기로입니다. 지금 말씀의 등불이 깜빡깜빡 꺼져 가고 있습니다. 이럴 때 다른 생각 하면 안 됩니다. 말씀부터 살려 내야 합니다. 말씀만 살려 내면 다른 문제는 저절로 해결되게 되어 있습니다. 세상 욕심 버리고 어린아이들처럼 말씀에 갈급해합시다. "하나님, 말씀을 주십시오. 다른 것은 구하지 않겠습니다. 오로지 말씀만 주십시오"라고 기도합시다. 그러면 다시 한 번 부흥의 역사가 일어날 것입니다.

이 기근의 원인

앞서 말했듯이, 어느 나라든지 젊은이들이 비전이 없고 정신적으로 건강하지 않으면 그 사회의 미래를 보장할 수가 없습니다. 이스라엘의 경우는 어떠했습니까? "그날에 아름다운 처녀와 젊은 남자가 다 갈하여 피곤하리라"(8:13).

이스라엘의 젊은이들은 힘이 없습니다. 아름다운 처녀도 힘이 없고, 젊은 남자도 힘이 없습니다. 시간만 나면 하품하고 꾸벅꾸벅 졸고 푹 쓰러져 잡니다. 사람들이 젊은이들에게 기대하는 것은 돈이나 재산이 아닙니다. 패기와 정의감과 희망입니다. 그런데 젊은이들이 날이면 날마다 "피곤해 죽겠다"고 하고, "왜 사는지 모르겠다"고 하고, 어려운 일이 생기는 즉시 피해 버리고, 돈이나 밝힌다면, 그 나라는 정말 희망이 없을 것입니다. 젊은이들에게 왜 이런 현상이 나타납니까? 말씀이 없기 때문입니다. 말씀을 듣지 못하는 데서 나오는 권태와 절망 때문입니다.

돈은 많은데 할 일이 없으면 지옥입니다. 이렇게 돈 세고 저렇게 돈 세고, 돈 깔고 자고 돈 베고 자고, 꿈에서도 세종대왕 만나면서 사는 것이 지옥이에요. 차라리 가난할 때에는 악착같이 돈을 벌자는 목표라도 있었습니다. 그런데 돈은 있는데 할 일이 없으면 인생이 그렇게 권태로울 수가 없습니다. 부모는 자식에게 물려주려고 정신없이 돈을 법니다. 그러나 정작 자식들에게 중요한 것은 돈보다는 삶의 본질입니다. 그들은 자기가 누구이며 어떻게 살아야 하느냐를 알고 싶어합니다. 진짜 좋은 부모는 그 질문에 답을 주는 부모입니다.

젊은이들이 말씀을 들으면 돈이나 학벌이 결정적으로 중요한 것이 아니라는 사실을 알게 됩니다. 그들은 문제의 본질을 파악합니다. 거기에서 희망과 의욕이 생겨납니다. 세상은 살 만한 곳이며 자신들이 살아야 할 이유가 분명히 있다는 것을 깨달을 때, 젊은이들의 눈에는 총기가 돌아옵니다. 특히 그들에게 중요한 것은 말이 아니라 본보기입니다. 자기가 믿는 바대로 사는 사람이 실제로 있는 것을 볼 때 '아, 나도 저렇게 살 수 있겠구나' 하는 꿈과 희망을 갖게 됩니다. 부모가 본을 보여 주지 못하는 가정의 자녀들에게 의욕이 없는 것은 따라갈 본보기가 없기 때문입니다.

이스라엘의 젊은이들을 이렇게 맥없이 만든 원인은 무엇입니까? "무릇 사마리아의 죄된 우상을 가리켜 맹세하여 이르기를 '단아, 네 신의 생존을 가리켜 맹세하노라' 하거나 '브엘세바의 위하는 것의 생존을 가리켜 맹세하노라' 하는 사람은 엎드러지고 다시 일어나지 못하리라"(8:14). 이스라엘의 젊은이들을 맥없이 만든 것은 사마리아의 우상이었고 브엘세바의 위하는 것이었습니다. 브엘세바는 우상이 있는 곳은 아니었습니다. 그러나 오래된 신앙 유적지 중 하나로서, 신앙 깊은 사람들은 브엘세바에 다녀오는 것이 유행이었습니다. 그들은 왜 사마리아나 브엘세바를 찾았습니까? 어려운 문제를 해결받기 위해서였습니다.

그러나 아무리 어려운 문제라도 일단 해결하고 나면 아무것도 아닙니다. 그냥 허무할 뿐입니다. 예를 들어 일류대학에 들어가기가 아무리 어려워도 일단 들어가고 나면 별것 아닙니다. 고시가 아무리 힘들어도 일단 합격하고 나면 아무것도 아니에요. 그냥 교만하고 머리 좋은 사람들만 많이 만나게 될 뿐입니다. 또 아무리 심각한 병을 앓았어도 일단 낫고 나면 점차 잊어버리게 되어 있습니다. 이처럼 이 세상의 문제들은 전부 한시적인 성격을 띠고 있습니다. 그래서 어떤 문제 때문에 신을 찾거나 순례를 다니는 사람들은 그 어려움만 끝나면 신을 잊게 되어 있습니다.

그러나 하나님은 어떤 분이십니까? 알면 알수록 알기 어려운 분입니다. 오히려 하나님에 대해 잘 모를 때에는 이러니저러니 아무렇게나 지껄여 댈 수 있습니다. 그러나 하나님을 좀더 알고 나면 자신이 하나님에 대해 생각한 것이나 말한 것이 다 죄라는 것을 깨닫게 되고, 오직 두려움과 경배로 그 앞에 나아갈 수밖에 없다는 것을 발견하게 됩니다. 하나님을 아는 일에는 결코 끝났다는 것도 없고 허무하다는 것도 없습니다.

하나님께서는 "세상의 것들을 상대하지 말고 나를 상대하라"고 말씀하십니다. 세상의 문제만 붙들고 씨름하는 자는 그 문제만 해결되면 허탈 상태에 빠질 것입니다. 그러나 하나님과 씨름하는 자는 야곱처럼 영광스럽게 변화될 것입니다. 어려운 문제가 생겼습니까? 그 문제 자체만 보지 마십시오. 문제 자체의 해결만 놓고 하나님의 이름을 부른다면 우상의 이름을 부르는 것이나 다를 바가 없습니다. 그 문제를 통해 하나님을 보십시오. 그 문제를 통해 하나님과 씨름하십시오. 그러면 그 문제는 문제대로 해결되고, 놀라운 하나님까지 만나는 귀한 경험을 하게 될 것입니다.

이 세상에서 최고로 값진 일은 하나님의 말씀이 우리 귀에 들리는 것입니다. IMF보다, 오일쇼크보다, 흉년보다, 홍수보다 더 무서운 일은 하나님의 말씀이 사라져 버리는 것입니다. 그러면 교회만 망하는 것이 아니라 온 세상이 다 망합니다. 가정이 파괴됩니다. 청소년들이 죄를 짓습니다. 어린이부터 노인에 이르기까지 타락합니다. 무서운 파괴의 역사가 일어납니다. 지금 우리나라에서는 실제로 이런 일들이 일어나고 있습니다. 왜 그렇습니까? 믿는 자들이 돈을 좋아하고 명예를 좋아하기 때문입니다. 참된 하나님의 말씀보다는 자기 귀에 듣기 좋은 소리를 들으려 하기 때문입니다.

이럴 때 우리가 해야 할 일은 무엇입니까? 다시 하나님 앞에 겸비해지는 것입니다. "하나님, 우리 아이가 공부 좀 못해도 됩니다. 남편이 돈 좀 적게 벌어 와도 됩니다. 조금 굶어도 됩니다. 우리에게 말씀을 주십시오. 성령의 감동을 주시고 눈물의 기도를 주십시오. 그리고 절대로 이 촛대를 우리에게서 옮기지 말아 주십시오. 우리 교회가 앞으로 아무리 커진다 해도, 우리 가정이 앞으로 아무리 부요해진다 해도, 절대 교만해지지 않고 겸손하게 말씀만 붙들 수 있게 해 주십시오"라고 기도하는 것입니다.

세상에서 손해 본 일이 있습니까? 세상에서 실패한 일이 있습니까? 너무 슬퍼하거나 한탄하지 마십시오. 그보다 더 엄청난 비극이 지금 이 땅에 소리 없이 번져 나가고 있습니다. 앞으로는 이 바다에서 저 바다까지 헤매 다니고 북쪽에서 동쪽까지 돌아다녀도 하나님의 말씀을 듣지 못하는 시대가 올지도 모릅니다. "가난하면 가난한 대로, 무식하면 무식한 대로, 어려우면 어려운 대로 그냥 살겠습니다. 오직 하나님의 말씀만 거두어 가지 마옵소서! 오늘도 우리를 새롭게 해 주시고 말씀에 헌신하게 해 주시고 성령의 능력에 붙들리게 해 주옵소서!"라고 기도합시다. 그러면 만군의 하나님 여호와께서 영원히 우리 하나님이 되어 주실 것입니다.

14

피할 수 없는 하나님

예배 중에 임하는 심판
피할 수 없는 하나님
주권자이신 하나님

9:1 내가 보니 주께서 단 곁에 서서 이르시되 "기둥머리를 쳐서 문지방이
움직이게 하며 그것으로 부숴져서 무리의 머리에 떨어지게 하라. 내가 그
남은 자를 칼로 살육하리니 그 중에서 하나도 도망하지 못하며 그 중에서
하나도 피하지 못하리라.

2 저희가 파고 음부로 들어갈지라도 내 손이 거기서 취하여 낼 것이요
하늘로 올라갈지라도 내가 거기서 취하여 내리울 것이며

3 갈멜 산 꼭대기에 숨을지라도 내가 거기서 찾아낼 것이요 내 눈을 피하여
바다 밑에 숨을지라도 내가 거기서 뱀을 명하여 물게 할 것이요

4 그 원수 앞에 사로잡혀 갈지라도 내가 거기서 칼을 명하여 살육하게 할
것이라. 내가 저희에게 주목하여 화를 내리고 복을 내리지 아니하리라"
하시니라.

5 주 만군의 여호와는 땅을 만져 녹게 하사 무릇 거기 거한 자로 애통하게
하시며 그 온 땅으로 하수의 넘침같이 솟아오르며 애굽 강같이 낮아지게
하시는 자요

6 그 전을 하늘에 세우시며 그 궁창의 기초를 땅에 두시며 바닷물을 불러
지면에 쏟으시는 자니 그 이름은 여호와시니라.

9:1-6

죄를 지은 사람이 가장 안전한 은신처로 생각하는 곳이 어디일 것 같습니까? 많은 이들이 자신의 신분을 쉽게 감출 수 있는 곳으로 윤락가를 택한다고 합니다. 그런데 만일 그렇게 죄를 지은 사람이 죄를 감춘 채 교회로 피해서 열심히 신앙생활을 한다면 어떻게 될까요? 물론 교회는 모든 죄인들이 하나님 앞에 죄를 용서받고 치료받는 곳입니다. 하지만 죄를 감춘 채 교회로 피한다면, 거기에서 드리는 예배가 그를 숨겨 주거나 지켜 주지 못할 것입니다. 죄는 언제나 바른 방법으로 해결되어야 하기 때문입니다.

만약 어떤 사람이 예배 도중에 경찰에게 잡혀 갔다면, 그는 굉장히 무서운 죄를 지었음이 틀림없습니다. 웬만한 죄인이었다면 아무리 경찰이라 해도 예배가 끝날 때까지는 기다려 줄 것입니다. 그만큼 예배는 신성하고 거룩한 것입니다. 그럼에도 불구하고 하나님의 백성이 자기 죄를 숨길 때에는 예배 중이라도 붙들려 가고, 기도 중이라도 심판을 받는다는 것이 오늘 하나님의 말씀입니다.

오늘 본문에는 타락할 대로 타락한 이스라엘 백성들이 예배를 드리는 도중에 심판을 받을 것이라는 대단히 불길한 예언이 나오고 있습니다. 성전이 무너져서 사람들이 깔려 죽을 것이며, 거기에서 살아남은 사람들은 칼에 찔려 죽을 것입니다. 이런 일이 일어나는 이유가 무엇입니까? 그들이 사기 죄를 감춘 채 성전에 숨어서 예배를 드렸기 때문입니다.

가장 무서운 일 중에 하나는 죄가 보편화되는 것입니다. 한 사람 두 사람이 타락하면 금방 표시가 나지만, 모든 사람이 한결같이 죄를 지으면 죄를 짓고서도 죄인 줄 모르는 법입니다. 아니, 오히려 그런 죄 짓는 것을 더 정당한 행동으로 여기게 됩니다. 그래서 스스로 말씀에서 떠났는지 아닌지, 타락했는지 아닌지 모르는 상태에서 버젓이 예배를 드리고 직분을 수행합니다. 그러나 하나님께는 그런 것이 통하지 않습니다. 아무리 열심히 예배드리고 많이 봉사했다 하더라도 죄를 바른 방법으로 해결하지 않은 사람들은 반드시 찾아내서 무섭게 심판하십니다.

오늘 본문은 짧지만 세 부분으로 나눌 수 있습니다. 첫번째는 이스라엘 백성들이 안식일 예배를 드리는 중에 적의 공격을 받아 멸망당한다는 것입니다. 가장 비참한 상황이 바로 이런 상황입니다. 하나님의 백성들이 하나님을 찾는 그 시간에 하나님께서는 그들을 외면하시고 심판을 내리십니다. 무슨 뜻입니까? 하나님께서 그들의 예배를 인정하지 않으신다는 뜻입니다. 그래서 예배드리는 중에 성전이 무너져서 사람들이 깔려 죽고, 예배드리는 중에 적에게 잡혀 가서 죽임을 당하는 일이 일어난다는 것입니다.

두번째는 하나님께서 죄인을 찾기로 결심하신 이상 죄인이 숨을 곳은 이 세상 어디에도 없다는 것입니다. 땅을 파고 무덤에 숨어도 찾아내실 것입니다. 하늘 꼭대기로 올라가 숨어도 찾아내실 것입니다. 하나님께서는 죄를 바른 방법으로 해결하지 않은 사람들, 즉 하나님 앞에 죄를 고백하고 죗값을 지불하지 않은 사람들을 집요하게 찾아내서 심판하십니다.

세번째로 하나님께서는 자신이 어떤 분인지 선포하고 계십니다. 그는 온 땅을 물로 덮을 수 있는 능력의 하나님이십니다. 이스라엘 백성들이 하나님을 떠난 이유는 물에 있었습니다. 그들은 비를 내리는 신은 바알이지 하나님이 아니라고 생각했습니다. 그래서 비를 내리는 신을 찾아 하나님을 떠났습니다. 하나님께서는 그런 그들에게 "나야말로 물의 하나님이며 온 세상을 물로 뒤덮는 자"라고 선포하십니다.

예배 중에 임하는 심판

9장 1절에서 아모스는 마지막 환상을 봅니다. "내가 보니 주께서 단 곁에 서서 이르시되 '기둥머리를 쳐서 문지방이 움직이게 하며 그것으로 부숴져서 무리의 머리에 떨어지게 하라. 내가 그 남은 자를 칼로 살육하리니 그 중에서 하나도 도망하지 못하며 그 중에서 하나도 피하지 못하리라.'"

아모스는 이스라엘 백성들이 예배드리고 있는 단 곁에 서 계신 하나님의 모습을 보았습니다. 하나님께서는 왜 이 예배의 현장에 임재하셨습니까? 그들의 기도를 들어 주시고 그들을 축복해 주시기 위해서가 아니었습니다. 그들의 죄를 심판하시기 위해서였습니다. 오늘 우리도 우리끼리만 예배드리는 것이 아닙니다. 하나님께서 우리 예배의 자리에 임재하십니다. 우리는 하나님께서 은혜 가운데 임재하시도록 해야 합니다. 아모스는 하나님께서 심판하기 위해 임재하실 수도 있다는 점을 우리에게 일깨우고 있습니다.

"단 곁에 서서"라고 할 때 "단"이 무슨 단이냐에 대해 여러 가지 의견들이 있습니다. 어떤 이들은 예루살렘에 있는 제단을 의미한다고 말합니다. "단" 앞에 정관사가 붙어 있기 때문입니다. 다시 말해서 이것을 정확하게 번역하면 '그 단'이 됩니다. 전 세계에서 '그 단'이라고 부를 수 있는 것은 예루살렘 성전에 있는 놋 제단 하나밖에 없었습니다. 그 단은 아주 특별한 모양새를 가지고 있었습니다. 제단 네 귀퉁이에 뿔이 달린 제단은 예루살렘 제단밖에 없었습니다. 게다가 그 단은 아주 낮았습니다. 다른 제단들은 가능한 한 높이 쌓아서 계단을 통해 올라가는 것이 특징이었습니다. 그러나 이 제단은 맨땅에 세워져 있었습니다. 또 하나님께서는 이 제단을 꾸미지 못하게 하셨습니다. 무슨 뜻입니까? 죄인들은 죄 지은 모습 그대로 가식 없이 나아오라는 것입니다. 제단을 화려하게 꾸며서 스스로 만족하지 말라는 것입니다. 예루살렘의 제단은 세상에서 유일하게 볼품없는 제단이었습니다.

그러나 저는 여기에 나오는 "단"은 예루살렘의 제단이 아닐 것이라고 생각합니다. 이 "단"은 이스라엘에 있었던 사이비 성전의 단일 것입니다. 아마도 그 단이 워낙 유명했기 때문에 비꼬는 의미에서 정관사를 붙인 것이 아닌가 싶습니다.

하나님께서는 단 곁에 서 계셨습니다. 이스라엘 백성들은 하나님을 보지 못했지만, 하나님께서는 그들을 보고 계셨고 그들의 중심을 살피고 계셨습니다. 하나님께서 단 곁에서 뭐라고 말씀하십니까? "기둥머리를 쳐서 문지방이 움직이게 하며." 예루살렘 성전에는 야긴과 보아스라는 두 기둥이 있었습니다. 그런데 이 사이비

성전에도 그와 비슷한 기둥들이 있었던 것 같습니다. 하나님께서
는 바로 그 기둥들을 쳐서 성전을 무너뜨리라는 것입니다. 그래서
예배를 드리고 있는 자들이 거기에 깔려 죽게 만들라는 것입니다.
그리고 혹시라도 거기에서 살아나는 자는 칼로 쳐서 죽이겠다고
하십니다.

구약성경을 보면 예배를 드리다가 멸망하는 사건이 세 번쯤 나
오는데, 세 사건 모두 이방 신에게 예배를 드리다가 죽은 경우였
습니다. 블레셋 사람들은 자기들의 신에게 제사를 지낼 때 눈알
뽑힌 삼손을 불러내 희롱했습니다. 삼손은 자기의 원한을 갚아 달
라고 부르짖었고, 결국 하나님의 능력으로 신전 기둥을 무너뜨림
으로써 수많은 블레셋 사람들을 죽였습니다. 그래서 사탄이 성도
들을 괴롭힐 때 너무 심하게 괴롭히면 안 됩니다. 그냥 적당히 괴
롭히다가 말아야지 너무 비참하게 만들면 성도들이 부르짖으면서
기도하기 시작합니다. 그러면 기둥이 무너지게 되어 있습니다.

또 한 가지는 바알 선지자 450명과 엘리야가 갈멜 산에서 대결
할 때 일어난 사건입니다. 그때 이스라엘 백성들은 누가 참 신인
지 분별하지 못하고 있었습니다. 그들이 보기에는 단 한 명이 섬
기는 여호와보다는 450명이 섬기는 바알이 참 신일 것 같았습니
다. 그러나 불로 응답한 신은 엘리야의 하나님 여호와였습니다.
바알 선지자 450명은 그 자리에서 죽임을 당했습니다. 그것은 멸
망해 가고 있던 이스라엘에 찾아온 부흥의 기회였습니다. 그러나
이스라엘은 그 기회를 살리지 못했습니다.

세번째는 예후가 이스라엘에서 집권했을 때 일어난 사건입니
다. 그는 바알 선지자들을 죽이기 위해 거짓 명령을 내렸습니다.
아주 큰 제사를 드리려 하니 바알을 섬기는 자들은 전부 참석하라

고 명한 것입니다. 그래서 그들이 모이자 한 명도 빼 놓지 않고 모조리 죽여 버렸습니다. 예후의 칼날을 피한 자가 아무도 없었습니다.

이처럼 구약성경에서 예배를 드리다가 망한 자들은 전부 이방 신을 섬기던 자들이었습니다. 하나님께서는 이런 일들을 통해 이방 신이 인간의 거짓된 상상의 산물임을 보여 주셨습니다. 그런데 이스라엘 백성들은 하나님께 예배를 드리다가 망합니다. 그 이유가 무엇입니까? 그들의 예배는 바른 예배가 아니었기 때문입니다.

하나님은 우상들과 다릅니다. 예배만 드리고 제물만 바친다고 해서 좋아하시는 분이 아닙니다. 참된 예배에서 중요한 것은 형식이 아닙니다. 자기 자신을 드리는 것입니다. 예배의 제물은 우리 자신입니다. 하나님께서는 우리가 실패했으면 실패한 모습 그대로, 죄를 지었으면 죄를 지은 모습 그대로, 넘어졌으면 넘어진 모습 그대로 나오기를 바라십니다. 내 속 깊은 곳에 자리잡고 있는 불신앙, 좀처럼 고쳐지지 않는 고질적인 죄, 상한 심령을 드러내 놓고 칼로 찌르듯이 찌르기를 바라십니다. 그러면 하나님께서 위로해 주시고 치료해 주시고 축복해 주십니다. 그런데 그것을 예배의 형식을 통해 위선적으로 감추려 할 때, 그 예배는 우리를 지켜 주지 못합니다.

예수님께서는 재앙이 안식일에 일어나지 않도록 기도하라고 하셨습니다. 안식일은 하나님께서 축복하신 날입니다. 단순히 쉬는 날이 아니라, 하나님이 지켜 주실 것을 믿고 마음껏 예배드리며 섬기는 날입니다. 이렇게 완전히 마음을 놓고 있는 날 재앙이 닥치면 도저히 피할 길이 없습니다.

그런데 안식일에 재앙을 당하는 것보다 더 비극적인 일이 바로 예배드리다가 멸망당하는 것입니다. 자기는 자기 나름대로 신앙이 좋다고 생각하고 있고, 하나님께서 자기 기도를 분명히 들어 주실 것이라고 믿고 있습니다. 그런데 기도 응답 대신 재앙이 닥칠 때, 앉은 자리에서 꼼짝없이 당할 수밖에 없습니다.

예배를 드리는 중에 불의의 사고가 일어나는 경우들이 있습니다. 예를 들어 얼마 전 외국 어느 한인 교회에서 예배를 드리는 중에 폭발물이 터져서 여러 사람이 죽거나 다친 일이 있었습니다. 우리는 그런 경우에 이 말씀을 적용시켜서 그 교회 사람들을 전부 죄인 취급해서는 안 됩니다. 스펄전이 런던에서 설교했을 때에도, 그를 시기하던 사람이 예배 중에 "불이야!" 하고 소리치는 바람에 사람들이 서로 나가려고 밀치다가 넘어져서 10여 명의 사람들이 깔려 죽는 불상사가 있었습니다. 그렇다고 해서 "그때 예배드리던 사람들은 다 죄인"이라고 말할 수 없습니다. 그것은 오늘 본문이 의도하는 바가 아닙니다.

이것은 오히려 요즘 교인들에게 적용되는 말씀입니다. 즉 일주일 내내 죄지으면서 제멋대로 살다가 일요일만 되면 시치미 딱 떼고 교회에 나와 예배드릴 때, 그 예배가 그 사람을 지켜 주거나 도와주지 못한다는 것입니다. 하나님께서는 그런 예배를 받지 않으십니다. 진정으로 예배드리는 사람은 변하게 되어 있습니다. 변하지 않는 예배는 더 악해지는 예배입니다. 예배를 드리는 사람은 더 좋은 방향으로 변하든지 더 나쁜 방향으로 변하든지 둘 중에 하나입니다.

그렇다고 해서 예수를 잘 믿지 못하는 교인들이 다 망하기를 바라서는 안 됩니다. 이 말씀을 다른 사람들에게 적용시켜서 '저 인간이 저렇게 엉터리로 믿다가 언젠가는 망할 게 틀림없지' 라고 생각하면서, 요나가 니느웨 망하기를 기다리듯 그 사람 망하기를 기다려서는 안 됩니다. 오늘 이 말씀은 다른 사람을 정죄하라고 주신 말씀이 아니라 나 자신에게 적용하라고 주신 말씀입니다.

피할 수 없는 하나님

2절과 3절을 보십시오. "저희가 파고 음부로 들어갈지라도 내 손이 거기서 취하여 낼 것이요 하늘로 올라갈지라도 내가 거기서 취하여 내리울 것이요 갈멜 산 꼭대기에 숨을지라도 내가 거기서 찾아낼 것이요 내 눈을 피하여 바다 밑에 숨을지라도 내가 거기서 뱀을 명하여 물게 할 것이요."

죄를 짓고 외국으로 도망쳤다가 거기에서 체포되어 수갑을 차고 귀국하는 사람들을 보면 '참, 죄지은 사람은 갈 곳이 없구나' 하는 생각이 듭니다. 성경은 무엇이라고 말씀하고 있습니까? 하나님의 백성이 죄를 지으면 도망칠 데가 없다는 것입니다. 땅을 파고 무덤 속으로 들어가도 잡아내시고 하늘 꼭대기까지 도망쳐도 잡아내십니다.

이스라엘 백성들은 '하나님께서 우리를 거절하시면 다른 신들에게 가면 그만이지' 라고 생각했습니다. 하나님 말고도 얼마든지 신이 있다는 거예요. 이에 대한 하나님의 답변이 무엇입니까? 땅을 파고 무덤 속에 숨어도, 하늘 꼭대기까지 도망쳐도 다 체포해서 잡아 오신다는 것입니다.

사람들은 지방에서 죄를 지으면 서울로 도망갑니다. 서울에서 죄를 지으면 로스앤젤레스로 날아갑니다. 지방에서 돈 떼어먹은 사람이 서울에 있는 교회에 가서 대표기도 하고, 서울에서 돈 떼어먹은 사람이 로스앤젤레스에 있는 교회에 가서 대표기도 합니다. 그러면서 하는 말이 무엇입니까? 교회 옮기면 그만이라는 것입니다. 자꾸 듣기 싫은 소리 하면 교회 확 옮겨 버린다는 것입니다. 그러나 그는 하나님의 손에서 절대 벗어날 수 없습니다.

3절에 보면 "갈멜 산 꼭대기에 숨을지라도"라고 말씀하십니다. 왜 하필 갈멜 산일까요? 어떤 학자는 갈멜 산에 굴이 많아서 한번 숨으면 도저히 찾을 수 없기 때문이라고 해석하기도 하고, 또 어떤 사람은 갈멜 산이 서쪽 끝에 있기 때문에 아무리 도망쳐 봐야 갈멜 산 꼭대기까지라는 뜻에서 이렇게 말씀하셨다고 해석하기도 합니다. 저는 두번째 해석이 더 타당한 것 같습니다.

갈멜 산에서 더 도망을 치려면 바다로 들어가야 합니다. 그런데 바다로 들어가면 뱀을 명하여 물게 하겠다고 말씀하십니다. 여기 나오는 뱀은 상상의 동물로서, 아주 무섭고 흉악한 동물입니다. 성경 저자들은 용어를 정확하게 구사하는 편인데, 파충류에 대해서만큼은 혼동을 겪는 것 같습니다. 그래서 뱀과 용과 악어를 섞어 씁니다. 욥기에는 "지혜로 라합을 쳐서 파하시며"(욥 26:12 하)라는 구절이 나오는데, 처음 성경을 읽는 사람은 "여호수아서에서 구원을 받았던 기생 라합이 욥기에 와서 찔려 죽는구나!" 하고 깜짝 놀랍니다. 그런데 욥기에 나오는 라합은 기생 라합이 아니라 '리바이어던' 이라는 짐승으로서, 용인지 뱀인지 악어인지 분명하지 않습니다. 여기에 나오는 뱀도 그런 의미의 뱀으로 보면 됩니다.

성경이 말씀하고자 하는 것이 무엇입니까? 하나님의 백성들이 진정으로 회개하지 않으면 어디로 피해도 하나님의 진노를 피할 수 없다는 것입니다. 아무리 숨어서 죄를 짓고 아는 이 하나 없는 곳으로 도망을 쳐도 그 사람의 악한 됨됨이가 다 드러나게 되어 있습니다. 왜 그렇습니까? 그 사람의 인격 자체가 변하지 않았기 때문입니다. 다른 곳에 가서도 똑같은 짓을 해요. 평지에서 죄짓던 사람은 산에 가서도 죄짓고 물 속에 잠수해서도 죄를 짓기 때문에 결국 다 드러나게 되어 있습니다. 직장을 옮기고 직업을 바꾸고 이사를 한다고 해서 사람 자체가 변하는 것이 아닙니다. 하나님께서 굳이 찾아내지 않으셔도 자기 스스로 악한 됨됨이를 드러내게 되어 있습니다.

또 설사 아무도 그의 죄를 찾아내지 못한다 해도 양심이 그 죄를 적발하며 설교가 그 죄를 찾아냅니다. 대부분의 경우 성경적인 설교가 이루어지지 않아서 그렇지, 성경적인 설교만 이루어지면 그 설교가 숨어 있는 죄인의 죄를 지적하고 찾아내게 되어 있습니다. 모든 교회가 죄에 대해 경고의 나팔을 불면 죄인들이 어느 교회에 가도 숨지 못하고 회개할 수밖에 없습니다. 그러나 문제는 하나님께서 용서하시지 않은 죄에 교회가 면죄부를 발행해 준다는 데 있습니다.

아합 왕을 보십시오. 그는 사람의 눈을 속이기 위해 평민의 옷을 입고 전쟁에 나갔는데도, 누군가 우연히 쏜 화살에 맞았습니다. 그것도 정확하게 갑옷 사이에 맞았어요. 아무리 머리를 굴리고 수를 써도 하나님을 피할 수는 없습니다. 뒤로 화살을 쏴도 아합이 맞게 되어 있고, 실수로 돌을 떨어뜨려도 아합이 맞게 되어 있습니다. 요나가 니느웨로 가라는 하나님의 명령을 어기고 다시스로 가는 배를 탔을 때 어떠했습니까? 배 밑창까지 내려가 자고 있는 그를 적발해서 죄를 고백하게 만드시지 않았습니까?

내가 눈감아 봐야 아무 소용 없습니다. 하나님께서 눈감아 주셔야 합니다. 그렇다면 어떻게 하나님의 불꽃 같은 눈을 감길 수 있습니까? 하나님께서 원하시는 방법으로 나아가야 합니다. 내 자존심, 내 자랑 다 버리고 철저히 죄를 버리겠다는 결단을 내려야 합니다. 그 방법 외에는 하나님의 눈을 피할 길이 없습니다.

진정한 회개는 하나님께 미안해하는 것도 아니고, 단순히 눈물 흘리는 것도 아닙니다. 눈물 흘리지 않아도 지금 잘못 살고 있는 것을 바꾸는 것이 회개입니다. 하나님께서 기뻐하시지 않는 물건을 치우는 것, 떼어먹은 돈을 돌려주는 것, 하나님께서 원하시지 않는 거래는 손해를 보더라도 끊어 버리는 것, 구조적으로 죄를 지을 수밖에 없는 직업이라면 포기하고 영광스러운 실업자로 사는 것이 진정한 회개입니다.

죄는 사람에게도 상처를 입히지만 하나님의 거룩하심에도 깊은 상처를 입힙니다. 죄는 하나님을 공격하는 것입니다. 죄는 변명할 수 없는 교만에서 나옵니다. 하나님을 두려워한다면 감히 남에게 해를 끼칠 생각을 하지 못합니다. 교만하기 때문에 그런 나쁜 생각을 품는 것입니다. 회개란 이런 죄가 하나님 앞에 얼마나 추악하고 더러우며 혐오스러운 것인지 철저하게 노출시키는 것입니다. 그리고 내 안에 있는 악한 성향을 통제하기 위해 구체적으로 어떤 일을 할 것인지 계획을 세우고 실천에 옮기는 것입니다. 그렇게 하지 않고 단순히 하나님께 미안한 마음만 가지는 것은 죄를 은폐하는 것입니다.

모든 것을 잃지 않으려면 아직 시간이 있을 때 하나님과 화해해야 합니다. 아직 시간이 있을 때 죄를 고백하고 새로운 삶을 시작해야 합니다. 예를 들어 전에 욕심대로 살았던 사람은 적극적으로 남에게 베푸는 것입니다. 가진 것 다 주라는 말이 아닙니다. 남을 위해 조금만 포기하라는 것입니다. 또 남이 나에게 잘못한 것이 있으면 용서해 주는 것입니다. 그동안 소홀히 했던 가족을 돌아보는 것입니다.

이스라엘 백성들은 원수에게 잡혀 가서도 죽임을 당할 것입니다. "'그 원수 앞에 사로잡혀 갈지라도 내가 거기서 칼을 명하여 살육하게 할 것이라. 내가 저희에게 주목하여 화를 내리고 복을 내리지 아니하리라' 하시니라"(9:4).

원수에게 잡혀 간다고 해서 다 똑같은 것이 아닙니다. 원수에게 잡혀 가서도 대접을 받는 사람이 있는가 하면 죽임을 당하는 사람이 있습니다. 유다와 이스라엘은 전부 포로로 잡혀 갑니다. 그러나 유다는 연단시켜서 다시 돌아오게 하시려고 잡혀 가게 하신 반면, 이스라엘은 이방 땅에서 죽이시려고 잡혀 가게 하셨습니다. 고난이라고 해서 다 똑같은 고난이 아닙니다. 어떤 사람은 다시 영광스러운 하나님의 백성이 되게 하시려고 연단하기 위해 고난을 주시지만, 어떤 사람은 완전히 멸망시키기 위해 고난을 주십니다. 그래서 병자라고 해서 다 똑같은 병자가 아니고, 실업자라고 해서 다 똑같은 실업자가 아닙니다.

다니엘과 세 친구는 포로로 잡혀 갔음에도 불구하고 특별한 대우를 받았습니다. 나라가 세 번이 바뀌도록 총리를 지낸 사람은 역사상 다니엘밖에 없습니다. 어떻게 그런 일이 가능했습니까? 하나님께서 그를 존귀하게 쓰시려고 잡혀 가게 하셨기 때문입니다. 에스더가 포로로 잡혀 가지 않았다면 어떻게 제국의 왕비가 될 수 있었겠으며, 유다 백성을 구원할 수 있었겠습니까?

그래서 그리스도인들은 어려움이 닥칠 때 어려움 그 자체만 볼 것이 아니라 그 어려움의 성격이 어떤 것인가를 보아야 합니다. 회복시키고 축복하려고 주시는 어려움이 있고, 멸망시키려고 주시는 어려움이 있습니다. 택함받은 백성은 어려움이 오면 금방 자기 잘못을 깨닫고 하나님 앞에 무릎을 꿇습니다. 그러나 택함받지 못한 사람은 어려움이 올수록 자기 죄를 인정하지 않고 점점 더 완고해지며 고집스러워집니다. 그래서 편안할 때에는 택함받은 백성을 구별하기가 어렵습니다. 일이 잘될 때 감사하지 않는 사람이 어디 있습니까? 그러나 어려움이 오면 두 부류로 갈라집니다. 하나님께서는 고난에도 불구하고 회개치 않는 자를 주목해서 끝까지 벌하시겠다고 말씀하십니다.

주권자이신 하나님

이스라엘 백성들은 왜 하나님을 배반했습니까? 비 때문이었습니다. 유목생활을 하던 그들은 가나안 땅에 들어오면서 농사를 배우기 시작했습니다. 농사에서 가장 중요한 것은 비입니다. 그런데 가나안 사람들은 그 비를 내리는 신이 바알이라고 말했습니다. 하나님께서는 이스라엘 백성들이 범죄하면 기도해도 비를 주시지 않았습니다. 그래서 그들은 '하나님은 가나안 땅은 줄 수 있었어도, 이 땅에 비를 줄 수는 없는 신'이라고 생각해서 바알을 좇아갔습니다. 물론 바알을 좇아갔다고 해서 꼬박꼬박 비가 온 것은 아닙니다. 비가 올 때도 있었고 오지 않을 때도 있었습니다. 그런데도 한번 바알에게 마음이 기울기 시작하니까 걷잡을 수가 없었습니다.

이스라엘 백성들은 하나님이야말로 비의 하나님이시라는 것을 몰랐습니다. 하나님이야말로 하늘 문을 열어서 온 세계를 물로 심판하셨던 분이라는 사실을 그들은 잊어버렸습니다. "주 만군의 여호와는 땅을 만져 녹게 하사 무릇 거기 거한 자로 애통하게 하시며 그 온 땅으로 하수의 넘침같이 솟아오르며 애굽 강같이 낮아지게 하시는 자요"(9:5).

하나님께서는 노아 홍수 때 분노의 홍수를 쏟아부으셨습니다. 비만 내린다고 해서 홍수가 일어나는 것이 아닙니다. 하나님께서는 땅을 녹아내리게 하시고 바닷물이 그리로 밀고 들어가게 하셨습니다. 노아 홍수는 단순한 홍수가 아니라 자연질서의 대붕괴였습니다. 하나님은 이렇게 물로 온 세상을 덮으신 분입니다. 또 나일 강의 범람은 그 당시에 아주 널리 알려진 현상이었습니다. 1년에 한 번씩 나일 강이 범람했다가 빠지기 시작하면 물에 젖었던 땅이 옥토로 변합니다. 그런데 그런 자연현상을 주관하시는 분도 하나님이시라는 것입니다.

노아 홍수를 일으키신 분도 하나님이시요, 나일 강의 수위를 조절하시는 분도 하나님이십니다. 그런데도 이스라엘 백성들은 그걸 모르고 당장 비가 내리느냐 안 내리느냐만 보고 쉽게 하나님을 떠나 버렸습니다. "그 전을 하늘에 세우시며 그 궁창의 기초를 땅에 두시며 바닷물을 불러 지면에 쏟으시는 자니 그 이름은 여호와시니라"(9:6)는 것은 하나님께서 하늘과 땅을 주장하시는 분이라는 뜻입니다.

이스라엘 백성들은 얼마나 어리석었던지, 작은 것을 얻기 위해 큰 것을 내팽개쳤습니다. 눈앞의 작은 이익을 위해 아주 큰 하나님을 버렸습니다. 오늘도 마찬가지입니다. 사람들은 자신들이 그토록 추구하는 돈과 권력과 풍족한 삶이 전부 하나님의 것이라는 사실을 모르고 있습니다. 하나님은 그 모든 것을 무한히 주실 수 있는 분입니다. 그런데 왜 주시지 않습니까? 우리 믿음의 분량에 따라 속도를 조절하시고 수위를 조절하시기 때문입니다. 우리는 믿음의 분량만큼 가져야 합니다. 믿음 없는 사람을 억대의 부자로 만들어 주는 것은 돈에 깔려 죽으라는 말과 똑같습니다. 믿음이 없는 사람에게 엄청난 지식을 주는 것은 머리 터져 죽으라는 말과 똑같아요.

하나님은 중심을 보시는 분입니다. 남에게 상처를 주고 손해를 끼치면서까지 자기 이익을 챙기려고 하는 자들은 어리석은 자들입니다. 하늘과 땅의 주인이신 하나님께서 그들을 기뻐하시지 않기 때문입니다. 마음이 조급한 나머지 하나님의 때를 기다리지 못해서 하나님의 방법을 찾지 않고 세상과 타협하여 문제를 해결해 버리는 것은 작은 것을 얻고 큰 것을 놓치는 짓입니다.

우리에게 가장 중요한 일은 하나님께서 나를 사랑하시게 하는 것이고, 하나님께서 나를 기뻐하시게 하는 것입니다. 그러면 예루살렘에 남아 있어도 답답할 것이 없고 포로로 잡혀 가도 답답할 것이 없습니다. 포로로 잡혀 가도 총리로 살고 왕비로 살면서, 예루살렘에 갇혀 있던 하나님의 말씀을 온 세상에 퍼뜨리는 역할을 할 수 있습니다. 그러나 교만한 사람은 앞으로 넘어져도 뒤통수가 깨지고 뒤로 넘어져도 코가 깨집니다. 누군가 우연히 쏜 화살에 심장을 관통당합니다.

사람들은 세상에는 돈이 있고 명예가 있고 풍요로운 삶이 있고 즐거움이 있는 반면, 교회에는 속박과 제한만 있는 것 같으니까 자꾸 세상으로 가려고 합니다. 그러나 세상에 있는 것은 진실한 것이 아닙니다. 그것은 우리 것이 아닙니다. 우리가 세상 것 대신 하나님을 찾으면, 하나님께서 우리에게 필요한 것들을 다 챙겨 주십니다. 빨리 안 주시는 게 조금 문제지만, 참고 기다리면 됩니다. 조금만 참고 기다리면 우리가 미처 생각지 못한 것들까지 다 채워 주십니다.

오늘날 교인들은 세상과 하나님을 동시에 취하려 하고 있습니다. 몸은 예배드리러 나와 있지만, 마음은 세상 욕심으로 꽉 차 있습니다. 이 통장에 든 돈은 어디에 투자하고, 저 통장에 든 돈은 어디에 투자하고, 이자 나가는 날은 언제고, 이자율은 얼마인지 계산하느라고 예배 시간에도 눈동자가 왔다 갔다 합니다. 그러다가 하나님께서 이 땅을 떠나라고 하시면 어떻게 하려고 그럽니까? 한국전쟁 때 이미 경험한 바가 있지 않습니까? 부산에서 밀리면 보트피플이 되는 수밖에 없습니다.

작은 이익 때문에 근본적인 것을 잃는 어리석은 자가 되지 맙시다. 그리스도인은 항상 큰 것을 바라보아야 합니다. 사람 사이의 문제는 전부 사소한 것입니다. 근본적인 문제는 하나님께서 나를 어떻게 보시느냐 하는 데 있습니다. 하나님께서 나를 싫어하시면 더 이상 길이 없습니다. 심지어 예배를 드리고 있는 중이라도 도움을 받지 못할 것입니다.

다행히도 우리에게는 아직 시간이 있습니다. 이렇게 시간이 있을 때 하나님 앞에 나아갑시다. 그래야 우리도 이 땅에 뿌리를 내릴 수 있고, 믿지 않는 사람들도 복을 받을 수 있습니다. 이 세상이 복을 받으려면 예수 믿는 사람들이 욕심을 버려야 합니다. 좀 힘들더라도 하나님의 말씀을 붙들고 사는 이것이야말로 우리가 사는 길이고 이 세상이 사는 길입니다.

15

하나님은 택한 백성을 버리시는가?

이스라엘을 부르심

이용당하지 않으시는 하나님

체질하시는 하나님

끝까지 깨닫지 못하는 사람들

^{9:7} 여호와께서 가라사대 "이스라엘 자손들아, 너희는 내게 구스 족속 같지
아니하냐? 내가 이스라엘을 애굽 땅에서, 블레셋 사람을 갑돌에서, 아람
사람을 길에서 올라오게 하지 아니하였느냐?

⁸ 보라, 주 여호와 내가 범죄한 나라에 주목하여 지면에서 멸하리라. 그러나
야곱의 집은 온전히 멸하지는 아니하리라." 이는 여호와의 말씀이니라.

⁹ "내가 명령하여 이스라엘 족속을 만국 중에 체질하기를 곡식을 체질함같이
하려니와 그 한 알갱이도 땅에 떨어지지 아니하리라.

¹⁰ 내 백성 중에서 말하기를 '화가 우리에게 미치지 아니하며 임하지
아니하리라' 하는 모든 죄인은 칼에 죽으리라."

9:7-10

얼마 전, 한 전도사님에게서 그 교회의 신앙 좋은 한 자매가 어떻게 그 교회에 나오게 되었는지에 대한 이야기를 들었습니다. 하루는 그 교회 청년들이 거리에 나가 전도하기로 했습니다. 그 거리 전도는 효과가 별로 신통치 않았습니다. 어떤 사람은 전도지를 아예 받으려고도 하지 않았고, 어떤 사람은 받자마자 내버렸습니다. 그런데 지나가던 한 아가씨에게 전도지를 주니까, 그 자리에서 눈물을 흘렸습니다. 이유를 물어 보니, 한때 자기도 신앙생활을 열심히 했는데 여러 가지 사정이 생기는 바람에 신앙에서 멀어지게 되었다는 것입니다. 그래서 '언젠가는 다시 교회에 가야지' 하는 마음이 늘 있던 차에 전도를 받으니 자기도 모르는 사이에 눈물이 쏟아졌다고 했습니다. 그 자매는 그때를 기점으로 신앙을 되찾게 되었고, 예전보다 더 뜨거운 열정으로 하나님을 섬기게 되었습니다.

그 자매가 길에서 전도지를 받은 것은 우연히 일어난 일이 아닙니다. 하나님께서 그의 신앙생활을 회복시키시고 그 신앙의 열정을 되찾게 하시기 위해, 그날 전도하는 사람들을 만나도록 미리 계획하신 것입니다. 하나님께서 우리 한 사람 한 사람을 신앙의 길로 이끌기 위해 사용하시는 방법들은 우리의 아둔한 머리로 도저히 헤아릴 수 없을 만큼 무궁무진합니다. 우리 생각에는 우연히 복음을 듣게 된 것 같고, 우연히 전도자를 만나게 된 것 같습니다. 그러나 하나님께서는 그 한 번의 만남을 위해 수십 년 전부터 계획을 세워 놓으셨고, 여러 가지 일들을 일으켜 오셨습니다.

하나님께서는 모압 여자 룻 한 사람을 건지기 위해 아주 많은 것들을 동원하셨습니다. 그분은 베들레헴의 흉년을 사용하셨고, 엘리멜렉 가정의 이주를 사용하셨으며, 그 가정의 비극을 사용하셨습니다. 라합은 또 어떻습니까? 이스라엘 백성들은 굳이 여리고 성을 정탐할 필요가 없었습니다. 그냥 공격하면 돼요. 그런데도 여호수아는 정탐꾼을 보냈고, 그들의 잠입이 들통나는 바람에 기생 라합의 집에 들어가서 도움을 받게 되었으며, 결국 라합을 멸망에서 구원하게 되었습니다.

이처럼 하나님께서는 전쟁이나 흉년이나 전염병 같은 사회적인 상황을 사용하실 뿐 아니라, 실직이나 실연이나 질병이나 결혼의 실패나 가족의 죽음 같은 개인적인 일들도 사용하여 우리를 구원하십니다. 배 타는 직업을 가진 사람이 그 환경에서 도저히 신앙을 가질 수 없을 때 육지로 끌어올리기도 하시고, 지방에 있는 사람을 서울이나 다른 도회지로 옮기게도 하시며, 이 지방에 있는 사람을 저 지방으로 갑자기 이사 가게도 하십니다. 우리는 우연히 믿게 된 것처럼 생각하지만, 실제로 하나님께서는 그렇게 믿게 하기까지 얼마나 치밀한 계획을 세워서 실행하시는지 모릅니다. 중요한 것은 그 은혜를 끝까지 잘 간직해야 한다는 것입니다.

오늘 본문에는 하나님께서 그렇게 어렵게 선택하시고 구원하신 이스라엘 백성들을 전부 버리기로 결정하시는 내용이 나옵니다. 우리는 이 말씀이 잘 이해되지 않습니다. 그토록 어렵게 구원한 백성을 왜 포기하신다는 것입니까? 오늘 하나님께서는 그들이 그토록 어렵게 구원받은 은혜를 제대로 간직하지 못했기 때문에 버린다고 말씀하십니다. 하나님께서는 우리를 구원하시기 위해 오래 전부터 계획을 세우셨고 사람들을 준비시키셨고 사건들을 일으키셨습니다. 그렇다면 그 은혜가 가장 귀한 줄 알고 세상 것들과 바꾸지 말아야 합니다. 그러나 이스라엘 백성들은 하나님의 은혜를 가볍게 생각했습니다. 그래서 너무나 쉽게 세상 것들과 바꿔 버렸습니다.

이스라엘을 부르심

하나님께서는 이스라엘 백성들을 부르신 일에 대해 이렇게 말씀하십니다. "여호와께서 가라사대 '이스라엘 자손들아, 너희는 내게 구스 족속 같지 아니하냐? 내가 이스라엘을 애굽 땅에서, 블레셋 사람을 갑돌에서, 아람 사람을 길에서 올라오게 하지 아니하였느냐?'"(9:7)

하나님께서는 이스라엘 백성들을 애굽에서 불러내셨습니다. 그들의 이동은 블레셋 사람들의 이동이나 아람 사람들의 이동과는 판이하게 다른 것이었습니다. 하나님께서는 이스라엘 백성들을 하나님의 은혜에 붙들려 그 은혜 안에 사는 사람들로 삼으시려고 애굽에서 이끌어 내셨습니다. 그런데 지금 그들은 구스 족속과 전혀 다를 바 없는 사람들이 되고 말았습니다.

여기에서 "구스 족속"은 아프리카 흑인들을 가리킵니다. 구스는 이디오피아를 가리키기도 하지만, 이처럼 흑인 전체를 가리키기도 합니다. "구스 족속"은 인종차별적인 의미에서 사용된 표현이 아닙니다. 이것은 진리의 빛이 한번도 비췬 적이 없는 사람들을 가리키는 말입니다. 우리도 교회 문턱조차 가 본 적 없고 영적인 감각 또한 전혀 없는 사람들을 만나게 될 때가 있습니다. 도대체 죄가 무엇이고 하나님이 누구신지 알지 못하는, 철저히 무지한 상태에 있는 사람들을 만나면 무슨 말을 어디에서부터 꺼내야 할지 암담하지요. 그런 사람들을 여기에서는 "구스 족속"이라고 부르고 있는 것입니다.

이스라엘이 출애굽했을 때, 그들만 민족 이동을 한 것이 아니었습니다. 비슷한 시기에 다른 두 민족도 대이동을 했습니다. 블레셋 사람들은 "갑돌", 즉 크레타 섬에서 이동했고, 아람 사람이라고도 불리는 수리아 사람들은 "길"에서 이주했습니다. 길이 어딘지는 분명치 않습니다. 그런데 나중에 수리아가 멸망했을 때 바벨론 사람들이 길로 잡아갔다고 기록되어 있는 것을 보면, 바벨론 어느 곳에 위치한 장소였던 것 같습니다.

원래 이스라엘 백성들이 이동한 목적과 블레셋 사람들이나 아람 사람들이 이동한 목적은 근본적으로 다른 것이었습니다. 블레셋 사람들이나 아람 사람들은 생존을 위해 이동했습니다. 그러나 이스라엘 백성들은 하나님을 믿는 새로운 백성이 되기 위해서, 하나님의 은혜를 체험하고 그 은혜 안에 사는 백성이 되기 위해서 이동했습니다.

그런데 오늘 하나님께서는 무엇이라고 탄식하고 계십니까? "내가 이스라엘을 애굽 땅에서, 블레셋 사람을 갑돌에서, 아람 사람을 길에서 올라오게 하지 아니하였느냐?" 무슨 뜻입니까? 하나님께서는 특별한 목적을 가지고 이스라엘 백성들을 이동시키셨지만, 결과적으로 볼 때 블레셋 사람들이나 아람 사람들의 이동처럼 아무 의미 없는 일이 되고 말았다는 것입니다. 이스라엘 백성들은 원래 하나님께서 부르신 목적을 생존이라는 목적과 바꾸어 버렸습니다. 그 결과 블레셋 사람들이나 아람 사람들과 하나도 다를 바 없는 백성이 되어 버렸을 뿐 아니라, 심지어 하나님을 한 번도 경험한 적이 없는 구스 족속과도 아무 차이가 없어져 버렸습니다.

사실 하나님께서 처음 이스라엘 백성들을 불러올리셨을 때, 블레셋 사람들이나 아람 사람들과 근본적으로 다른 데가 있어서 불러올리신 것이 아닙니다. 오히려 이스라엘은 그들보다 훨씬 못한 노예들이었습니다. 그런데 왜 그런 노예들을 불러서 자기 백성으로 삼으시고 가나안 땅을 차지하게 하셨습니까? 그들이 이런 사실을 잘 깨달아, 온전히 하나님께 감사드리며 영광 돌리는 백성이 되게 하시기 위해서였습니다. 똑똑한 백성들을 부르시면 어디서부터 어디까지가 하나님의 축복이고 어디서부터 어디까지가 자신들의 공로인지 잘 모를 테니까, 아무것도 자랑할 것 없는 노예들을 택하심으로써 그들이 누리고 있는 모든 것이 하나님의 은혜이며 그들의 삶 전체가 하나님의 도우심이라는 사실을 분명히 나타내고자 하신 것입니다.

그런데 나타난 결과는 어떠했습니까? 블레셋이나 아람 족속의 이동과 하나도 다를 바가 없어져 버렸습니다. 그들은 처음의 겸손을 잃고 하나님의 은혜를 잊은 채 탐욕스러운 사람들이 되어 버렸고, 하나님의 부르심은 아무 의미가 없어져 버렸습니다. 그들의 이동은 한 민족의 이동 이상의 의미를 갖지 못하게 되었습니다.

도시화 물결이 일어나면서 많은 사람들이 시골을 떠나 도시로 몰려들었습니다. 왜 그렇게 많은 사람들이 도시로 몰려들었습니까? 먹고 살기 위해서였습니다. 그런데 그 중에 하나님께서 자기 백성으로 삼기 위해 부르신 사람이 있었다고 합시다. 똑같이 도시 생활을 해도 그 사람의 삶과 보통 사람들의 삶은 본질적으로 다릅니다. 하나님께서 그 사람을 부르신 것은 먹고 살게 하시기 위해서가 아니라 하나님의 은혜를 나타내시기 위해서입니다. 그런데 그 사람이 큰 축복을 받은 후에 하나님의 뜻대로 살지 않는다면, 이스라엘과 똑같은 죄를 짓는 것입니다. 물론 신앙 자체를 버리지는 않습니다. 그러나 그것은 형식적인 것일 뿐, 처음의 겸손한 모습은 없어져 버렸습니다. 그렇다면 이 사람이 도시로 온 것은 다른 사람들이 돈을 벌기 위해 도시로 온 것과 아무 차이가 없습니다. 박 씨가 울산에서 부산으로 온 것이나 김 씨가 청주에서 대구로 온 것이나 이 사람이 시골에서 서울로 온 것이나 아무 차이가 없어요. 하나님께서는 이 사람을 더 나은 목적을 위해 부르셨습니다. 그러나 그가 현실에 주저앉는 바람에 그 목적은 좌절되고 말았습니다.

이스라엘 백성들도 하나님께서 특별한 목적을 위해 부르셨습니다. 그런데 현실에 부딪혀 보니까 하나님의 은혜보다는 가나안 땅의 부요가 더 크게 보였습니다. 그래서 신앙 자체는 버리지 않았지만 뜨거움은 잃고 말았습니다. 그때 하나님께서 하신 말씀이 무엇입니까? 이 은혜를 그렇게 가볍게 여기지 말라는 것입니다. 아무리 현실이 어렵고 빡빡해도 이 은혜를 잊어버리면 절대 안 된다는 것입니다.

이용당하지 않으시는 하나님

하나님께서는 이스라엘 백성들에 대해 무엇이라고 말씀하십니까? "보라, 주 여호와 내가 범죄한 나라에 주목하여 지면에서 멸하리라"(9:8 상). 하나님은 범죄한 나라를 주목해 보시고 심판하시는 분입니다.

개인도 범죄하지만 나라도 범죄할 수 있습니다. 이유 없이 다른 나라를 침범하는 나라는 범죄한 나라입니다. 유고의 밀로셰비치가 알바니아 사람들을 인종청소한 것은 범죄입니다. 방을 청소해야지 왜 인종을 청소합니까? 아무리 힘이 있어도 다른 사람들을 몰아내거나 다른 나라를 침략해서는 안 됩니다. 다른 나라를 침략하지 않아도 도덕적인 타락이 상식적인 수준을 넘어선 나라 또한 범죄한 나라입니다. 사회는 그냥 존재하기만 하면 되는 것이 아닙니다. 사회 구성원들에게는 자기들 안에서 일어나는 죄를 막을 책임이 있습니다. 그런데 그 책임을 다하지 못하고 자꾸 범죄를 허용할 때, 하나님께서는 그 사회를 주목해 보기 시작하십니다.

그러나 이스라엘 백성들을 "범죄한 나라"라고 부르시는 것은 이런 것들과 의미가 다릅니다. 다른 나라를 침략하지 않았어도, 범죄의 수준이 일정 한도를 넘지 않았어도, 하나님의 은혜를 잃어버렸다면 이스라엘은 범죄한 나라입니다. 하나님과 맺은 언약을 깨뜨렸다면 이스라엘은 범죄한 나라입니다.

이스라엘이 하나님과 맺은 언약이 무엇입니까? 하나님 외에 다른 신을 섬기지 않겠다는 것입니다. 무슨 일을 하든지 철저하게 하나님만 의지하겠다는 것입니다. 하나님 외에 다른 것의 도움을 받지 않겠다는 것입니다. 또한 그들은 이웃을 자기 몸처럼 사랑해야 했습니다. 이웃을 남으로 보는 것이 아니라 자기 형제나 누이처럼 보아야 했습니다. 형제나 누이가 빚을 갚지 못해서 노예로 팔려 갈 때 가만히 있을 사람이 어디 있습니까? 아마 무슨 수를 써서라도 빼내려고 할 것입니다. 하나님께서는 이스라엘 백성들이 서로를 그렇게 대하기 바라셨습니다.

오직 하나님만 섬기며 이웃을 내 몸처럼 사랑한다는 것은 말처럼 쉬운 일이 아닙니다. 자기 이익이 눈에 들어오기 시작하면 그때부터 도움이 될 만한 사람은 누구라도 붙들게 되고, 어려움에 처한 사람은 못 본 체하게 되기 십상입니다. 그렇게 되면 하나님과 맺은 언약은 깨져 버리는 것입니다.

하나님의 부르심은 거저 주어지는 것이 아닙니다. 그 부르심에는 엄청난 책임이 수반됩니다. '원래 내 것이란 없었다'는 사실을 끊임없이 기억하고 붙들지 않으면 절대 하나님과의 언약을 지킬 수가 없습니다. 좀 아까운 마음이 드는 것까지는 죄가 아닙니다. 또 처음에는 순종하지 못했다 해도 조금 지나서 마음을 바꾸어 순종하는 것은 지극히 아름다운 일입니다. 그러나 끝까지 자기 것을 챙기겠다고 고집을 부리는 사람은 하나님의 은혜를 악용하는 죄를 짓는 것입니다.

이스라엘 백성들은 자신들이 얼마나 특별한 백성인지 알지 못한 채, 블레셋 사람이나 아람 사람이나 구스 사람의 수준에서 살려고 했습니다. 그러면서도 하나님께서 자신들을 부르신 이상 끝까지 지켜 주시는 것이 당연하다고 생각했습니다. 그들은 하나님을 이용하려 했습니다. 그러나 하나님은 절대로 이용당하시지 않습니다. 하나님을 이용하려고 하는 사람은 반드시 망하게 되어 있습니다.

오늘 우리가 지속적으로 하나님의 축복을 받는 방법은 하나밖에 없습니다. 그것은 구원받은 것으로 만족하고, 그 은혜를 다른 값싼 것들과 바꾸지 않는 것입니다. 결혼이나 출세나 사업은 전부 구원에 따라오는 부산물에 불과합니다. 그 우선순위를 바꾸어 버리면, 그때부터 신앙이 변질되게 되어 있습니다. 구원받은 것으로 만족하지 못해서 "저는 결혼도 해야 하고 승진도 해야 하고 넓은 집에서도 살아야 합니다"라고 요구할 때, 하나님께서는 "나는 너 한 사람을 구원하기 위해 전쟁을 사용하고 기근을 사용하고 수많은 사람들을 동원했다. 그런데 너는 이 은혜를 그 값싼 것들과 바꾸려 하느냐?"고 물으실 것입니다.

히브리서는 "우리가 이같이 큰 구원을 등한히 여기면 어찌 피하리요?"(히 2:3 상)라고 묻습니다. 구원의 은혜는 그 어떤 것과도 바꿀 수 없을 만큼 큰 것입니다. 구원을 받았다면 결혼 못 해도 괜찮고 취직 못 해도 괜찮고 공부 못 해도 괜찮고 출세 못 해도 괜찮습니다. 구원은 그만큼 큰 것입니다. 그 사실을 잊어버리고 세상으로 달려가면 블레셋이나 아람이나 구스 족속과 하나도 다를 바 없는 백성이 되고 맙니다.

저는 주님을 만나고 나서 뜨거운 열심으로 헌신했습니다. 그런데 그 결과는 사회적으로 폐인이 되는 것이었습니다. 저는 인생 밑바닥으로 떨어졌습니다. 제 마음속에는 '내가 그래도 괜찮은 사람이었는데, 지금이라도 세상에 나가면 돈벌 수 있는데' 하는 유혹이 계속 찾아왔습니다. 저는 '친구들은 다 잘 풀렸는데 나만 괜히 주님을 너무 사랑하는 바람에 함정에 빠져 버렸다' 는 비교의식과 상대적인 빈곤감에 시달렸습니다. 저는 제 힘으로 그 함정에서 뛰쳐나가고 싶었습니다. 그러나 그때 우리 부부가 내린 결론은 "절대 그렇게 해서는 안 된다"는 것이었습니다. "우리가 받은 구원이 어떤 구원인데, 우리가 어떻게 이 하나님을 알게 되었는데, 이제 와서 세상으로 가겠는가? 우리, 하나님 한 분 안 것으로 만족하자"는 것이었습니다. 사실 저는 그렇게 신앙 좋은 사람이 아닙니다. 그런데 성령께서 불쌍히 여기셔서 은혜 안에 머물게 해 주셨던 것 같습니다.

하나님께서 원하시는 것이 바로 이것입니다. 구원에 다른 것 갖다 붙이지 말라는 것입니다. 구원 하나로 만족하라는 거예요. 부산물과 본체를 바꾸지 말라는 것입니다. 구원보다 다른 것을 더 중시하는 사람은 하나님만 온전히 의뢰할 수도 없고 다른 사람들을 형제처럼 생각할 수도 없습니다. 신앙만으로 만족하지 못하고 신앙을 통해 다른 것까지 얻으려 하는 사람은 하나님을 이용하는 사람입니다. 하나님께서는 그를 주목하여 보실 것입니다.

체질하시는 하나님

그러나 하나님께서는 이스라엘 백성들을 완전히 멸망시키지는 않겠다고 말씀하십니다. "'그러나 야곱의 집은 온전히 멸하지는 아니하리라.' 이는 여호와의 말씀이니라. '내가 명령하여 이스라엘 족속을 만국 중에 체질하기를 곡식을 체질함같이 하려니와 그 한 알갱이도 땅에 떨어지지 아니하리라"(9:8 하-9).

이스라엘 백성들이 은혜를 소홀히 했을 때 하나님께서는 그들을 은혜의 자리에서 내동댕이치기로 작정하셨습니다. 그러나 그렇게 내동댕이치는 와중에서도 한 가지 일을 행하겠고 하십니다. 그것은 바로 체질입니다. 하나님께서는 다 버리시는 것이 아니라 알갱이는 걸러 내겠다고 하셨습니다. 누가 알갱이입니까? 하나님께서 내리시는 환난 가운데 교만을 버리고 겸손하게 돌아오는 사람들입니다. 하나님께서는 그들을 절대 놓치지 않겠다고 말씀하셨습니다.

곡식을 체질하면 쭉정이와 먼지는 바람에 날아가고 알곡만 남습니다. 이스라엘 백성들은 전부 쭉정이 같았습니다. 그러나 하나님께서는 그 중에 참으로 회개하고 돌아올 자들이 있다는 것을 알고 계셨습니다. 환난의 바람을 보내시면 쭉정이는 날아가고 그 알곡 같은 사람들만 남을 것입니다.

불이 금을 순수하게 연단하는 것처럼, 시련은 신앙을 순수하게 연단합니다. 하나님께서 구원하기로 작정하신 사람은 시련 가운데 순수해지고 시련 가운데 아름다워집니다. 택함받은 백성은 어려움이 올 때 자기 죄를 버리고 울며 하나님께 돌아오게 되어 있습니다. 하나님은 이 부분에서 절대 실수하지 않으십니다.

세례 요한이 예수님에 대해 증거한 것이 무엇입니까? "손에 키를 들고 자기의 타작마당을 정하게 하사 알곡은 모아 곡간에 들이고 쭉정이는 꺼지지 않는 불에 태우시리라"(마 3:12). 세례 요한은 이스라엘 백성들이 다 알곡은 아니라는 것을 알고 있었습니다. 그들 가운데에는 알곡도 있었고 쭉정이도 있었습니다. 그리스도는 이 두 부류를 정확하게 구별하시는 분이십니다.

하나님께서는 사람들을 부르실 때 꼭 구원받을 숫자만큼만 부르시지 않습니다. 하나님께서는 훨씬 많은 사람들을 부르십니다. 누구든지 나아오는 자를 내쫓지 않으시는 하나님의 관대하심 때문에 그렇기도 하고, 가능한 한 모든 사람이 멸망하지 않고 구원에 이르기를 바라시는 하나님의 심정 때문에 그렇기도 할 것입니다. 그러나 그 중에서 참으로 구원받는 사람은 누구입니까? 끝까지 하나님 앞에서 겸손을 버리지 않는 사람입니다. 자기가 노예였다는 사실을 한평생 잊지 않고, 하나님의 구원을 가장 크게 생각하여 비록 다른 것들이 없을지라도 불평하지 않는 사람입니다.

사도 바울은 "내게 능력 주시는 자 안에서 내가 모든 것을 할 수 있느니라"(빌 4:13)고 했습니다. 무슨 뜻입니까? 주님이 능력 주시지 않으면 아무것도 못한다는 뜻입니다. 그만큼 자신은 연약한 사람이라는 뜻입니다. 하나님 백성의 특징은, 하나님께서 단 한 순간이라도 붙들어 주시지 않으면 아무것도 못한다는 데 있습니다. 그러나 주님이 힘만 주시면 모든 것을 감당할 수 있습니다.

신약 시대에는 하나님께서 그 택한 백성들에게 미리 어려움을 주셔서 알곡이 되게 하십니다. 하나님께서는 감히 교만이 고개를 쳐들지 못하도록 미리 그들을 체질하십니다. 그래서 주님의 도움 없이는 아무것도 할 수 없는 사람들로 만드십니다. 하나님께서는 자기 백성들을 치료하시되 100퍼센트 치료하시지 않습니다. 90퍼센트만 치료하시고 중요한 부분은 망가진 채로 두십니다. 그래야 계속 하나님을 의지하고 기도하기 때문입니다.

하나님의 백성은 가난하거나 무식해서 망하는 법이 없습니다. 교만 때문에 망합니다. 교만한 사람은 하나님께서 어려움을 주실 때, "당신이 뭔데 나에게 이런 어려움을 줍니까?" 하면서 하나님께 나아오지 않습니다. 그러나 택함받은 백성은 어려움이 올수록 더 겸손해지고 더 하나님을 사랑합니다.

고난은 우리의 신앙을 정련합니다. 불로 금을 정련하면 온갖 불순물이 빠져 나와서 순수한 금만 남는 것처럼, 그리스도인들에게 고난이 닥치면 모든 교만이 빠져 나와서 더 순수해지고 더 아름다워집니다. 이것이 하나님께서 오늘날 자기 백성들을 지키시는 방법입니다.

끝까지 깨닫지 못하는 사람들

10절은 끝까지 깨닫지 못하다가 망하는 자들이 어떤 자들인지 보여 주고 있습니다. "내 백성 중에서 말하기를 '화가 우리에게 미치지 아니하며 임하지 아니하리라' 하는 모든 죄인은 칼에 죽으리라."

멸망하는 자들은 일종의 자기도취에 빠져 있습니다. 그들은 자신에게는 절대로 어려움이나 위기가 오지 않는다고 믿습니다. 왜 그렇게 믿습니까? 하나님의 긍휼에 길들여져서 무감각해졌기 때문입니다. 그들은 은혜를 당연하게 생각합니다. 하나님의 은혜가 얼마나 소중한지 아는 사람은 은혜가 임할 때마다 깜짝깜짝 놀랍니다. 그러나 은혜의 소중함을 모르는 사람은 하나님께서 자기를 지켜 주시고 도와주시는 것을 당연시합니다.

선물 받는 일에 익숙해진 사람을 만나면, 선물을 주고 나서도 마음이 편치 않습니다. 그런 사람은 선물을 받아도 감사할 줄 모릅니다. 뭐가 들었나 이리 흔들어 보고 저리 흔들어 보면서 얼마짜리인지 궁금해해요. 그러면 다시는 선물을 주고 싶지 않습니다. 그런데 이스라엘 백성들이 바로 그런 사람과 같았습니다. 그들은 하나님의 은혜에 길들여져 있었습니다. 하나님은 당연히 자신들에게 은혜를 주셔야 하고 축복해 주셔야 한다고 생각하면서도, 정작 자신들은 하나님을 위해 최소한의 의무도 이행하려 들지 않았습니다.

다른 사람을 사랑하기 어려운 이유가 여기에 있습니다. 무조건
적으로 사랑하면 상대방이 쉽게 무례해집니다. 그래서 조건적으로
사랑하면 사랑이 마치 거래처럼 되어 버리고 관계의 폭이 좁아져
버립니다. 그래서 하나님께서는 어떻게 하십니까? 우리를 무조건
적으로 사랑하시되 조건적으로 사랑하십니다. 무슨 말입니까? 하
나님께서는 신분이나 성별이나 인종에 상관없이 모든 사람을 사
랑하시며 누구든지 그 은혜 안에 들어올 수 있게 하십니다. 이 점
에서 하나님의 사랑은 무조건적입니다. 그러나 일단 하나님의 은
혜 안에 들어온 사람은 그 은혜에 감사하면서 하나님의 말씀대로
살아야 합니다. 이 점에서 하나님의 사랑은 조건적입니다.

어떤 고아원이 있는데 그 고아원은 누구라도 가리지 않고 받아
준다고 합니다. 그러나 세 번 규칙을 어기면 무조건 내보낸다는
원칙을 고수합니다. 그래서 그 고아원 원생들은 자발적이면서도
능동적인 사람으로 자란다는 이야기를 들었습니다. 누구든지 하나
님의 백성이 될 수 있습니다. 그러나 일단 하나님의 백성이 된 사
람은 반드시 하나님의 말씀대로 살아야 합니다. 그렇지 않으면 하
나님께서 퇴출시키실 수 있습니다.

친구들보다 승진이 늦어질 수 있습니다. 결혼이 늦어질 수도 있
습니다. 자녀가 영구히 안 생길 수도 있습니다. 그러나 그럴 때 불
평하고 원망하는 대신 '하나님께서 우리에게 아이를 주시지 않으
시면 그냥 아이 없이 살자. 아니면 입양하자. 그것도 아니면 아이
를 주실 때까지 조용히 기다리자'라고 생각하면서 자기들의 소원
과 하나님의 은혜를 바꾸지 않는 사람은 아름답고 풍성한 삶을 살
수 있습니다.

오늘날 그리스도인들은 자꾸 이스라엘 백성들이 실패한 그 길

을 좇아가려 합니다. 자신은 당연히 구원받을 자격이 있으며 당연히 더 잘살아야 하고 당연히 더 행복해야 한다고 생각합니다. 그러면 하나님의 은혜를 놓치게 되어 있습니다. 가끔 하나님께서 우리 기도에 응답하지 않으실 때가 있습니다. 은혜에 길들여지지 않게 하시기 위해서입니다. 신앙은 커피자판기가 아니라는 거예요. "나는 하나님이고 너희는 어디까지나 인간이다. 너희는 나의 은혜로 사는 존재이다"라는 것을 깨닫게 하시려고, 때로는 우리가 바라는 바대로 응답지 않으시고 시기를 지연시키기도 하시며 가장 소중한 것을 빼앗아 가기도 하시는 것입니다.

오늘 성경이 우리에게 말씀하시는 것이 무엇입니까? 우리가 하나님을 믿게 된 것은, 마치 룻을 구원하시고 라합을 구원하실 때처럼 긴 기간에 걸쳐 계획을 세우시고 엄청나게 많은 인원과 장비를 동원하신 덕분이라는 것입니다. 왜 그렇게 하셨습니까? 내가 구원받은 것이 철저하게 하나님의 은혜임을 깨달아, 오직 그 은혜 안에 살게 하시기 위해서입니다. 내가 가진 것이 100퍼센트 하나님의 것임을 알고, 구원과 다른 것을 바꾸지 않게 하시기 위해서입니다.

하나님이 나를 연약하게 하셨으면 조금 연약하게 사십시오. 하나님이 나를 가난하게 하셨으면 조금 가난하게 사십시오. 그리고 하나님이 축복하실 때에도 그 축복 자체에 마음을 빼앗기지 말고, 그보다 더 큰 구원을 받은 것에 감사하며 겸손을 지키십시오. 많은 주의 종들이 깨달은 진리는 연약할 때 더 강하다는 것입니다. 연약한 사람은 기도합니다. 연약한 사람은 부르짖습니다. 하나님께서는 그것을 기뻐하십니다. 그래서 위대한 믿음의 사람들은 부족한 것이 있어도 애써 채우려 하지 않았습니다. 그냥 주신 것만 가지고 살았습니다.

스펄전은 위대한 설교자였습니다. 19세기에 그를 능가할 만한 설교자가 거의 없었습니다. 그러나 그는 대학을 나오지 않았습니다. 그리고 통풍으로 큰 고통을 받아서, 몇 번씩 죽음의 고비를 넘겨야 했습니다. 휫필드도 위대한 설교자였습니다. 그러나 그는 사시였습니다. 결혼생활도 행복하지 않았습니다. 그는 한 번도 쉰 적이 없었습니다. 죽던 날도 사람들이 설교해 달라고 요청해서 병든 몸으로 설교한 후에 잠자듯이 죽었습니다.

그들의 성공에만 눈길을 주지 마십시오. 하나님께서는 그들이 교만하지 않고 끝까지 겸손하게 하나님만 바라보게 하시기 위해 굉장한 안전장치를 달아 주셨습니다. 우리는 얼마나 교만한 사람들인지 모릅니다. 안전장치가 없으면 제멋대로 살 수밖에 없고, 하나님의 체질에 날려갈 수밖에 없습니다.

그러면 어떻게 해야 합니까? 하나님께서 체질하시기 전에 미리 모여서 기도하고, 미리 알아서 욕심을 버리며, 미리 서로 죄를 책망해야 합니다. 하나님께 맞으면 굉장히 아픕니다. 맞기 전에 미리 알아서 조금 힘들게 신앙생활 하는 편이 훨씬 낫습니다.

하나님께서 이스라엘 백성들의 실패한 역사를 보여 주시는 것은, 우리도 그렇게 될 가능성이 너무나 크다는 것을 잘 아시기 때문입니다. 어려울 때에는 하나님을 붙들지만 어려움만 없어지면 하나님을 잊어버리는 것이 우리 인간들입니다. 그래서 하나님께서는 원치 않는 어려움을 주셔서 나의 부족함을 깨닫게 하시고, 주님이 도와주시지 않으면 아무것도 할 수 없는 존재임을 고백하게 하십니다. 하나님 앞에 늘 주리고 목마르기 위하여 다른 것들이 나의 만족이 되지 않게 하십시오. 하나님의 말씀을 갈망하며, 하나님이 주시는 감동을 가장 소중히 여기십시오. 그러면 한평생 하나님의 은혜와 축복이 떠나지 않을 것입니다.

하나님께서는 한번 택한 백성을 결코 버리지 않으십니다. 그러나 그 대신 고난을 주셔서 하루하루 하나님의 도움 없이는 살 수 없는 존재로 만드십니다.

하나님께서 나 한 사람을 구원하시기 위해 얼마나 치밀한 계획을 세우시고 얼마나 오랫동안 준비하셨는지를 잊지 마십시오. 그 은혜 앞에 "이제 더 이상 나는 없다!"고 선언하십시오. 그것이 오늘 우리가 내려야 할 결론입니다. 우리는 지금도 하나님의 은혜로 살고 있습니다. 좀더 정확하게 표현하면 하나님의 은혜를 빌어먹으며 살고 있습니다. 그것을 잊지 말고 그 은혜에 붙들려 살기를 간구하십시오. 그때 병이 낫고 마귀의 유혹을 이기며 원수를 사랑하고 성령으로 하나 되는 역사가 우리에게 임할 것입니다.

16

다윗 천막의 회복

다윗의 천막

그 틈을 막으며

엄청난 결실

9:11 "그날에 내가 다윗의 무너진 천막을 일으키고 그 틈을 막으며 그 퇴락한
것을 일으켜서 옛적과 같이 세우고

12 저희로 에돔의 남은 자와 내 이름으로 일컫는 만국을 기업으로 얻게
하리라." 이는 이를 행하시는 여호와의 말씀이니라.

13 여호와께서 가라사대 "보라, 날이 이를지라. 그때에 밭 가는 자가 곡식
베는 자의 뒤를 이으며 포도를 밟는 자가 씨 뿌리는 자의 뒤를 이으며
산들은 단 포도주를 흘리며 작은 산들은 녹으리라.

14 내가 내 백성 이스라엘의 사로잡힌 것을 돌이키리니 저희가 황무한 성읍을
건축하고 거하며 포도원들을 심고 그 포도주를 마시며 과원들을 만들고
그 과실을 먹으리라.

15 내가 저희를 그 본토에 심으리니 저희가 나의 준 땅에서 다시 뽑히지
아니하리라." 이는 네 하나님 여호와의 말씀이니라.

9:11-15

최근에 우리나라는 일제 때 파괴된 여러 왕궁들을 복원하는 작업을 했습니다. 그 중에서도 가장 변화가 뚜렷하게 나타나는 왕궁이 창경궁입니다. 일제는 창경궁에 동물들과 놀이기구들을 가져다 놓았고, 창경궁은 창경원으로 전락했습니다. 뒤늦게나마 창경원을 창경궁으로 복원시킨 것은 우리나라가 주권국가임을 선언한 바람직한 일이라고 생각합니다.

이처럼 옛 왕궁들을 복원하는 이유는 무엇입니까? 왕궁들은 우리의 뿌리를 보여 줍니다. 하늘을 찌르는 고층빌딩만으로는 다른 나라 사람들에게 우리를 이해시킬 수 없습니다. 이 왕궁들처럼 우리의 뿌리가 되는 것들을 보여 주어야 우리가 우리 나름대로의 역사와 전통을 가진 나라임을 이해시킬 수 있습니다. 또 다른 나라 사람들뿐 아니라 우리 자손들도 그런 것들을 보면서 우리나라의 소중함을 깨닫고 나라를 지킬 마음을 가질 것입니다.

오늘 본문에서 하나님은 다윗의 파괴된 천막을 다시 일으켜 세우겠다고 말씀하십니다. 다윗의 천막은 한때 위용을 자랑하던 곳으로서, 수없이 많은 사람들이 드나들던 장소였습니다. 그런데 다윗 집안이 망하면서 찢어지고 무너진 채 완전히 방치되었습니다. 그 천막을 다시 돌아보는 사람은 아무도 없었습니다. 오늘 하나님께서는 앞으로 한 날이 이를 텐데, 그날이 오면 이 다윗의 무너진 천막을 복원하겠다고 말씀하십니다.

다윗의 천막

9장 11절을 보십시오. "그날에 내가 다윗의 무너진 천막을 일으키고 그 틈을 막으며 그 퇴락한 것을 일으켜서 옛적과 같이 세우고."

천막은 약하고 찢어지기 쉽습니다. 아무리 크고 거창하게 세워도 천막은 천막입니다. 제가 어렸을 때 동네에 서커스단이 들어오면 커다란 천막을 세우곤 했습니다. 거기에는 돈을 내지 않고도 들어갈 수 있는 찢어진 틈들이 여러 군데 있었습니다. 사실 다윗은 천막에 살지 않았습니다. 다윗은 왕궁을 지었고, 솔로몬은 특별히 화려한 왕궁을 지었습니다. 그런데도 하나님께서는 다윗의 왕궁이라고 말씀하시지 않고 다윗의 천막이라고 말씀하십니다. 그것은 다윗의 힘이 얼마나 미약하며 그의 세력이 얼마나 일시적인 것인가를 보여 주는 표현입니다. 세상 모든 나라와 권력은 천막 같은 것입니다. 처음에는 대단해 보여도 시간이 지나면 여기저기 낡아 펄럭이다 무너지게 되어 있습니다.

그러나 다윗의 천막에는 다른 권력자들의 천막과 다른 점이 있었습니다. 그것은 그 천막을 세운 이가 사람이 아니라 하나님이시라는 것이었습니다. 하나님께서는 다윗 집안을 통해 영원히 이스라엘을 다스리겠다고 약속하셨습니다. 그것은 실제로 하나님께서 직접 영원히 다스리시겠다는 말과 같았습니다. 왜냐하면 다윗 집안은 어디까지나 하나님의 왕권을 대리하는 자들에 불과했기 때문입니다. 다윗의 천막은 금방 찢어질 수밖에 없는 약한 것이었지만, 그 안에 하나님의 영광이 있고 다스림이 있었기에 귀하고 아름다운 것이 될 수 있었습니다. 그러나 이스라엘이 하나님과 맺은 언약을 깨뜨렸을 때, 다윗의 천막은 여느 천막과 같은 천막으로 전락하여 찢어지고 무너져 버렸습니다.

이스라엘을 지키는 것은 군대나 말이 아니었습니다. 이스라엘을 지키는 것은 하나님의 능력이었습니다. 이스라엘 백성들은 강요받았기 때문이 아니라 자진해서 하나님의 뜻을 찾고 그 뜻에 복종하는 사람들이었습니다. 그렇게 할 때 활이 필요 없고 말이 필요 없었습니다. 하나님께서 친히 그들의 말과 마병이 되어 주셨기 때문입니다. 그들은 스스로 방어할 필요가 없었습니다. 하나님께 복종하기만 하면 하나님께서 친히 지켜 주시게 되어 있었습니다.

하나님의 백성들은 하나님의 간섭을 받을 때가 가장 안전할 때입니다. 이것도 못하게 하시고 저것도 못하게 하실 때가 가장 행복한 때예요. 죄짓고 싶은데 돈이 없고, 죄지으려고 하는데 갑자기 몸살이 나 버리는 것이 좋은 것입니다. 그럴 때 돈 꿔 가면서 죄지으러 가고, 링거 맞아 가면서 죄지으러 가고, 하나님이 막으시는데도 담을 넘어서까지 죄지으러 가는 사람은 어떤 보호도 받을 수 없습니다.

이스라엘 백성들은 언제부터인가 하나님의 말씀을 잔소리로 듣기 시작했습니다. 그들은 스스로 무기를 구입하고 말을 사서 나라를 지키려고 했습니다. 그때부터 다윗의 천막은 무너져 내리기 시작했습니다. 이 나라는 사람의 힘으로 지키는 나라가 아닙니다. 하나님께서 친히 지켜 주시는 나라입니다. 예배의 영광만 잃지 않으면 모든 문제가 해결되는 나라입니다. 그런데 이스라엘 백성들이 그 사실을 잊어버리고 눈에 보이는 것을 붙들었을 때, 다윗의 천막은 황폐해져서 빈들에 버려지고 말았습니다.

하나님께서는 아모스서를 마치면서, 그 무너진 다윗의 천막을 다시 회복시키며 찢어진 틈을 메우겠다고 말씀하고 계십니다. "'그날에 내가 다윗의 무너진 천막을 일으키고 그 틈을 막으며 그 퇴락한 것을 일으켜서 옛적과 같이 세우고 저희로 에돔의 남은 자와 내 이름으로 일컫는 만국을 기업으로 얻게 하리라.' 이는 이를 행하시는 여호와의 말씀이니라"(9:11-12).

놀랍게도 이 말씀은 사도행전에 그대로 인용되고 있습니다. "이후에 내가 돌아와서 다윗의 무너진 장막을 다시 지으며 또 그 퇴락한 것을 다시 지어 일으키리니 이는 그 남은 사람들과 내 이름으로 일컬음을 받는 모든 이방인들로 주를 찾게 하려 함이라 하셨으니"(행 15:16-17).

바울과 바나바의 전도를 통해 많은 이방인들이 예수를 믿게 되자, 이 이방인들이 율법을 지켜야 하느냐 말아야 하느냐 하는 문제를 두고 예루살렘에서 총회가 열렸습니다. 그때 야고보가 이 말씀을 인용했습니다. 그는 다윗의 천막을 신약 교회로, 에돔 족속을 새롭게 예수를 믿게 된 이방인으로 해석하면서, 아모스의 예언이 성취된 것으로 설명했습니다. 다시 말해서 사도들은 다윗의 천막을 다시 일으키신다는 말씀을 문자적인 이스라엘의 회복으로 본 것이 아니라, 신약 교회가 세워지는 일로 보았던 것입니다.

다윗의 통치가 지닌 근본적인 성격을 안다면, 이것이 문자적인 이스라엘의 회복에 대한 말씀이 될 수 없음을 쉽게 이해할 수 있을 것입니다. 다윗의 천막은 하나님의 대리자의 천막이었습니다. 다시 말해서 하나님의 목동의 천막이었습니다. 이 천막을 다시 세우신다는 것은 하나님의 나라를 다시 세우신다는 뜻입니다. 이 나라는 물리적인 이스라엘이 아닙니다. 누구든지 예수 그리스도를 믿기만 하면 하나님과의 관계가 회복되는 영적인 나라입니다.

아모스가 예언하고 있는 핵심이 무엇입니까? 이기적인 이스라엘은 북쪽 이스라엘이든 남쪽 유다든 다 망하고, 하나님과 그 백성의 관계가 완전히 회복되는 새 나라가 이루어진다는 것입니다. 그리고 그때에는 이스라엘의 남은 자들과 에돔 자손들이 함께 하나님의 기업이 된다는 것입니다. 에돔 족속이 어떤 사람들입니까? 그들은 이스라엘의 원수였고, 이스라엘을 가장 미워하던 자들이었습니다. 그런데 그런 이스라엘의 원수들까지도 하나님의 백성이 된다는 것입니다. 사실 우리가 예수 믿기 전에 어떤 사람들이었습니까? 에돔 족속이나 다름없는 원수들 아니었습니까? 그런데 하나님께서는 그런 우리들을 하나님의 기업으로 삼아 주셨습니다.

초대 교회 사도들은 아모스가 예언한 바 회복될 다윗의 천막을 이스라엘 나라로 보지 않고 교회로 보았습니다. 교회가 어떻게 하나님의 나라가 될 수 있습니까? 교회는 정부의 형태를 띠고 있지도 않고, 어떻게 보면 일종의 자치단체 비슷해 보이기도 하는 집단입니다. 교회에는 군대도 없고 왕도 없습니다. 그런데 어떻게 그런 교회가 회복된 다윗의 천막이 될 수 있으며 재건된 하나님의 나라가 될 수 있습니까?

원래 하나님의 나라는 사람의 군대로 지키는 나라가 아닙니다.

하나님의 나라는 하나님의 군대가 지킵니다. 아람 군대가 쳐들어왔을 때 엘리사는 두려워하는 게하시의 눈을 열어 달라고 기도했고, 게하시는 수많은 불말과 불병거가 사마리아를 지키고 있는 모습을 보았습니다. 교회는 자발적으로 하나님의 말씀에 순종하는 사람들의 모임입니다. 아무도 이래라저래라 하지 않습니다. 각자 하나님의 말씀을 듣고 그 말씀에 순종해서 삽니다. 그러면 그 개인과 교회를 하늘의 불말과 불병거가 에워싸기 시작합니다. 눈에 보이지 않는 천사들의 군대가 그들을 지켜 줍니다. 하나님의 나라는 외부의 공격으로 무너지지 않습니다. 스스로 말씀을 붙들지 않음으로써 무너집니다.

신약 교회는 지리적으로 분산되어 있는데 어떻게 그 모든 교회들이 하나의 나라가 될 수 있을까요? 지리적인 연합보다 더 강하게 이들을 연합시키는 것은 성령의 능력입니다. 다윗의 천막이 회복될 수 있는 것은 성령이 오셨기 때문입니다. 성령이 오시지 않으면 우리의 타락한 본성으로 하나님께 복종할 수가 없습니다. 성령께서는 구두 밑창처럼 단단한 우리의 마음을 어린아이 살처럼 부드럽게 만드십니다. 이처럼 우리 마음이 말씀으로 녹아서 어린아이 살처럼 부드러워질 때, 우리는 절대적으로 안전합니다. 우리는 도살 당할 양 같은 사람들입니다. 도살 당할 양은 죽을 순서만 기다리는 존재입니다. 아무도 그들의 권리를 보호해 주지 않습니다. 힘센 자들이 건드리면 그것으로 끝입니다. 그런데 그렇게 약한 존재들을 왜 못 건드립니까? 전능하신 하나님께서 지켜 주고 계시기 때문입니다.

신앙은 단순한 논리가 아닙니다. 물론 연구나 공부를 통해 논리적으로 신앙에 접근하는 것도 필요하지만, 하나님 나라의 핵심은 거기에 있지 않습니다. 하나님 나라의 핵심은 예배를 통해 말로 표현할 수 없는 하나님의 영광을 체험하는 데 있습니다. 우리가 세상에서 당하는 고통들은 논리적인 설득으로 해결되지 않습니다. 사람의 위로로도 치유되지 않습니다. 물론 다른 사람이 내 상황을 알아주고 위로해 주면 약간의 고통을 덜 수는 있을 것입니다. 그러나 사람의 위로는 기껏해야 문제 하나하나에 대해 설명해 주고 격려해 주는 정도에 불과합니다. 그렇기 때문에 한 마디 한 마디 다 옳은 말인데도 전혀 위로를 받지 못할 때가 많이 있습니다. 인생을 살다 보면 이런 논리적인 설명이나 위로만으로는 도저히 극복할 수 없는 문제들이 한두 가지가 아니라는 것을 알게 됩니다.

그런데 하나님께서 은혜 가운데 나를 만나 주시면 그 모든 어려움들이 눈 녹듯이 사라져 버립니다. 마치 말할 수 없는 고통을 받고 있는 아내를 남편이 사랑으로 품어 주고 위로해 줄 때 그 고통이 다 사라지는 것과 같습니다. 이런 영광이 없다면 우리는 풍성한 신앙생활을 할 수 없고 고난 중에 기뻐할 수 없습니다. 이를 악물고 참을 수는 있겠지만 기뻐할 수는 없습니다. 그러나 하나님의 영광이 임하면 이해할 수 없는 기쁨이 찾아옵니다. 논리적으로 설명할 수 없는 소망이 생겨납니다. 이것이 우리가 가진 신앙의 낭만입니다.

그 틈을 막으며

하나님께서는 "그날에 내가 다윗의 무너진 천막을 일으키고 그 틈을 막으며"(9:11 상)라고 말씀하십니다. 다윗의 천막은 무너지기 전에 이미 찢어져서 비가 새고 있었습니다. 그 찢어진 틈은 남쪽 유다와 북쪽 이스라엘의 분열에서 비롯된 것입니다. 이들의 분열에는 단순한 정치적 분열 이상의 의미가 있었습니다. 이스라엘 열지파가 떨어져 나간 것은 교만 때문이었습니다. 그들은 어느 누구의 지배도 받으려 하지 않았습니다. 그래서 왕이 마음에 들지 않으면 죽여 버리고 다른 사람을 왕으로 삼았고, 그 사람도 마음에 들지 않으면 또 죽이고 다른 사람을 왕으로 삼았습니다.

세월이 지나면서 북쪽 이스라엘과 남쪽 유다 사이에는 도저히 하나 될 수 없는 틈이 생겨났습니다. 북쪽 이스라엘 사람들은 남쪽 유다 사람들에게 심한 증오심과 질투심을 느꼈습니다. 남쪽에는 성전이 있었고, 하나님께서는 유다 사람들을 더 사랑하시는 것처럼 보였기 때문입니다. 사실은 북쪽 이스라엘 사람들이나 남쪽 유다 사람들이나 다 똑같은 죄인들이었습니다. 그러나 남쪽 유다 사람들은 다윗의 통치를 받아들였고, 하나님께서는 그들의 타락한 본성을 누르셔서 하나님의 품안에 머물게 하셨습니다. 반면에 북쪽 이스라엘 백성들은 계속 하나님의 간섭을 거부했고, 하나님께서는 그들이 멋대로 하도록 내버려 두셨습니다. 그러니까 하나님께서 성령으로 악한 본성을 누르신 백성들과 내버려 두신 백성들 사이에 메울 수 없는 틈이 생긴 것입니다.

사도 바울이 말한 것이 무엇입니까? "육신의 생각은 하나님과 원수가 되나니 이는 하나님의 법에 굴복치 아니할 뿐 아니라 할 수도 없음이라"(롬 8:7). 지금 우리가 말하는 틈은 단순히 정치적인 분열만 의미하는 것이 아닙니다. 이 틈은 하나님이 원하시는 백성의 모습과 원래 우리가 가지고 있는 악한 본성 사이의 틈입니다. 인간은 누구나 하나님께 반역하는 본성을 가지고 있습니다. 그런데 하나님께서는 그 중에 일부를 택하셔서 반역하는 본성을 누르시고 강퍅한 마음을 녹이셔서 순종하는 자들로 만드십니다. 이렇게 마음을 녹이신 사람들과 그대로 방치하신 사람들 사이에는 근본적인 틈이 있어서, 도저히 하나가 될 수 없습니다. 구약 시대에 이 틈은 크게는 이스라엘과 이방인의 분리로, 작게는 유다와 이스라엘의 분리로, 더 작게는 유다 사람들 중에서도 남은 자와 멸망한 자의 분리로 나타났습니다.

그런데 그 틈을 막으신다는 것은 어떻게 하신다는 뜻입니까? 지극히 적은 자들에게만 역사하시던 성령께서 제한 없이 모든 사람들 위에 보편적으로 활동하시는 때가 온다는 것입니다. 모든 사람들의 마음속에 성령이 임하셔서 거역하는 본성을 누르고 기꺼이 하나님의 뜻에 복종하게 하시는 때가 온다는 것입니다. 그때에는 이스라엘과 이방인의 차이도, 유다와 이스라엘의 차이도, 유다 안에서 남은 자와 그렇지 않은 자의 차이도 없어질 것입니다. 이것이 그 틈을 막으시는 것입니다.

그렇다고 해서 세상 모든 사람들이 다 겸손하게 하나님의 뜻에 복종하게 된다는 뜻은 아닙니다. 여전히 일부는 택하시고 일부는 버리십니다. 그러나 예전과는 비교할 수 없을 정도로 엄청나게 범위를 넓히심으로써, 스스로 악한 자리에 남아 있기를 고집하는 자가 아니라면 누구든지 성령의 능력으로 변하여 새사람이 될 수 있게 하셨습니다. 다시 말해서 구원받기 원하는데 구원받지 못하는 사람은 아무도 없을 것입니다. 원하는 사람은 누구든지 구원받을 수 있습니다. 만일 누가 구원받지 못했다면, 그것은 그 자신이 원치 않은 탓입니다.

엄청난 결실

아모스가 예언하는 "그날"은 복음의 시대를 가리킵니다. 아모스는 그날에 임할 아주 중요한 하나님의 축복을 약속하고 있습니다. 그것은 일꾼들이 쉴 틈이 없을 정도로 바빠지는 축복입니다. 할 일이 너무 많아서 놀고 있는 사람이 아무도 없는 축복입니다.

13절을 보십시오. "여호와께서 가라사대 '보라, 날이 이를지라. 그때에 밭 가는 자가 곡식 베는 자의 뒤를 이으며 포도를 밟는 자가 씨 뿌리는 자의 뒤를 이으며 산들은 단 포도주를 흘리며 작은 산들은 녹으리라.'" 밭 가는 자가 곡식 베는 자의 뒤를 따라갑니다. 이것은 곡식을 베는 즉시 밭을 갈아서 씨를 뿌린다는 말입니다. 그러면 그 씨 뿌리는 자 뒤를 포도 밟는 자가 따라갑니다. 포도를 밟고 나면 또 곧바로 곡식을 추수합니다. 그 정도로 농사가 잘되어서 곡식을 베고 나서도 쉴 새 없이 밭을 갈아 씨를 뿌려야 하고, 씨를 뿌리고 나서도 쉴 새 없이 포도를 수확해야 하고 바로 뒤이어 곡식을 추수해야 합니다. 얼마나 축복이 쏟아지는지 농한기가 없습니다.

예수님께서는 사마리아 수가 성 여인에게 전도하신 후에 이렇게 말씀하셨습니다. "너희가 넉 달이 지나야 추수할 때가 이르겠다 하지 아니하느냐? 내가 너희에게 이르노니 눈을 들어 밭을 보라. 희어져 추수하게 되었도다. 거두는 자가 이미 삯도 받고 영생에 이르는 열매를 모으나니 이는 뿌리는 자와 거두는 자가 함께 즐거워하게 하려 함이니라"(요 4:35-36).

사마리아 들판에서 추수를 하려면 아직 넉 달을 더 기다려야 했습니다. 그 사이에는 할 일이 없었습니다. 팔레스타인에서는 비가 와야 일을 할 수 있기 때문에, 씨를 뿌려 놓고 수확하기까지 넉 달 동안은 아무 할 일이 없었어요. 그러나 예수님께서 보시기에는 이미 밭이 희어져 추수해야 될 때가 되어 있었습니다. 실제로 예수님의 전도를 받은 여자는 온 수가 성 사람들에게 복음을 전했습니다. 불과 몇십 분 만에 한 사람을 전도했더니, 그 한 사람이 온 수가 성 사람들을 몰고 온 것입니다. 다시 말해서 씨를 뿌린 즉시 거두어 버린 것입니다.

이것이 영적 추수의 특징입니다. 추수할 때까지 넉 달, 다섯 달씩 걸리지 않습니다. 씨를 뿌리면서 거두고, 거두면서 또 씨를 뿌립니다. 놀라운 사실은 이 추수에 관계된 일꾼들은 전부 그 삯을 미리 받는다는 것입니다. 왜 그렇습니까? 할 일은 너무 많은데 일꾼은 귀하기 때문입니다. 지금도 그렇지만 예수님 당시에도 실업 문제가 심각했습니다. 그래서 다른 비유에서 볼 수 있듯이 오전 9시에 나가도 노는 사람이 있었고 오후 3시에 나가도 노는 사람이 있었습니다. 사정이 그렇다 보니 일을 한다 해도 당일에 품삯을 받기가 힘들었습니다. 대개는 1년 안에 품삯을 받곤 했습니다. 그런데 그런 상황에서도 선불로 품삯을 받는 일꾼들이 있다는 것입니다. 그들은 영혼을 추수하는 일꾼들입니다. 다른 사람의 영혼을 건지기 위해서 일하는 사람들은 최우선적으로 공급받게 되어 있습니다. 이것이 우리에게 주어진 놀라운 약속입니다.

지금 아모스가 말하고 있는 것은 단순히 농사가 잘된다는 것이 아닙니다. 앞으로 성령의 시대가 도래하면 감당할 수 없을 정도로 많은 영혼들이 하나님 앞으로 돌아오게 된다는 것입니다. 그러므로 우리는 한 명 한 명 개별적인 전도도 해야 하지만, 이러한 성령의 큰 역사가 일어나도록 강하게 기도해야 합니다. 그러면 밖에서

부터 역사가 시작됩니다. 전도할 때도 긴 말 할 필요가 없어요. "와 보라!" 한마디만 하면 딱 옵니다. 얼마나 사람들이 몰려오는지 정신을 차릴 수가 없을 정도입니다. 그것이 아모스가 예언하고 있는 축복입니다.

"산들은 단 포도주를 흘리며 작은 산들은 녹으리라"는 것은 무슨 말입니까? 이것은 가나안 땅을 '젖과 꿀이 흐르는 땅'으로 불렀던 것과 관련된 표현으로 보입니다. 하나님의 은혜가 얼마나 풍성하고 무한한지, 꿀 한 숟가락 떠먹고 기다리고 포도주 한 모금 마시고 기다릴 필요가 없다는 것입니다. 아예 산 전체가 꿀이 되어 흘러내립니다. 산 전체에서 포도주가 흘러 나옵니다. 하나님의 축복은 멀리 있지 않습니다. 손만 내밀면 받아 누릴 수 있을 만큼 가까운 곳에 있습니다. 다만 우리의 고집과 욕심 때문에 그 축복을 누리지 못한 채 궁핍하게 살고 있는 것입니다.

또한 하나님께서는 그 백성들을 포로 된 것에서 돌이키겠다고 말씀하십니다. "내가 내 백성 이스라엘의 사로잡힌 것을 돌이키리니 저희가 황무한 성읍을 건축하고 거하며 포도원들을 심고 그 포도주를 마시며 과원들을 만들고 그 과실을 먹으리라"(9:14). 하나님께서는 다시 한 번 출애굽의 큰 역사를 일으키실 것입니다. 그것은 단순히 포로로 잡혀 갔던 장소에서 물리적으로 이동해 오는 출애굽이 아닙니다. 그들은 거기에서 돌아올 필요가 없습니다. 그들이 있는 곳들이 전부 하나님의 나라가 될 것이기 때문입니다. 바로 그 자리에 성읍이 세워질 것입니다. 바로 그 자리에 포도원이 세워져서 열매를 수확하게 될 것입니다.

우리가 오늘까지 어떻게 살아왔느냐는 중요하지 않습니다. 결혼에 실패했느냐 성공했느냐, 대학시험에 실패했느냐 성공했느냐,

어떤 우여곡절을 겪은 끝에 여기까지 왔느냐는 중요하지 않습니다. 내가 처해 있는 지금 이 자리에서 주 예수의 이름을 부르기만 하면, 곧바로 역사가 일어나기 시작합니다. 황무지가 옥토로 변하여 열매가 맺히기 시작합니다.

하나님께서는 "내가 저희를 그 본토에 심으리니 저희가 나의 준 땅에서 다시 뽑히지 아니하리라"(9:15 상)고 하십니다. "본토"에 해당하는 원문은 '그들의 땅' 입니다. 즉 이 "본토"를 꼭 가나안 땅으로 볼 필요가 없습니다. 지금 그들이 살고 있는 땅이 곧 그들의 땅입니다. 그들은 굳이 돌아오지 않아도 됩니다. 지금 자기가 있는 땅을 가나안 땅으로 물려받으면 됩니다. 그들은 다시는 그 땅에서 뿌리 뽑히지 않을 것입니다. 이것은 어려움이나 박해를 전혀 당하지 않는다는 뜻이 아닙니다. 어떤 경우에도 하나님 백성의 특전을 빼앗기지 않는다는 뜻입니다.

오늘 성경이 우리에게 이야기하는 것이 무엇입니까? 아모스가 예언한 그 놀라운 날, 그 엄청난 성령의 시대, 교회의 시대에 우리가 살고 있다는 것입니다. 그럼에도 불구하고 그 축복을 누리지 못하는 것은 우리가 세상에 대한 욕심을 버리지 못한 탓이지 하나님의 능력이 부족한 탓이 아닙니다. 손만 내밀면 얼마든지 그 놀라운 축복을 누릴 수 있습니다.

하나님께서는 무한한 추수를 우리에게 약속하고 계십니다. 우리는 복음으로 수많은 영혼들을 추수할 것입니다. 우리 힘으로 하는 일이 아닙니다. 주님께서 주권적으로 하시는 일입니다. 우리는 엄청난 무리가 예수 앞에 나아와 눈물 흘리며 회개하는 영광과 축복의 장면을 우리 눈으로 목격할 것입니다.

그뿐 아니라 우리의 삶에도 아름다운 열매가 무한히 맺힐 것입니다. 뿌리면서 거두고 거두면서 뿌리는 상상할 수 없는 축복을 주실 것입니다. 산이 꿀이 되어 녹아 내리고, 포도주가 되어 흘러 내리는 축복을 주실 것입니다. 우리에게는 무한한 하나님의 능력이 연결되어 있습니다. 그러므로 염려하지 마십시오. 하나님 앞에 담대하게 구하십시오.

사랑하는 성도 여러분, 이 엄청난 축복을 자신의 것으로 만들고 있습니까? 성령이 일으키시는 이 놀라운 축복의 폭풍 한가운데 서 있습니까? 아직도 영원히 살지 못할 집을 짓고 있지는 않습니까? 먹지 못할 과실을 키우고 있지는 않습니까?

오늘 우리는 굉장한 축복의 시대에 살고 있습니다. 하늘의 불말과 불병거가 우리를 지켜 주고 있습니다. 성령께서 우리의 거칠고 강팍한 마음을 녹이고 계시다면, 어떤 공격도 걱정할 필요가 없습니다. 그러므로 우리가 해야 할 일은 어디로 옮겨 가는 것이 아닙니다. 성령께서 우리 안의 기질을 만지시도록 맡기는 것입니다. 그리하여 에돔 족속 같은 기질이 변하고 하나님을 향한 의심과 증오가 녹아 없어질 때, 우리는 무한한 하나님의 축복을 누릴 수 있습니다.

오늘 예배를 통해 하나님을 만나시기 바랍니다. 그리하여 나의 죄성을 내놓고 치료받아서 이 모든 축복을 자신의 것으로 누리게 되시기 바랍니다.

아모스스 강해 설교

헐고 다시 세워라
Tear down and Rebuild

지은이 김서택
펴낸곳 주식회사 홍성사
펴낸이 정애주
국효숙 김기민 김서현 김의연 김준표 송승호 오민택 오형탁
윤진숙 임승철 임진아 임영주 차길환 최선경 허은

2002. 7. 4. 초판 발행   2019. 5. 15. 11쇄 발행

등록번호 제1-499호 1977. 8. 1
주소 (04084) 서울시 마포구 양화진4길 3   **전화** 02) 333-5161   **팩스** 02) 333-5165
홈페이지 hongsungsa.com   **이메일** hsbooks@hsbooks.com   **페이스북** facebook.com/hongsungsa
양화진책방 02) 333-5163

ⓒ 김서택, 2002

• 잘못된 책은 바꿔 드립니다. • 책값은 뒤표지에 있습니다.

ISBN 978-89-365-0628-5 (03230)